岩波現代文庫

公正としての正義 再説

ジョン・ロールズ
John Rawls
エリン・ケリー［編］
田中成明・亀本 洋・平井亮輔［訳］

学術 418

岩波書店

JUSTICE AS FAIRNESS:
A RESTATEMENT

by John Rawls
edited by Erin Kelly

First published 2001 by Harvard University Press.

First Japanese edition published 2004,
this paperback edition published 2020
by Iwanami Shoten, Publishers, Tokyo
by arrangement with Harvard University Press,
a division of the President and Fellows of Harvard College, Massachusetts
through The English Agency, (Japan) Ltd., Tokyo.

私の大切な友であり貴重な同僚でもある
バートン・ドリーブンへ感謝を込めて

編者のまえがき

ジョン・ロールズは、『正義論』(一九七一年)において、「公正としての正義」と彼が名づけた、正義の一構想を提唱した。[1] 公正としての正義によれば、最も道理に適った正義原理は、人々が公正な条件のもとで相互に合意する対象となるであろう原理である。従って、公正としての正義は、社会契約の観念から正義論を展開する。その正義論が明確に表現する原理は、諸々の基本的な権利と自由についての概してリベラルな構想を支持し、最も不利な状況にある人々の利益になるであろう、そのような富と所得における不平等だけを許容する。

ロールズは、「公正としての正義――形而上学的ではなく政治的な」(一九八五年)において、リベラルな内容をもった正義の説明は、政治的な構想として最もよく理解されるという考えを展開し始めた。[2] 正義の政治的な構想は、政治的な諸価値と関連づけることによって正当化されるのであり、より「包括的な」道徳的・宗教的あるいは哲学的な教説の一部分として提示されるべきではない。このような考えが『政治的リベラリズム』(一九九三年)の中心的なものであった。[3] 自由な諸制度という政治的・社会的状況のもとでは、われわれは、複数の異なった相容れない教説に出合うが、それらの教説の多くは道理に反したものではないのである。政治的リベラリズムは、ある政治的構想が、対立することすらある多様な包括的教説とどのように適合することができるかということ、すなわち、その政治的構想がこれらの教説相互の重なり合うコンセンサスの対象でありうるということを示すことによって、この「穏当な(reasonable)多元性の事実」を承認し、それに対処するのである。

ロールズは、政治的リベラリズムという考えを展開することによって、公正としての正義についての彼の提示と擁護の仕方を定式化し直すに至った。『正義論』では、公正としての正義はリベラルな包括的見解の一部として提示されていたが、この再説では、それがどのようにして政治的リベラリズムの一形態として理解できるかが示されている。それどころか、ロールズは、公正としての正義を政治的リベラリズムの最も道理に適った形態として提示しているのである。彼は、そうすることによって、公正としての正義の構想の中核である正義の二原理の基本的な擁護論を書き直している。

本書のもとになったのは、ロールズが一九八〇年代にハーヴァードで定期的に教えていた政治哲学の科目の講義である。この科目は、歴史上の重要な人物(ホッブズ、ロック、ルソー、カント、ヘーゲル、ミル、マルクス)の著作の検討を含んでおり、また、ロールズ自身の見解の基本的原理も提示していた。公正としての正義についての講義案は、当初は予習するよう指定された『正義論』の箇所を補足するために、文書の形で受講者に配布されていた。この講義は、『正義論』では取り上げられていない諸問題を扱い、『正義論』の議論の幾つかについて彼が誤りだと理解するに至った点を訂正していた。その後、講義案は、公正としての正義の理論の大体完全な再説として、『正義論』とはかかわりなく、それだけで示されるようになった。草稿は、一九八九年までには、その現在の形に近いものになっていた。

ロールズは、この草稿を、『政治的リベラリズム』を完成させた一九九〇年代はじめに再度書き直している。けれども、家族に関する第五〇節が追加された以外、実質的には一九八九年版と変わっていない。ロールズは、『政治的リベラリズム』の刊行後、幾つかの他の仕事に専念するようになり、そのなかには『万民の法』[4]も含まれているが、これは、もともとこの再説の第六部となるはずであった。それ以外で、現在公表されているものは、「ハーバマスへの返答」、『政治的リベラリズム』ペーパーバック版のはしがき、「公共的理性の観念再訪」である。[5]これらの著作で示された諸々の観念は、必ずしもすでに公表された形で展開されたほど十分とは限らないけれども、本書にも見出される。

ロールズは、病気のために、彼が予定していたようには、草稿を最終的な状態に書き直すことができていない。それでも、草稿の大部分はほとんど完成していた。第四部と

第五部が最も未完成であったが、もっと時間があれば、間違いなく、ロールズはそのなかの節に書き込みをして、それらを最初の三つの部ともっと完全に統合的なものにしたであろう。第四部は、それ自体で独立しているより詳細な第一部から第三部への補遺とみられる。第五部は、『正義論』の第三部で示された、公正としての正義の安定性の擁護論を定式化し直すための準備作業である。第五部は、重なり合うコンセンサスという観念を用いて、正義の政治的構想としての公正としての正義の安定性を擁護しているが、この観念は、『政治的リベラリズム』やより最近の著作で論じ続けられている。第四部と第五部は、未完成ではあるが、公正としての正義の擁護論全体の重要な部分を示している。編者としては、本書の他の部分と同様に、ほとんど手を加えずに、そのままにしておくことに決めた。幾つかの節は、基本的な区別をより早く導入するために、順序を変えた。現在の第四二節は、もとは第五〇節の後に続き、第四七節は第四四節の後に続いていた。第五五節と第五七節は位置を逆にして、第五部の最終節であった第五六節をその間に挿入した。

以上のような変更に伴って、それ以外に次のような変更を必要とした。第六部の「諸国民の法」への言及は削除した。無知のヴェールなど、基本的諸概念の説明を幾つか付け加えた。このような箇所では、言葉使いは、『正義論』と『政治的リベラリズム』に依ることにし、これらの著作への註を適宜付け加え、括弧(〔　〕)に入れた。全体にわたって、変更にあたってはできるだけ原状を維持するようにした。修正は最小限にとどめ、ロールズが書いたことの内容を変えないように注意した。変更はすべて著者の承知の上で行われた。

本書の原稿を作り上げるにあたって受けた援助に感謝している。私と一緒に詳細に原文をはじめから終わりまで判読して仕上げてくださったご両人、ジョシュア・コーエンとマード・ロールズにとりわけ謝意を表したい。彼らの批判的な判断と多くの示唆はきわめて貴重であった。アーノルド・デヴィッドソン、バーバラ・ハーマン、パーシー・レーニング、ライアネル・マクファーソン、T・M・スキャンロンに対しても、彼らの有益な助言に感謝したい。

はしがき

本書は二つの目的をもっている。一つは、『正義論』[1]における比較的重大な欠陥を直すことであり、それらの誤りは、公正としての正義――私は『正義論』で提示した正義の構想をそう名づけたのだが――の主要な観念を曖昧にしていた。私は今でもそれらの観念に自信をもっており、しかも、比較的重要な難点には対応できると考えているので、この再定式化に取りかかったのである。説明をよりよいものに改め、多くの誤りを正し、幾つかの有益な修正を加え、そして、若干の比較的共通の異論への返答を示そうとした。また、多くの箇所で議論を書き直した。

もう一つの目的は、『正義論』で提示した正義の構想と、一九七四年以降の私の諸論文にみられる主要な観念とをつなぎ合わせて、統一的な見解として述べることである。『正義論』自体はおよそ六〇〇頁あり、比較的関連の深い論文(その数およそ一〇篇)も合わせると、総計一〇〇〇頁近くになる。[2] その上、これらの論文はまったく矛盾がないというものではなく、また、さまざまな観念――例えば重なり合うコンセンサス――の説明に曖昧さがあるために、明快で整合的な見解を探り出しにくくなっている。関心のある読者が、これらの論文と『正義論』とがどのように適合しうるのか、どこで修正が行われ、それらの修正がどのような相違を生み出しているのかについて、理解を助けるための説明を要求しても当然である。私は、これらの著作すべてに依りながら、公正としての正義について私が現在どのように理解しているかの説明をこの一冊の書物で提示することによって、このような手助けを提供しようとするものである。私は、この再定式化を大体それだけで独立したものにしようとした。

『正義論』を多少とも知っている者にとっては、主な変更は次の三種類である。まず第一に、公正としての正義で用いられた正義の二原理の定式と内容の点での変更、第二に、原初状態からこれらの原理の擁護論をどのように組み立てるかという点での変更、そして第三に、公正としての正義自体をどのように理解すべきかという点での変更、すなわち、包括的な道徳的教説の一部としてよりも、正義の一つの政治的構想として理解するということである。

これらについて説明しておこう。第一の種類の変更の二つの例は次のようなものである。一つは、平等な基本的諸自由とその優先性について従来とかなり異なる特徴づけであるが、これは、H・L・A・ハートが提起した説得力ある批判に応えるために必要となった変更である（第一三節）。もう一つは、基本善について、それらを自由で平等な人格としての市民という政治的・規範的な構想と結びつけるように説明を修正したことであり、このような修正によって、基本善は(ジョシュア・コーエンやジョシュア・ラビノウィッツを含め、多くの方が指摘したように)もっぱら心理学や人間のニーズを基準として特定されるようにはもはやみえなくなる(第一七節)。アマルティア・センの提起した批判にも応えようとした(第五一節)。

第二の種類の主な変更は、原初状態からの正義の二原理の擁護論を二つの基本的な比較に分けたことである。一つの比較では、正義の二原理は(平均)効用原理と対比される。もう一つの比較では、正義の二原理は、格差原理を社会的ミニマムの保障という制限つきの(平均)効用原理に取り替えることによって作られる、それ自体の修正版と対比される。これら二つの比較によって、基本的諸自由を含む正義の第一原理、及び、第二原理の最初の部分である、機会の公正な平等の原理を支持する理由を、第二原理の他の部分である格差原理を支持する理由から切り離すことができる。『正義論』における説明がそれとなく示しているのとは著しく違って、議論をこのように分けることによって、格差原理の擁護論が、(K・J・アロー、J・C・ハーサニーや他の方々がそう考えたのは不当ではないが)不確実性を最大限回避するという、一つの心理的な態度とみられるものに基づいているのではないということが示される(第三四―三九節)。そのようなものだったとしたら、それはきわめて弱い論拠であろう。むしろ、適切な理由は、公知性や互恵性といった観念に基づいているのである。

第三の種類の変更は、公正としての正義がどのように理解されるべきかを明確にするなかで生じたものである。『正義論』では、公正としての正義が包括的な道徳的教説なのか、それとも正義の政治的構想なのかについては全然論じていない。『正義論』のある箇所(『正義論』第三節一五頁)で、もし公正としての正義がほどよく成功したならば、次の段階は、「公正としての正しさ(rightness)」という名で示唆される、より一般的な見解を研究することであろうと、語っている。『正義論』でいくらか詳細に検討された諸問題がいつも、政治的正義や社会的正義に関するよく知られた伝統的なものであったにしても、公正としての正義は、その成功に促されて後に展開されるかもしれない包括的な道徳的教説の一部として提示されたと、読者が結論づけるのも無理はない。

この再説はそのような曖昧さを除去するものである。公正としての正義は、今や、正義の政治的構想として提示される。公正としての正義がどのように理解されるべきかに関するこのような変更を行うために、その他の多くの変更を強いられ、また、『正義論』には見出されない、あるいは少なくとも同じ意味ないし意義では見出されない、一群の更なる観念が必要となった。正義の政治的構想という観念自体を導入した他にも、リベラルな民主制のもとでの諸々の包括的教説の多元性という事実を所与とすれば、秩序だった社会のより現実主義的な構想を定式化するために、包括的な、あるいは部分的に包括的な、宗教的・哲学的・道徳的諸教説の重なり合うコンセンサスという観念を必要とする。さらに、常識的な政治社会学の一定の一般的事実だけでなく、正当化の公共的基礎や公共的理性という観念も必要である。この政治社会学の一般的事実の幾つかは、これもまた『正義論』では使われていない観念であるが、判断の重荷(burdens of judgment)と私が呼ぶものによって説明されている。

公正としての正義を、包括的教説の一部としてではなく、政治的構想としてみることが、一群の更なる観念を必要とするということは、ちょっとそれを聞いただけでは、驚くべきことに思われるかもしれない。今や、政治的構想と、宗教的・哲学的・道徳的など、さまざまな包括的教説とは、いつも区別しなければならないということが、その説明である。これらの包括的教説は、通常、理性や正当化についてそれぞれ独自の観念をもっている。政治的構想としての公正としての正義も同様であり、すなわち、公共的理性や正当化の公共的基礎という観念をもっている。これらの観念は、適切に政治的に、それ故、包括的教説の対応する観念とは別個に特定されなければならない。(私がそう名づけるように)穏当な多元性の事実を所与とすれば、公正としての正義(あるいは何らかの政治的構想)が重なり合うコンセンサスの支持を獲得する何らかの機会をもつべきならば、われわれは諸々の異なった視点にたえず注意しなければならない。

以上で述べてきた事柄の意味は、この段階ではまだ明確ではないだろう。それらの目的は、ただ、すでに『正義論』に通じている人々に対して、この簡潔な再説のなかに見出すであろう変更の種類について指摘することである。

いつもと同じように、多くの私の同僚と学生に対して、長年にわたる彼らの思慮に富んだ有益な論評や批評に感謝している。これらの方々は多すぎてここでは名前を挙げることができないが、すべての方々に負うところがきわめて多く、有難い限りである。また、原文の一九八九年版を入念に編集してくれたモード・ウィルコックスにも感謝したい。最後に、私の健康が衰えゆくにもかかわらず、本書の完成を可能としてくれたエリン・ケリーと妻マーディには心から謝意を表わさずにはおれない。

二〇〇〇年一〇月

目　次

第一部　基礎的諸観念

1　政治哲学の四つの役割

1・1

政治哲学が、社会の公共的な政治文化の一部分としてもつであろう四つの役割を区別することから始める。まず、分裂を惹き起こす政治的対立と秩序問題を解決する必要とから生じるその実践的役割をよく考えてみていただきたい。

どの社会の歴史においても、一定の根本的な問題が深刻で激しい対立をもたらし、政治的合意のためのいかなる筋の通った共通の基礎を見出すことも、不可能ではないとしても、困難にみえる、そのような長い期間があるものだ。例を挙げて説明すると、リベラリズムの一つの歴史的起源は、宗教改革に続く一六―一七世紀における宗教戦争である。これらの分裂によって、抵抗権や良心の自由についての長年にわたる論争が開始されたが、この論争は、結局は、寛容の原理の何らかの形態を定式化し、しばしばそれを不承不承受け容れるということになった。ロック『寛容についての書簡』(一六八九年)やモンテスキュー『法の精神』(一七四八年)における見解は、長期にわたる前史をもっている。ホッブズ『リヴァイアサン』(一六五二年)――間違いなくイギリスにおける政治哲学の最高傑作である——は、イギリスの内乱の混乱期における秩序問題を扱っている。ロック『統治二論』(同じく一六八九年)もまた同様である。分裂を惹き起こす対立がどのようにして政治哲学に至るかを、わが国の事例で説明すると、合衆国憲法の批准をめぐる一七八七年から八八年にかけてのフェデラリストと反フェデラリストの大規模な論争、そしてまた、南北戦争以前の何年にもわたる奴隷制の拡大の問題がどのように奴隷制という制度や諸州の連合の性質についての諸々の根本的な論議を惹起したかを思い出していただきたい。

それ故、政治哲学の一つの課題——その実践的役割と言っておこう——は、深刻に論争されている諸問題に焦点を合わせ、その外観にもかかわらず、政治的・道徳的な合意の何らかの潜在的な基礎を探り出せないかどうかを見定めることだと考えられる。あるいは、たとえそのような基礎が見出せないとしても、それでもなお市民間の相互尊重を基礎とする社会的協働が維持できるように、分裂を惹き起こす政治的な意見対立の根底にある哲学的・道徳的な意見の相違を少なくとも狭めることはおそらく可能であろう。

考えをはっきりとさせるために、民主主義思想の伝統における自由の要求と平等の要求との対立をよく考えてみていただきたい。過去二世紀ほどの論争によって、民主的な市民たる地位(citizenship)の自由と平等に最も適切な基本的諸制度の取り決め方については、いかなる公共的合意も存在しないことが明白になった。コンスタンが「近代人の自由」と呼んだもの——思想の自由と良心の自由、人身と財産に関する一定の基本権、法の支配——を強調する、ロックに由来する伝統と、コンスタンが「古代人の自由」と呼んだもの——平等な政治的自由と公共的生活の価値——を強調するルソーに由来する伝統との分裂がある。(1) この過度に様式化された対比は、対立の深刻さを際立たせている。

この対立は、社会的・経済的な利害関心の相違だけでなく、諸制度の作動の仕方に関する一般的な政治的・経済的・社会的理論の相違並びに公共政策の予測される諸帰結についての見方の相違にも根ざしている。ここでは、対立のもう一つの根源、すなわち、自由と平等に関して競い合う諸要求はどのように理解されるべきか、それらの要求は相互にどのように順序づけられ比較衡量されるべきか、それらを順序づける何らかの特定の仕方がどのようにして正当化されるべきかということについての諸々の異なった哲学的・道徳的教説に焦点を合わせる。

1・2

政治哲学の他の三つの役割に簡潔に触れておくが、それぞれの役割については、説明を進めながらもっと詳しく検討することにする。一つの役割は、どのようにして人々が自分たちの政治的・社会的諸制度を一つの全体として考え、また、それらの制度の基本的な目的や目標を、個人あるいは家族や結社の構成員の目的や目標としてではなく、歴史をもった一つの社会――国家《ネーション》――のそれとして考えるかということに、政治哲学は貢献できるであろうということである。さらに、文明化したあらゆる社会の構成員は、自分たちを一定の政治的地位――民主制のもとでは平等な市民たる地位――をもった構成員として理解し、この地位が自分たちの社会的世界との関係にどのように影響するかを理解することを可能とする、そのような一つの構想を必要とする。

政治哲学はこのような必要に応えようと努めるだろうが、私はこの役割を方向づけ(2)の役割と呼ぶことにする。例えば、あらゆる可能な目的――個人的なものや結社的なもの、政治的なものや社会的なもの――について、(概念的)空間においてわれわれを方向づけることは、(理論的並びに実践的)理性と反省の権限とするにふさわしいと考えるのである。政治哲学は、理性の働きとして、これらのさまざまな種類の道理に適った目的や合理的な目的を識別するための諸原理を明確にし、正義と道理に適った社会についての整然とした構想のなかでこれらの目的がどのようにして整合的でありうるかを示すことによって、この方向づけをするのである。そのような構想は、一つの統合的な枠組を提供できるのであり、そして、その枠内で、分裂を惹き起こす問題に対して提案された諸々の解答を両立するものにすることができ、また、異なった種類の事例から得られた諸々の洞察を相互に関連づけ、他の諸事例に拡大適用することができるのである。

1・3

第三の役割は、ヘーゲルが『法の哲学』(一八二一年)で強調したものであり、宥和という役割である。すなわち、一つの哲学的な視点から適切に理解されるならば、われわれの社会の諸制度が理性的であり、かつ、長期間にわたって発展してその現在の理性的な形態を獲得するようになったか、その方法を示すことによって、政治哲学は、われわれの社会とその歴史に対する欲求不満や憤怒を和らげようと努めることができるのである。これはヘーゲルの周知の格言の一つに適合する。すなわち、「われわれが世界を理性的に眺めるならば、世界もそれに応じて理性的にみえる」。ヘーゲルは、われわれに宥和(Versöhnung)を求めるのである。つまり、われわれは、自分たちの社会的世界をたんに甘受するのではなく、積極的に受け容れ肯定するべきなのである。

われわれは、政治哲学のこの役割を幾つかの箇所で扱うであろう。従って、私は、民主的な社会は共同体ではないし、また、共同体にはなりえないと信じている。この場合、私が共同体と言うのは、同一の包括的な、あるいは部分的に包括的な教説を一体となって支持する人々の集合体のことである。自由な諸制度をもつ社会の特徴である、穏当な(reasonable)多元性の事実が、このことを不可能とするのである。[3] 穏当な多元性の事実とは、市民たちの道理に適った包括的な宗教的・哲学的世界観における、また、人生において追求されるべき道徳的・美的諸価値に関する市民たちの見方における、深甚で両立しがたい意見の対立という事実である。だが、この事実は必ずしもいつも容易に受け容れられるとは限らず、政治哲学は、その理由、いやそれどころか、その政治的な善さと利点を示すことによって、われわれをその事実に宥和させようとすることができるのである。

その上、政治社会は結社ではないし、また、結社にはなりえない。われわれは政治社会に自発的に加入するのではない。むしろ、ただ歴史的時点のある一定の瞬間に特定の政治社会にいる自分を見出すだけである。われわれがそのなかに存在し、ここにいることは、自由ではないと考えてよかろう。それでは、いかなる意味において、民主制の市民たちは自由でありうるのか。あるいは、やがて問うように、われわれの自由の外的限界は何なのか(第二六節)。

われわれは、政治社会を一定の仕方で、すなわち、ある世代から次世代へと長期にわたる協働の公正なシステムとみることによって、この問題を論じてみることができる。このシステムでは、協働する人々は、自由で平等な市民であり、全生涯にわたって協働する普通の社会構成員とみなされる。従って、われわれは、もし社会の基本構造――主要な政治的・社会的諸制度及びそれらを協働の一機構として相互に適合させる方法――がその原理に適っておれば、見せかけやごまかしなしに、市民たちは本当に自由で平等であると言うことができる、そのような政治的正義の原理を定式化しようと努めるので

ある。(4)

1・4

第四の役割は、第三の役割の変種である。われわれは、政治哲学を、現実主義的にユートピア的なもの、つまり、政治的に実行可能なものの限界を徹底的に調査することとみなす。社会の将来に対するわれわれの希望は、社会的世界は少なくともほどほどの政治秩序を可能としており、それ故に、完全ではないけれども、適度に正義に適った民主的政体が可能であるという確信に基づいているのである。そこで、われわれは次のように問うのである。適度に好都合で、さらに歴史的に可能な条件、つまり、社会的世界の諸々の法則と傾向によって可能とされる条件のもとでは、正義に適った民主的な社会とはどのようなものであろうか。われわれが知っているような民主的文化における正義の環境を所与とすれば、そのような社会はどのような理想と原理を実現しようと努めるのであろうか。この環境は、穏当な多元性の事実を含んでおり、この条件は、自由で民主的な諸制度のもとでは無限に続く恒久的なものである。

穏当な多元性の事実は、現在の社会的世界の条件のもとで実行可能なものを制約するが、この条件は、人々が一つの包括的な構想を一体となって支持していた(おそらくそのようなことは決してなかったであろうけれども)としばしば言われる歴史上の他の時期における条件とは対照的である。いずれ、穏当な多元性の事実が嘆き悲しむべき歴史的宿命であるかどうかを問いたい。そうではないということ、すなわち、この事実は非常に重要な利点をもっているということを示すことによって、われわれは現在の条件と部分的に宥和することになるであろう。もちろん、実行可能なものの限界はどのようにして見定められるのかとか、現在の社会的世界の条件とは実際は何なのかについての疑問がある。ここでの問題は、可能なものの限界は現実的なものによって定められるのではないということである。というのは、われわれは、政治的・社会的諸制度やその他多くのものを多かれ少なかれ変更することができるからである。けれども、ここではこの奥深い問題には立ち入らない。

2　公正な協働システムとしての社会

2・1

前述のように、公正としての正義の一つの実践的な目的は、民主的諸制度のために受容可能な哲学的・道徳的基礎を提供し、そのようにして、自由と平等の諸要求がどのように理解されるべきかという問いを扱うことである。この目的のために、われわれは、民主的社会の公共的政治文化並びにその憲法や基本的な法律の解釈の伝統に依りながら、政治的正義の構想のなかにまとめ上げることができる、一定のよく知られている諸観念を探し求めるのである。民主的社会の市民たちは、日常的な政治的議論及び憲法上の諸々の権利と自由等々の意味や根拠をめぐる論争において示されるこれらの観念を、少なくとも暗黙のうちに理解していると想定されている。(5)

これらのよく知られている観念のうちの幾つかは、他のものよりも基本的である。公正としての正義全体を組み立て構造化するために用いる諸観念を、私は基礎的観念とみなす。この正義の構想において最も基礎的な観念は、ある世代から次世代へと長期にわたる公正な社会的協働システムとしての社会という観念である(『正義論』第一節四頁)。われわれは、この観念を、民主的政体のための正義の政治的構想の展開を試みるにあたって中心的な編成観念として用いる。

この中心的観念は、二つの基礎的な対観念と連結して作り上げられる。これらは、自由で平等な人格としての市民(協働に携わる市民)という観念(第七節)と、秩序だった社会、つまり、正義についての一つの公共的構想によって実効的に規制されている社会という観念(第三節)とである。

すでに指摘したように、これらの基礎的な直観的観念は、民主的社会の公共的政治文化からよく知られているものとみられている。たとえそれらの観念がしばしばはっきりと定式化されていなかったり、それらの意味が明確に示されていなかったりしても、これらの観念は、社会の政治的な思考、また、例えば裁判所や恒久的意義があるとみられている歴史的その他の文書における社会の諸制度の解釈方法において基本的な役割を果たすことができるのである。民主的社会がしばしば社会的協働のシステムとみられているということは、次のような事実からわかる。すなわち、政治的な視点からは、また、政治的権利の基本問題についての公共的議論の文脈においては、その市民たちは、自分たちの社会秩序を、固定された自然的秩序、あるいは、宗教的教説とか貴族的価値を表す階層制的原理によって正当化される制度的構造とはみなしていないという事実である。さらに、市民たちは、ある政党が、公然たる綱領の問題として、それと分かるいずれかの階級ないし集団に対してその諸々の基本的な権利と自由を否定するために活動することが適切だとも考えていない。

2・2

社会的協働という中心的な編成観念は、少なくとも三つの不可欠の特徴をもっている。

(a)　社会的協働は、たんなる社会的に調整された活動――例えば、中央の絶対的権威の発した命令によって調整された活動――とはまったく異なる。むしろ、社会的協働は、協働する人々がその行動を規律するのに適切として受け容れる、公共的に承認されたルールと手続によって導かれている。

(b) 協働という観念は、協働の公正な条項の観念を含んでいる。公正な条項とは、もし他の者もすべて同じように受け容れているのならば、参加者それぞれが受け容れて当然である、あるいはまた受け容れるべきである、そのような条項のことである。協働の公正な条項は、互恵性ないし相互性の観念を明確にする。すなわち、承認されたルールが要求するようにそれぞれの役割を果たす者はすべて、合意された公共的基準によって明確にされた利益を受けるべきである。

(c) 協働の観念はまた、各参加者の合理的な利益ないし善の観念も含んでいる。合理的な利益の観念は、協働している人々が彼ら自身の善の観点から増進しようとしているものが何であるかを明確にする。

全体にわたって、私は、後ほど触れるように、道理に適ったもの(the reasonable)と合理的なもの(the rational)とを区別することにする。これらは、公正な社会的協働システムという基礎的観念の一部を成す基本的な補助的観念である。最も単純な事例、つまり、協働していて重要な点で対等な状況にある(あるいは略して対称的な)人々に適用した場合、道理に適った人々は、すべての人々が協働の公正な条項とみなしうるものを明確にするのに必要な諸原理を提案したり、あるいは、他人が提案した場合に承認したりする用意がある。また、道理に適った人々は、もし他の人々が同様にそれらの原理を尊重するのならば、事情によっては自分自身の利益を犠牲にしても、これらの原理を尊重すべきであるということも理解している。そのような原理を提案する用意がなかったり、あるいは、他の人々が当然受け容れると期待されるような協働の公正な条項を尊重する用意がなかったりするのは、道理に反する。もしそのような原理や条項をたんに提案したり尊重したりするようにみえる、あるいはそのふりをするが、事情が許せば自分自身の利益のためにいつでもそれらに背こうとしている者は、道理に反するどころかもっと悪い。

とはいえ、このようなことは、道理に反するけれども、一般的には、合理的でないわけではない。というのは、優越した政治権力をもっていたり、より恵まれた境遇にある者がいる場合、これらの状況は交渉の当事者たちを対等に扱うか差別するかということと無関係である(そう想定しよう)けれども、そのような有利な状況にある人々が自分たちの立場を利用することが合理的であるかもしれないからである。日常生活において、一定の人々について、交渉における彼らの優越的立場を前提とすれば、彼らの提案はまったく合理的ではあるが、それでもやはり道理に反すると言う場合、このような区別が暗に含まれているのである。常識は、一般的には、合理的なものではなく、道理に適ったものを、道徳的感受性を含んだ道徳的観念とみなしている。(6)

2・3

(正義の政治的構想の一部としての)正義原理の役割は、社会的協働の公正な条項を明確に示すことである(『正義論』第一節)。これらの原理は、主要な政治的・社会的諸制度によって割り当てられるべき諸々の基本的な権利と義務を明確にし、社会的協働から生じる利益の分配を規制し、その協働を支えるのに必要な負担を割り当てる。民主的社会では、市民たちは政治的構想の視点からは自由で平等な人格とみなされているから、正義の民主的構想の原理は、そのように考えられた市民間の協働の公正な条項を明確に示すものとみなされうる。

正義原理は、このような明確化によって、立憲民主政体にとっての政治哲学の根本問題に対する答えを提供する。その根本問題とは次のようなものである。自由で平等であり、合理的で道理にも適っており、かつ(付け加えると)ある世代から次世代へと全生涯にわたって十分に協働する普通の社会構成員とみなされる、そのような市民間の協働の公正な条項を明確にするのに、最も受け容れられやすい正義の政治的構想はどのようなものか。この問題が根本的であるのは、それが、君主制や貴族制に対するリベラリズムの批判及びリベラルな立憲民主制に対する社会主義の批判の焦点だったからである。それはまた、私有財産の要求や、いわゆる福祉国家と結びついた社会政策の(実効性では[7]

なく）正統性をめぐるリベラリズムと保守的見解との現在の対立の焦点でもある。

自由で平等な人格としての市民という構想を用いるにあたって、われわれは、社会的世界の諸々の特徴から抽象化し、一定の仕方で理想化する。これは抽象的な構想の一つの役割を明らかにする。すなわち、抽象的な構想は、根本的とみられているある問題について、その最適の答えを決めるのに最も関連があるとわれわれが考える比較的重要な諸要素に焦点を合わせることによって、混乱のない明確な見方を得るために使われるものである。われわれは、そうでないと明言していない限り、前述の根本問題以外、いかなる問題にも答えようとしない。

3　秩序だった社会の観念

3・1

第二節1で述べたように、秩序だった社会――正義についての一つの公共的構想によって実効的に規制された社会――という基礎的観念は、公正な協働システムとしての社会という中心的な編成観念を明確にするために用いられる、その対観念である。さて、ある政治社会が秩序だっているということは、次の三つのことを表す。

第一に、これは正義の公共的構想の観念に含まれていることだが、そのような社会は、すべての者が、まさに同一の正義の政治的構想(従ってまた同一の政治的正義原理)を受け容れ、かつ、他のすべての者もまたそのような構想と原理を受け容れているということを知っている社会のことである。その上、このことを知っていることが相互に認識されている。つまり、人々は、もしそれらの原理を自分たちが受け容れることが公共的合意の問題であるのならば、自分たちが知ることになるであろうすべてのことを知っているのである。

第二に、これは正義の公共的構想による実効的規制という考えに含まれていることだが、社会の基本構造——つまり、その主要な政治的・社会的諸制度とそれらを協働の一システムとして結合する方法——がそれらの正義原理に適合していることが、公に知られている、あるいは、もっともな理由でそう信じられている。

第三に、これもまた実効的規制という考えに含まれていることだが、市民たちは、普通に実効的な正義感覚、つまり、公共的に承認された正義原理を理解して適用し、そして、たいていは社会における彼らの地位やその義務と責務が要求するように行動することができるようにする正義感覚をもっている。

それ故、秩序だった社会では、正義の公共的構想は、市民たちが、政治的諸制度や相互に対する政治的権利の要求をそれに従って調整できる、そのような相互に承認された視点を提供するのである。

3・2

秩序だった社会という観念は、明らかに、相当程度理想化したものである。この観念を作り上げる一つの理由は、民主的社会にとっての正義構想の一つの重要な問いは、社会がある世代から次世代への自由で平等な市民間の協働のシステムとみられる場合、その構想が、公共的に認められ相互に承認された正義構想として役立ちうるかどうか、また、どの程度役立ちうるのかということだからである。このような公共的な役割を果たすことができなければ、その正義の政治的構想は、何らかの仕方で重大な欠陥があるにちがいないとみられる。ある正義構想が秩序だった社会に適合しているということは、正義の政治的構想を比較する一つの重要な基準を提供する。秩序だった社会の観念は、この基準を定式化し、さらに、社会的協働という中心的な編成観念を明確にする助けとなる。

秩序だった社会の観念は、二つの意味をもっている。その一般的な意味は、第三節1で述べた。秩序だった社会とは、何らかの正義の公共的(政治的)構想——その構想がどのようなものであれ——によって実効的に規制された社会のことである。だが、この観念は、社会の全構成員が、例えば、特定の自然権論とか、功利主義の一形態とか、公正としての正義といった、同一の正義の政治的構想を受け容れ、かつ、他の人々がすべてそれを受け容れているということを知っていると言われる場合のように、ある特定の正義構想をもつ秩序だった社会に言及するときには、特殊な意味をもつ。穏当な多元性の事実を所与とすれば、その構成員のすべてが同一の包括的教説を受け容れるような秩序だった社会は不可能であることに注意されたい。しかし、民主的な市民たちは、異なった包括的教説を抱いていても、正義の政治的構想には合意できるのである。正義の政治的構想が、民主的社会の市民としてのわれわれが得ることができる社会的統合の十分かつ最も道理に適った基礎を提供すると、政治的リベラリズムは考えるのである。

4　基本構造の観念

4・1

もう一つの基礎的観念は、(秩序だった社会の)基本構造という観念である。この観念は、公正としての正義が適切な統合性をもつことを定式化し提示するために導入される。この観念は、原初状態の観念(第六節)とともに、他の諸観念を完全なものとし、それらを明快な全体として秩序づけるために必要である。基本構造の観念はこのような観点からみることができる。

第三節で示唆したように、社会の基本構造は、社会の主要な政治的・社会的諸制度を相互に適合させて社会的協働の一システムとする方法であり、それらの制度が諸々の基本的な権利と義務を割り当て、長期にわたる社会的協働から生じる利益の分配を規制する方法である(『正義論』第二節六頁)。独立した司法部をもつ政体、法的に承認された財産形態、経済構造(例えば、生産手段における私有財産を伴う競争的市場システム)、並びに、何らかの形態の家族、これらはすべて基本構造に属する。基本構造は、その枠内で諸々の結社や個人の活動が行われる背景的な社会的枠組である。正義に適った基本構造は、背景的正義と呼んでもよいものを確保する。

4・2

公正としての正義の一つの主要な特徴は、基本構造を政治的正義の第一主題とみなしていることである(『正義論』第二節)。そうする理由の一部は、市民の目的・願望・性格並びに彼らの機会やそれを利用する能力に対する基本構造の影響が、広範に及び、人生の始まりから存在するからである(第一五—一六節)。われわれの焦点はほとんどもっぱら政治的・社会的正義の主題としての基本構造である。

公正としての正義は、基本構造という特殊事例から始めるのだから、正義原理はこの基本構造を規制するのであり、社会内の諸々の制度や結社に直接適用されたり、それらの内部を規制したりはしない。[8] 会社や労働組合、教会、大学、家族は、正義原理から生じる諸制約には拘束されるが、これらの制約は、正義に適った背景的諸制度から間接的に生じるのであり、結社や団体は、これらの制度のなかにあって、これらの制度によってその構成員の行動が制限されるのである。

例えば、教会は異端者を破門にすることはできるが、火あぶりの刑に処することはできないのであり、この拘束は、良心の自由を保障するためである。大学は一定の仕方での差別待遇をすることはできないが、この制約は、機会の公正な平等の確保を促進するためである。両親は(女性も男性と同等に)平等な市民であり、財産権も含めて平等な基本権をもっている。両親は、その子供たちの権利(子供たちは将来の市民としてそのような権利をもつ)を尊重しなければならず、例えば、子供たちから必要不可欠な医療を奪ってはならない。さらに、社会の労働の分担、社会の文化の保存、長期にわたる社会の自己再生産における男女の平等を確保するために、子供の出産・養育・教育の負担が女性により重くかかり、そのために女性の機会の公正な平等が損なわれないように、家族法において(また疑いもなく他の分野でも)特別な規定が必要である。

基本構造にとって道理と正義に適っている原理が、諸々の制度・結社・社会的実践にとってもまた一般的に道理と正義に適っていると予め想定すべきではない。公正としての正義の原理は、基本構造内部におけるこれらの社会的な取り決めにも制約を課すけれども、基本構造とその内部の諸々の結社や社会形態とは、それらの目的や目標、独特の性質や特別な要求を考慮して、それぞれ別個の原理によって規制されているのである。公正としての正義は、正義の一般的な構想ではなく、政治的な構想なのである。公正としての正義は、まず第一に基本構造に適用されるのであり、ローカルな正義に関するこれらの他の問題や、グローバルな正義(私が諸国民の法と呼ぶもの)の問題を、それらの理非について別個の考慮を必要とするものと考えている。

基本構造内部の諸々の結社や制度によって直接遵守されるべき正義原理は、ローカルな正義原理と呼んでよいであろう(9)。それ故、全部で、われわれは正義の三つのレベルをもつことになる。内部から外部へという順序で話すと、まず第一に、ローカルな正義(諸々の制度や結社に直接適用される原理)、第二に、国内的正義(社会の基本構造に適用される原理)、そして最後に、グローバルな正義(国際法に適用される原理)となる。公正としての正義は、国内的正義――基本構造の正義――から始めることになる。そこから、外に向かっては諸国民の法へ、内に向かってはローカルな正義へと影響を及ぼすことになる。諸国民の法については、別の著作で論じた(10)。本書では、ローカルな正義を体系的に論じる試みはまったくしない。一般的に、基本構造のための原理は、ローカルな正義の適切な原理を拘束(あるいは制約)するが、唯一そうでなければならないと決めるものではない。

4・3

われわれによる基本構造の特徴づけは、それに基づいて諸々の社会的取り決めあるいはその諸側面のどれが基本構造に属するかを見分けうる明確な定義ないし識別基準を提供するものではないことに注意されたい。むしろ、われわれは、当初は大雑把な観念であるものを大まかに特徴づけることから始める。すでに指摘したように、われわれは、さまざまな特殊な問題を検討した後、その観念を最もよくみえるように、もっと正確に特定しなければならない。このことを行った上で、次に、われわれは、より明確な特徴づけが、われわれのよく反省した上での熟慮された確信とどのように整合的であるかを点検するのである。

けれども、正義の政治的構想の役割は、これらの問題がどのように解決されるべきかを正確に語ることではなく、それらの問題に取り組むための思考枠組を提示することである。もし明確な境界線を引く基本構造の定義を規定するならば、われわれは、大雑把な観念が適度に含みうるものを超えてしまうだけでなく、より特殊な状況あるいは将来の状況が要求するかもしれないものを間違って前もって判断する危険を冒し、それによって、公正としての正義が諸々の異なった社会的状況に適応することを困難にもするであろう。われわれの判断が道理に適ったものであるためには、これらのより特殊な状況を知ることによって十分情報が与えられていなければならないのが通常である。(11)

最後に、予め言っておくと、公正としての正義は道理に適った重なり合うコンセンサスの焦点となりうるものとして提示されるから(第一一節)、また、基本構造は正義の第一主題であるから、基本構造の諸々の境界や側面は、最終的には、もし可能ならば、そのようなコンセンサスを促進しないとしても、少なくとも許容するような仕方で線引きされ特定されなければならない。それ故、一般的に言えば、この条件が何を要求するかは明らかではないが、より広範な問題を取り上げる際に、これらの事柄にも答えるように努める。

5　われわれの探究の諸限定

5・1

公正としての正義の他の基礎的諸観念を論じる前に、われわれの探究の幾つかの限定について注意しておこう。第一の限定は、すでに指摘したように、われわれは、政治的正義の第一主題としての基本構造に注意を向け、ローカルな正義の諸問題はわきにおいておくということである。われわれは、公正としての正義を、包括的な道徳的教説としてではなく、政治的・社会的諸制度の基本構造に適用される政治的構想とみなしている。

第二の限定は、われわれは、大部分、秩序だった社会にとっての正義の性質と内容に関心をもっているということである。この場合の議論は、理想的理論ないし厳格な遵守理論として公正としての正義に関係している。厳格な遵守とは、(ほとんど)全員が正義原理に厳格に従い、かつ、その原理を遵守していることを意味する。われわれは、事実上、完全に正義に適った、あるいは、ほぼ正義に適った立憲政体とはどのようなものであるか、また、正義の環境(『正義論』第二二節)のもとで、従って、適度に好都合ではあるが現実的な諸条件のもとで、そのような政体が実現し安定したものとなるかどうかを問うのである。このように、公正としての正義は、現実主義的にユートピア的である。それは、現実的に実行可能なものの限界を見定める、すなわち、民主政体はわれわれの世界において(その諸々の法則と傾向を所与とすれば)どの程度その適切な政治的諸価値の完全な実現——そう言いたければ、民主的極致——を達成できるかを見定めるのである。

われわれが理想論に焦点を合わせるのは、民主主義思想における現在の対立は、相当部分、適度に好都合な条件のもとで民主的社会に最適の正義構想はどのようなものかについての対立だからである。われわれの目的にとって、われわれが政治哲学の根本問題と呼んだもの(第一節3)からみて、このことは明白である。にもかかわらず、秩序だった社会の観念は、非理想論について、従って、現存の不正義をどのように扱うべきかという難しい事例について考える場合にも、何らかの指針を提供するべきである。それはまた、改革の目標を明確にし、どの悪がより許し難く、それ故矯正が急がれるものであるかを識別する手助けとなるべきである。

われわれの探究の第三の限定は、すでに述べたが、本書では、諸国民間の正義に適った関係という重要な問題についても、また、公正としての正義をそのような関係へ拡張することが、どうしてそれを適切に普遍化して応用する仕方の一例となるのかという問題についても論じないということである。私は、カントの見解(『永遠平和のために』一七九五年)は正しく、世界政府は、グローバルな抑圧的専制か、諸々の異なる地域や文化がその政治的自律を獲得しようとして頻発する内乱によって引き裂かれたもろい帝国のいずれかであろうと考えている。(12) 多分、正義に適った世界秩序は、それぞれの国民が、必ずしも民主的でなくとも、諸々の基本的人権を完全に尊重している、秩序だったほどほどの(国内)政治体制を保持している、そのような諸国民からなる社会とみるのが最もよいであろう。(13)

公正としての正義では、諸国民間の正義の問題は、秩序だった民主的社会にとっての政治的正義についての説明を得るまで後回しにされる。けれども、基本構造の正義から始めることは、諸国民間の正義が要求すると判明したものを考慮して、われわれの民主的社会(国内的正義)の説明を修正できないということを意味しないことに注意されたい。より完全な政治的構想の二つの部分——国内社会の正義並びに社会相互間の正義——は、それらが練り上げられる過程で相互に調整されうるのである。

5・2

最後に、すでに述べたことのなかに暗に含まれている点、すなわち、公正としての正義は包括的な宗教的・哲学的・道徳的教説――すべての主題に適用されすべての価値を包含する教説――ではないことを強調しておく。また、公正としての正義は、あたかも社会の基本構造がそのような包括的見解の適用されるべきもう一つの主題にすぎないかのように、基本構造に包括的教説が適用されたものであるともみなされるべきではない。政治哲学も、公正としての正義も、どちらも、そのような応用道徳哲学ではない。政治哲学は、それ自体の独自の特徴と問題をもっている。公正としての正義は、現代の民主的社会の基本構造という特殊事例にとっての正義の政治的構想なのである。この点において、公正としての正義の射程は、とりわけ、功利主義、卓越主義、直観主義のような包括的な哲学的・道徳的教説よりももっと狭いのである。公正としての正義は、(基本構造の形態における)政治的なものに焦点を合わせるのであり、政治的なものは、道徳的なものの領域のほんの一部にすぎない。

6　原初状態の観念

6・1

以上、『正義論』第一―二節で導入された三つの基礎的観念、つまり、公正な協働システムとしての社会という観念、秩序だった社会の観念、社会の基本構造という観念について論じてきた。次に、『正義論』第三―四節で導入された二つの他の基礎的観念について論じる。その一つは、原初状態の観念であり、もう一つは、自由で平等な人格としての市民という観念である。公共的正当化という六番目の基礎的観念は、第九―一〇節で論じる。

どのようにして原初状態に至るのか、また、原初状態を用いる理由は何かということから始めよう。次のような思考過程によってわれわれは原初状態に至るであろう。すなわち、われわれは、自由で平等な人格相互間の公正な協働システムとしての社会という編成観念から出発する。直ちに、協働の公正な条項はどのようにして特定されるのかという問いが生じる。例を挙げれば、これらの条項は、協働している人々とは別個の権威、例えば神の法によって特定されるのか。あるいは、すべての者が、合理的直観などを通じ道徳的価値秩序[14]に照らして公正と認めるのか、または、若干の者が「自然法」とみなしてきたものに照らして公正と認めるのか。それとも、これらの条項は、協働している自由で平等な市民たちが取り結ぶ合意によって決められ、そして、その合意は彼らが相互の利益あるいは善とみなすものを考慮して行われるのか。

公正としての正義は、最後の解答の一形態を採る。すなわち、社会的協働の公正な条項は、協働している人々が取り結ぶ合意によって与えられるべきである。こうなる理由は、穏当な多元性という想定を所与とすれば、市民たちが、聖典であれ、宗教的制度や伝統であれ、いかなる道徳的権威に同意することもありえないということである。同様に、道徳的価値秩序や誰かが自然法とみなすものの命令に同意することもありえない。そうだとすれば、市民たちがすべての者に公正な条件のもとで相互に取り結んだ合意よりも、もっとよい選択肢はあるのだろうか。

6・2

さて、この合意は、他のいかなる合意とも同じように、もしそれが政治的正義の観点から妥当な合意であるべきならば、一定の条件のもとで取り結ばれたものでなければならない。とりわけ、これらの条件は、自由で平等な人格を公正な状況におくものでなければならず、誰かが他の人々に対して交渉において不公正に有利な立場をもつことを許してはならない。さらに、力による威嚇や強制、詐欺や欺瞞なども排除されなければならない。ここまでは、それでよい。これらの考慮は、日常生活からよく知られているところである。しかし、日常生活における合意は、基本構造の背景的諸制度の枠内で一定の状況のもとで行われる。そして、これらの状況の個々の特徴は、そのもとで行われる合意の条項に影響を及ぼす。明らかに、これらの状況が妥当で公正な合意のための条件を充たしていない限り、合意される条項も公正とはみなされないであろう。

公正としての正義は、公正な合意の観念を基本構造自体に拡張したいと望む。ここで、契約が社会的であろうとなかろうと、契約の観念を用いるどのような正義の政治的構想も重大な困難に直面する。その困難とはこうである。それに基づいて自由で平等な人格相互の公正な合意を取り結ぶことが可能となる視点を明確にしなければならないが、この視点は、現存の基本構造の個々の特徴や環境から切り離され、それらによって歪められていないものでなければならない。私が「無知のヴェール」と名づけた(『正義論』第二四節)特徴をもつ原初状態は、この視点を明確にするのである。原初状態においては、当事者たちは、自分たちが代表する人々の社会的地位とか彼らの特定の包括的教説を知ることを許されない。当事者たちはまた、人々の人種や民族集団、性別も知らないし、強さや知力などさまざまな生まれつきの才能――すべて通常の範囲内にあるとして――も知らない。われわれは、情報に対するこれらの制約(15)を、当事者たちは無知のヴェールの背後にいると言うことによって、比喩的に表現する。

原初状態が基本構造内部の偶然的諸事情――人々の個々の特徴や環境――から抽象化されなければならない一つの理由は、基本構造のための正義の第一諸原理についての自由で平等な市民相互の公正な合意の条項は、諸々の社会的・歴史的傾向が累積する結果としてどのような社会にも長期にわたって不可避的に生じるような交渉上の有利な地位を排除しなければならないからである。「各人にその威嚇できる有利な地位(あるいはその事実上の政治権力とか富とか生得の才能)に応じて」というのは、政治的正義の基礎ではない。偶然的な歴史上の有利な地位や過去からの偶発的な影響は、現在から将来にかけて基本構造を規制すべき原理についての合意に影響を及ぼすべきではない[16]。

6・3

それ故、原初状態の観念は、公正な合意の観念をどのようにして基本構造のための政治的正義の原理についての合意に拡張するかという問題に対する解答として提唱されたものである。原初状態は、自由で平等であり、かつ、適切に情報に通じており合理的である、そのような当事者たちにとって公正であるように設定されている。それ故、市民の代表者としての当事者たちが取り結ぶいかなる合意も公正である。合意の内容は、基本構造のための正義原理に関するものであるから、原初状態における合意は、そのような人格とみなされる市民相互の社会的協働の公正な条項を明確にするのである。それ故に、公正としての正義という名称になるのである。

『正義論』で述べたように、原初状態は、社会契約という周知の観念を一般化したものであることに注意されたい(『正義論』第三節)。合意の対象を、ロックのように、特定の統治形態とするのではなく、むしろ基本構造のための正義の第一諸原理とすることによって、一般化している。さらに、原初状態は一層抽象的である。すなわち、合意は、仮説的であると同時に非歴史的でもあるとみなされなければならない。

(i)原初状態が仮説的なのは、(前述のような)当事者たちが現に合意したものではなく、彼らが合意しうる、あるいは、合意するであろうものを問うからである。

(ii)原初状態が非歴史的なのは、合意が現実に取り結ばれたとか、あるいはそもそも取り結ぶことができたなどとは想定しないからである。そして、仮にそのようなことがありえたとしても、事情は何ら変わらないであろう。

第二の点(ii)は、当事者たちがどのような原理に合意するであろうかは分析によって決められるべきだということを意味する。当事者たちはどのような状況におかれどのように記述されるか、彼らに開かれている選択肢はどのようなものか、当事者たちは何を理由として重視し、どのような情報を彼らは入手可能なのか。これらからの推論によって演繹的に、彼らが取り結ぶであろう合意が導き出せるように、さまざまな規約――それらはそれぞれ理由のある裏付けをもっている――によって原初状態が特徴づけられるのである。第三部でまたこの問題に戻ることにする。

6・4

ここで、重大な反対があるように思われるかもしれない。すなわち、仮説的な合意はまったく拘束力をもたないから、原初状態における当事者たちの合意は無意味にみえるだろうというものである[17]。それに対する返答は、原初状態の意義は、表象(代表)の一装置、あるいは言い換えれば、公共的説明と自己に対する説明のための一つの思考実験であるという事実にあるということである。原初状態は次の二つのことをモデル化したものと考えるべきである。

第一に、原初状態は、もっぱら自由で平等な人格とみなされる市民の代表者たちが、基本構造を規制するべき協働の公正な条項に同意する際の公正な条件とわれわれが――ここで今――みなすものをモデル化している。

第二に、原初状態は、それを基礎に、公正な条件のもとにおかれた当事者たちが、政治的正義の一定の原理を提案し、他の原理を拒否するのが適切でありうる、そのような理由に対する制約として受容可能とわれわれが――ここで今――みなすものをモデル化している。

それ故、もし原初状態がこれら二つのこと(すなわち、自由で平等な市民相互の合意の公正な条件と、理由に対する適切な制約)についてのわれわれの確信を適切にモデル化するならば、当事者たちが同意するであろう正義原理は(われわれが適切に練り上げることができれば)、われわれが――ここで今――公正であり最良の理由に支えられているとみなす協働の条項を明確にするであろうと、われわれは推測するのである。その理由はこうである。すなわち、この場合、原初状態は、われわれが正義の政治的構想の原理を基礎づける考慮事項として道理に適っていると熟考の上みなすものを適切な仕方でモデル化するのに成功したことになるであろうからである。

6・5

公正な条件について実例を挙げて説明しておこう。当事者たちは、原初状態では対称的な状況におかれている。これは、基本的な政治的正義の問題においては、市民たちは考慮すべきすべての点で平等であるという、われわれの熟慮された確信をモデル化している。すなわち、市民たちは、全生涯にわたって十分に協働する普通の社会構成員であることを可能とするのに十分な程度に、道徳的人格に必須の能力や他の諸能力をもっている(第七節)。それ故、考慮すべきすべての点で平等(同じ)である人々は等しく(同じように)扱われるべしという形式的平等の教えに従って、市民の代表者たちは原初状態では対称的な状況におかれるべきである。そうでないと、われわれは、原初状態が自由で平等な市民たちに対して公正であると考えないであろう。

理由に対する適切な制約について実例を挙げて説明しておこう。もしわれわれが道理に適っておれば、例えばわれわれがある特定の社会的地位を占めているという事実が、そのような地位にある人々に有利な正義の構想をわれわれが受け容れたり、他人が受け容れることを期待したりする適切な理由でないということは、われわれの熟慮された確信の一つである。仮にわれわれが豊かであったりあるいは貧しかったりしても、たんにその理由だけで、豊かな人あるいは貧しい人に有利な基本構造をすべての他の人々が受け容れるとは期待しない。このような確信や他の同じような確信をモデル化するために、当事者たちに、彼らが代表する人々の社会的地位を知らせないのである。同じ考えが、無知のヴェールによって、人々のその他の特徴にも拡張されるのである。

要するに、原初状態は、表象(代表)の一装置と理解されるべきである。そのようなものとして、原初状態は、(その各々が自由で平等な市民の根本的利益に対して責任を負っている)当事者たちを、公正な状況におかれ、政治的正義の原理に賛成する理由に対する適切な制約のもとで合意を取り結ぶ者として描くことによって、われわれの熟慮された確信を道理に適った人格としてモデル化するのである。

7　自由で平等な人格の観念

7・1

ここまで、自由で平等な人格という観念を無造作に用いてきたが、次にその意味と役割を説明しなければならない。公正としての正義は、市民たちを、社会的協働に携わっており、それ故、そうする十分な能力をもち、しかも全生涯にわたってもっているとみなす。このようにみなされた市民たちは、以下に説明するように、「二つの道徳的能力」と呼んでよいものをもっている。

(i) そのような能力の一つは、正義感覚への能力である。これは、社会的協働の公正な条項を明確化する政治的正義の原理を理解し、適用し、それに(たんに合致しているだけではなく)準拠して行動する能力である。

(ii) もう一つの道徳的能力は、善の構想への能力である。それは、善の構想をもち、修正し、合理的に追求する能力である。そのような構想は、整然とした一群の最終的な目的・目標であり、これが、人生において価値あるものは何か、あるいは言い換えると、完全に価値ある人生とみなされるものは何かについて、ある人格がもつ構想を明確にするのである。そのような構想の諸要素は、一定の包括的な宗教的・哲学的あるいは道徳的教説のなかに位置づけられ、それによって解釈されるのが通常であり、これらの教説に照らして、さまざまな目的・目標が順序づけられ、理解されるのである。

7・2

人々が二つの道徳的能力をもっているとみなされると言うことによって、彼らが、全生涯にわたって相互に利益となる社会的協働に携わるだけでなく、公正な条項をそれ自体のために尊重するようにも動機づけられるのに必要な能力をもっているということを言っているのである。『正義論』では、これら二つの能力が「道徳的人格」と「道徳的人格性」を規定するとされていた(『正義論』第三—四節)。けれども、人格が自由で平等だと言うことによって、何を意味しているのだろうか。

ここでは、公正としての正義が正義の政治的構想であることを記憶にとどめておくことが重要である。すなわち、公正としての正義は、社会の基本構造という特殊事例のために設計されたものであり、包括的な道徳的教説であることをめざすものではない。それ故、人格の観念は、人格の構想のなかに取り込まれて特定される場合には、政治的構想に属するのである。(基礎的観念は、その要素を特殊な仕方で特定化すると、構想となる。）このことは、人格の構想は、形而上学とか心の哲学とか心理学から借用されたものではないということを意味する。人格の構想は、これらの分野で論議されている自我の構想とはほとんど関係がなくてもよいのである。もちろん、人格の構想は、（一つあるいはそれ以上の）そのような哲学的あるいは心理学的な構想と（それらが健全である限り）両立しなければならないけれども、これは別の話である。人格の構想自体は、形而上学的でも心理学的でもなく、規範的かつ政治的でなければならない。

既述のように（第二節1―2）、人格の構想は、民主的社会の公共的政治文化、その基本的な政治的文書（憲法や人権宣言）、並びにこれらの文書の解釈の歴史的伝統において、市民というものがどのようにみなされているかということから作り上げられる。このような解釈にあたっては、裁判所・政党・政治家だけでなく、憲法や法理学に関する著作者、社会の政治哲学に関連するあらゆる種類の比較的恒久的な著作にも依拠するのである。

7・3

いかなる意味において市民たちは平等な人格とみなされるのであろうか。仮に市民たちはすべて、全生涯にわたって社会的協働に携わり、平等な市民として社会に貢献するのに必要な道徳的能力を必要最小限もっているとみなされているという点で、平等であるとみなされているとしよう。われわれは、この程度の道徳的能力をもっていることを人格としての市民間の平等の基礎とみなす(『正義論』第七七節)。すなわち、われわれは社会を公正な協働システムとみなすから、平等の基礎は、われわれが社会の協働生活に十分貢献できるようにするのに必要な最小限の道徳的その他の能力をもっていることである。それ故、市民たちの平等は、原初状態においてはその代表者たちの平等によってモデル化されている。すなわち、これらの代表者たちは、原初状態において対称的な状況におかれており、合意を取り結ぶ手続のなかで平等な権利をもつという事実によってモデル化されている。

道徳的能力を平等の基礎とするにあたって、事実上、政治社会と、その内部やそれを横断する多くの結社とを区別していることに注意されたい。後者は、教会や学会のように、政治的境界を越えている結社である。これらの結社の幾つかは共同体である。教会や学会はこの実例でもあるが、大学や他の文化的制度もまた共同体である。共同体の構成員たちは、(経済的以外の)一定の共有の価値や目的を一体となって追求しており、これらの価値や目的によって、構成員は、その結社を支えるようになり、部分的には結社に拘束されるのである。公正としての正義においては、民主的な政治社会は、そのような共有の価値や目的をもっていない。ただし、正義の政治的構想自体の範囲内に入ったりそれとつながったりしているものについては別である。秩序だった社会の市民たちは、憲法及びその諸制度に実現された政治的諸価値を支持し、そして、社会の取り決めが要求するように、お互いに正義を与えるという目的を共有しているのである。

このように民主的社会とその内部の諸々の共同体とを区別する意義は、後ほど明らかになるであろうが、その幾つかの特有の特徴に基づいている。例えば、われわれは、社会に生まれ落ちると同時に、諸々の共同体、諸々の宗教やその独特の文化のなかにも生まれ落ちるのであるが、政治的な統治形態と法をもった社会だけが強制権力を行使するのである。われわれは諸々の共同体から自発的に去ることができるが(憲法上の諸自由がこれを保障しており、背教は犯罪ではない)、政治社会は、それから自発的に去ることはできないという意味を含んでいる(第二六節)。また、共同体は、その共有の価値や目的への貢献度に比例して、その構成員に報償を与えたり選抜したりすることができるが、民主的社会は、それに従って市民たちを区別することができるような(善の範囲内にある)共有の価値や目的をもっていないのである。(18) 政治社会の十分に協働する構成員でありうる者はすべて対等者とみなされ、正義の公共的な政治的構想が許す限りでのみ違った扱いを受けることができるのである。

民主的な政治社会の観念と共同体の観念とを区別しないことは、重大な誤りである。もちろん、民主的な社会は、その内部の多くの共同体にとって快適であり、実際、そこでは多様性が友好と調和のうちに繁栄する社会的世界であろうと努めている。しかし、民主的な社会それ自体は一つの共同体ではないし、穏当な多元性という事実を考慮すると、そうはなりえないのである。そうなるためには、政府が権力を抑圧的に行使する必要があるが、これは、民主的な基本的諸自由と両立しない。それ故、当初から、われわれは、民主的な社会を、カースト制、奴隷制、あるいは、人種差別主義的国家は言うに及ばず、宗派的国家や貴族的国家を排除する政治社会とみなしている。このような排除は、道徳的能力を政治的平等の基礎とみることの一帰結である。

7・4

いかなる意味において市民たちは自由なのか。ここでもまた、公正としての正義が民主的社会のための正義の政治的構想であるということを記憶にとどめておかなければならない。自由な人格の適切な意味は、そのような社会の政治文化から引き出されるべきであり、例えば、心の哲学で議論されている意志の自由とは、ほとんど、あるいはまったく関係がなくてもよいのである。このような考え方を徹底させることによって、市民たちは二つの点で自由な人格とみなされる。

第一に、市民たちは、自分たちやお互いを善の構想をもつ道徳的能力を保持していると考えているという意味において、自由である。このことは、市民たちが、その政治的構想の一部として、彼らがある一定の時点で支持する特定の善の構想を追求することに必然的に拘束されているとみているということを意味しない。むしろ、彼らは、市民として、道理に適い合理的な根拠に基づいてこの構想を修正し変更できるとみられており、彼らがそう望むのならば、そうしてもよいのである。市民たちは、自由な人格として、自分たちの人格が、どのような特定の善の構想、あるいは、究極目的の体系からも独立であるとみられ、これらと同一視されない権利を主張する。善の構想を形成し、修正し、合理的に追求する彼らの道徳的能力を前提とすれば、彼らの自由な人格としての公共的ないし法的なアイデンティティは、彼らの確定的な善の構想が長い間に変更されても影響を受けないのである。

例えば、市民たちがある宗教から他の宗教へ改宗したり、あるいは、もはや国教の宗教的信念を支持していなかったりしても、政治的正義の問題としては、彼らが以前そうであったのと同一の人格であることをやめるわけではないのである。市民たちの公共的ないし法的なアイデンティティと呼んでよいもの――基本法の問題としての彼らのアイデンティティ――は何ら失われないのである。一般的に、市民たちは、依然として同一の諸々の基本的な権利と義務とをもち、同一の財産を所持しており、そして、それらの請求権が彼らの以前の宗教的関係とつながっていない限り、以前と同一の要求をすることができる。われわれは、諸々の基本的権利や公式に承認された請求権が宗教的関係や社会階級に依拠している社会を想像できる(実際、歴史は多数の実例を提供している)。

そのような社会は、人格についての異なった政治的構想をもっているのである。そのような社会はそもそも市民たる地位という構想をもつことができないだろう。というのは、市民たる地位という構想は、われわれがそう用いているように、自由で平等な市民間の互恵的利益のための公正な協働システムとしての社会という構想に伴うものだからである。

市民のより深い目的とコミットメントとの関連で特定される、アイデンティティのもう一つの意味がある。それを市民の非法的あるいは道徳的なアイデンティティと呼ぶことにしよう。(19) さて、市民たちは、通常、政治的なものと非政治的なもの、両方の目的とコミットメントをもっている。それ故、市民たちは、政治的正義の諸価値を支持し、それらが諸々の政治的制度や社会政策のなかで具体化されていることをみたいと思う。彼らはまた、その属する結社の非政治的な価値や目的のためにも働く。市民たちは、その道徳的アイデンティティのこれら二つの側面を調整し折り合いをつけなければならない。市民たちが、その個人的な事柄とかその結社内部の生活において、自分たちの究極的目的や愛着を、政治的構想が想定している仕方とはきわめて違ったように考えるかもしれないということが生じうる。市民たちは、自分がそれから離れて客観的に評価しないであろうし、実際そうすることもできないし、そうすべきでもないと信じる、そのような愛着・献身・忠誠を、ある一定の時期もつかもしれないし、現にしばしばもつのである。

市民たちは、一定の宗教的・哲学的・道徳的信念あるいは一定の恒久的な愛着や忠誠から離れて、自己をみることなどはまったく考えられないと思うかもしれない。

これら二つの――政治的及び非政治的――コミットメントと愛着は、道徳的アイデンティティを特定し、人の生き方、その人が社会的世界で行い実現しようとしていると理解しているものに形を与えるのである。もしわれわれが突然それらを失うならば、われわれは混乱し、暮らしてゆくことができないであろう。実際、暮らしてゆくことにまったく意味がないであろうと、考えてもよかろう。けれども、われわれの善の構想は、通常はゆっくりと、しかしときにはかなり突然に、長い間には変化するかもしれないし、また、しばしば現実に変化する。これらの変化が突然な場合、とりわけ、われわれはもはや同一の人格ではないと言いそうである。われわれは、このことが何を意味するかを知っている。すなわち、われわれの究極的目的やコミットメントにおける深甚かつ広範な転換あるいは反転に言及し、われわれの異なった道徳的アイデンティティ(これは宗教的アイデンティティも含んでいる)に言及しているのである。ダマスクスへの途上、タルソスのサウロは、キリスト教の使徒パウロになった。けれども、そのような改宗は、われわれの公共的ないし法的なアイデンティティにおける何らの変化も意味しないし、また、心の哲学の幾人かの論者が理解する意味での、われわれの人格的アイデンティティにおける何らの変化も意味しない。そして、重なり合うコンセンサスによって支えられた秩序だった社会では、市民の抱く(より一般的な)諸々の政治的な価値観やコミットメントは、彼らの非制度的あるいは道徳的なアイデンティティの一部として、だいたい同一なのである。

7・5

市民たちが自分たちを自由とみなす第二の側面は、彼らは自分たちを妥当な請求権の自己認証的源泉とみなしているということである。すなわち、市民たちは、その諸制度に対して自分たちの善の構想を(これらの構想が正義の公共的構想の許容する範囲内にあるならば)増進するように請求する権利が自分たちにあるとみなしている。市民たちは、このような請求権が、正義の政治的構想によって特定された諸々の義務や責務、例えば、社会に対して負う義務や責務から導き出されたのとは別個に、それ独自の重みをもっているとみなす。市民たち自身の生活において彼らが支持する善の構想と道徳的教説に基づく義務や責務に基礎をもつと市民たちがみなす諸々の請求権もまた、ここでのわれわれの目的にとっては、自己認証的とみなされるべきである。このようにみなすのが、立憲民主制にとっての正義の政治的構想において道理に適っているのである。というのは、もし市民たちが支持する善の構想と道徳的教説が正義の公共的構想と両立するのならば、これらの義務や責務は、政治的視点からみて自己認証的だからである。

市民たちが自分たちを自由であるとみなすその仕方を記述する場合、われわれは、政治的正義の問題が生じたときに、市民たちが民主的社会における自分たちをどのように考える傾向があるかということに依っている。この側面が、ある特定の政治的構想の一部であることは、社会構成員が妥当な請求権の自己認証的源泉とみなされていない別の政治的構想と対比してみれば明白である。この別の構想の場合、社会構成員の請求権は、彼らが社会に対して負う義務や責務から、あるいは、宗教的ないし貴族的価値によって正当化された社会的階層制において彼らに帰せられた役割から導き出されるものを除いては、まったく重みをもたない。

極端な事例を挙げるならば、奴隷は、社会的な義務とか責務に基づく請求権についてすら、請求権の源泉とみなされない人間である。というのは、奴隷は、義務とか責務をもつことができるとはみなされていないからである。奴隷の酷使や虐待を禁止する法律は、奴隷が自分たち自身のために行う請求権に基づくのではなく、奴隷保有者あるいは社会の一般的利益(これは奴隷の利益を含まない)のいずれかから生じた請求権に基づいている。奴隷は、いわば、社会的には死んでいる。彼らは、そもそも人格としては認められていないのである。[20] このように奴隷制を許容する正義の政治構想と対比することによって、市民たちを道徳的能力をもち善の観念をもつが故に自由な人格とみなすことが、なぜ正義のある特定の政治的構想に伴っているかが明らかになるのである。

7・6

自由で平等な人格の構想が規範的な構想であるということを、私は強調する。そのような構想は、われわれの道徳的・政治的な思考と実践によって与えられ、道徳哲学・政治哲学そして法哲学によって研究されるのである。古代ギリシア以来、哲学と法の両方において、人格の概念は、社会生活に貢献でき、あるいは、そこで役割を果たすことができ、それ故に、さまざまな権利と義務を行使し尊重できる者という概念であった。公正な協働システムとしての社会という中心的な編成観念を明確にするにあたって、われわれは、十分に協働する構成員の役割を果たしうる者としての自由で平等な人格という対観念を用いる。社会を公正な協働システムとみる正義の政治的構想にふさわしいように、市民は、全生涯にわたって自由で平等な参加者でありうる者である。

人格のこのような構想は、人間(ホモ・サピエンスという種の構成員)の構想と誤解されてはならない。なぜなら、後者は、さまざまな種類の規範的概念、例えば、道徳的能力や道徳的・政治的徳の概念を用いずに、生物学や心理学において明確にすることができるからである。さらに、人格を特徴づけるためには、これらの概念に、理性・推論・判断の能力の定式化に用いられる概念を付け加えなければならない。これらは、二つの道徳的能力と対になる必須能力であり、道徳的能力の行使と徳の実践のために必要とされるのである。

8　基礎的諸観念の関係

8・1

以上で論じてきた五つの基礎的観念は、われわれが導入した順序で配列されると、緊密に関連している。すなわち、公正な協働システムとしての社会から、秩序だった社会の観念へ、そのような社会の基本構造の観念へ、原初状態の観念へ、そして最後に、協働活動に携わる人々である自由で平等な市民という観念へ、と。

この順序で、われわれは、公正な協働システムとしての社会という編成観念から始めて、それから、この観念が完全に実現された場合どのような結果が生じるか(秩序だった社会)、この観念は何に適用されるのか(基本構造)を詳細に説明することによって、その観念を一層明確なものとする。次いで、協働の公正な条項が(原初状態における当事者たちによって)どのようにして特定されるかを話し、協働活動に携わる人格がどのように(自由で平等な市民として)みなされるべきかを説明する。

8・2

社会的協働という中心的編成観念のこのような詳細な説明は、演繹的な議論ではない。この観念から始まって次に進む諸段階が、この観念から導き出されるとも、引き出されるとも言っていない。われわれは、この編成観念を特定化し、それを他の諸観念と結びつけることによって一層明確にするのである。

例を挙げて説明しよう。社会的協働という中心的観念を特定化するさまざまな方法がある。すでに触れたように、協働の公正な条項は、神の法としての自然法、合理的直観により公けに知られた先験的な独立の道徳的秩序によって与えられる自然法、これらいずれかの自然法によって決められると言われるかもしれない。公正な条項のこれらの決め方は、例えば、それらが社会的協働の観念と両立しないことを示すことによって、演繹的な議論によって排除されたのではない。それよりも、これらは、現代の立憲政体における正義の政治的構想に必要な諸要件を定める民主制の歴史的諸条件と公共的文化によって排除されたのである。これらの歴史的条件のなかには、穏当な多元性という事実が含まれており、この事実が、包括的教説を、正義構想についての実行可能な政治的合意の基礎としては排除する。公正としての正義は、そのような基礎を探し求めているから、これとは違った道筋をたどることになる。

8・3　社会的協働の観念とその二つの対観念が、正義の実行可能な政治的構想のためにわれわれが必要とする編成観念を提供するかどうかを、予め言うことはできない。公共的政治文化は、一義的ではなく、その代わりに用いることができるかもしれないさまざまな編成観念、自由や平等についての多様な観念、社会についての他の諸々の観念を含んでいる。われわれが要求する必要のあるのは、公正な協働システムとしての社会という観念が、その文化のなかに深く埋め込まれており、それ故、その中心的編成観念としての利点を検討しても、道理に反しないということだけである。重要なことは、われわれが中心的編成観念としてどのような観念を選ぼうとも、その観念は、それ自体の内在的な道理性によっては十分に正当化されえないということである。[21] なぜなら、その内在的な道理性は正当化のために十分ではないからである。そのような観念が(そもそもそれが可能だとして)十分に正当化できるのは、この観念が練り上げられたときに最終的にはそこに至る政治的正義の構想によってのみ、また、その構想が、広い(かつ一般的な)反省的均衡と呼んでよいもの(第一〇節)における一般性のすべてのレベルで、政治的正義についてのわれわれの熟慮された諸々の確信とどのようにうまく整合するかということによってのみである。反省的均衡の観念は、公共的正当化の観念とつながっているのであり、ここで、公共的正当化の観念に話を移すことにしよう。

9　公共的正当化の観念

9・1

これまで、社会的協働の公正なシステムという中心的編成観念に始まる五つの基礎的観念について論じてきた。さて、六番目の最後の観念である公共的正当化の観念、及び、これと関連する三つの他の観念、つまり、反省的均衡の観念(第一〇節)、重なり合うコンセンサスの観念(第一一節)、自由な公共的理性の観念(第二六節)の話に移ろう。公共的正当化の観念の目標は、穏当な多元性によって民主制と特徴づけられた社会にとっての正義の政治的構想にふさわしい仕方で、正当化の観念を明確にすることである。[22]

公共的正当化の観念は、秩序だった社会の観念に伴っている。というのは、このような社会は、公共的に承認された正義の構想によって実効的に規制されているからである(第三節)。これまでの議論から、この役割を果たすためには、正義の構想は三つの特徴をもつべきであるということがわかっている。これらの特徴が、それを正義の政治的な構想とするのである。

(a)　もちろん、正義の構想は道徳的構想であるが、特殊な主題、つまり、民主的社会の基本構造のために練り上げられたものである。正義の構想は、社会内部の諸々の結社や集団に直接には適用されないのであり、ただ後で、われわれは、それをローカルな正義の原理とつなげたり諸国民間の関係に及ぼしたりするために拡張しようとするにすぎないのである。

(b)　正義の構想を受け容れることは、いかなる特定の包括的教説を受け容れることも前提としない。政治的構想は、もっぱら基本構造にとってのみ道理に適った構想として提示され、その原理は、特徴的には基本構造に適用される一群の政治的価値を表現するのである。

(c)　正義の政治的構想は、できる限り、もっぱら民主的社会の公共的政治文化からよく知られているか、あるいは、そのなかに含まれている基礎的諸観念、例えば、公正な協働システムとしての社会の観念や自由で平等な市民という観念の観点から定式化される。それらの公共的文化のなかにそのような観念が存在するということは、諸々の民主的社会についての一つの事実とされている。

9・2　われわれは、公共的に承認された正義の政治的構想によって実効的に規制されている秩序だった社会では、すべての者が同一の正義原理を受け容れていると理解している。

それ故、このような原理が、それに基づいて基本構造の主要諸制度に対する市民の諸々の請求権を調整することができる、相互に受容可能な視点を提供する。秩序だった社会の必須の特徴は、その政治的正義の公共的構想が、市民たちが相互に彼らの政治的判断を正当化するための共有の基礎を確立することである。各人は、すべての者が正義に適っているとして支持できる条項に基づいて、その他の人々と政治的かつ社会的に協働するのである。これが公共的正当化の意味である。

このように理解するならば、正当化は、われわれと意見を異にする他の人々に向けられているのである(『正義論』第八七節)。政治的正義の問題についての判断——一定の原理や規準、特定の制度や政策等々の正義についての判断——に対立がなければ、そこまでは正当化することは何もない。他の人々に対してわれわれの政治的判断を正当化することは、公共的な理由によって、すなわち、根本的な政治的問題に適切な論拠や推論の方法によって、また、他の人々も承認するのが道理に適っている諸々の確信・根拠・政治的価値に訴えて、他の人々を納得させることである。公共的正当化は、何らかのコンセンサス、すなわち、意見を異にしているが、自由で平等であり、十分な推論能力をもっていると想定されるすべての当事者が、共有し自由に支持すると当然に期待してもよいような前提から進められる。

それ故、公共的正当化は、所与の諸前提からのたんなる妥当な論証ではない(もちろん妥当な論証ではあるが)。妥当な論証は、言明相互間の関係を提示するには有益である。そのような論証は、基礎的諸観念と一般的な諸言明を相互に結合し、さらにそれらをより特殊な諸判断とも結合する。それは、あらゆる種類の構想の総体的な構造を開示する。ある構想の諸要素を一つの理解可能で明快な全体のなかに結合することによって、それは、説明の一様式として役立つ。しかし、諸々の前提や結論が、意見を異にするすべての当事者たちにとって、熟慮を重ねても受け容れがたい場合には、妥当な論証は、公共的正当化には足りないのである。というのは、公正としての正義が成功するためには、それは、われわれ自身の熟慮された確信だけでなく、他の人々のそのような確信にとってもまた受け容れることのできるものでなければならず、また、これは、(後ほど第一〇節で説明するように)多かれ少なかれ広い一般的な反省的均衡における一般性のすべてのレベルでそうでなければならないからである。

9・3

もちろん、すべての政治的問題について完全な合意を期待するのは行き過ぎである。実行可能な目標は、少なくとも比較的分裂を生じさせそうな論争、とりわけ憲法の必須事項に関わる論争についての意見の不一致を狭めることである(第一三節5)。というのは、最も急を要するのは、例えば以下のような憲法の必須事項についてのコンセンサスだからである。

(1) 統治と政治過程の一般的構造——立法権・行政権・司法権及び多数決ルールの限界——を明確にする基本的諸原理、及び、

(2) 投票権や政治に参加する権利、思想や結社の自由、良心の自由、並びに、法の支配の保護といった、立法権を握る多数派が尊重しなければならない、市民たる地位に含まれる平等な諸々の基本的な権利と自由。

これらや他の事柄の話は込み入っており、私はそれらが何を意味するかのヒントを与えるだけである。要点は、もし正義の政治的構想が憲法の必須事項を含んでいるならば、たとえその構想が、立法部が検討しなければならない多くの経済的・社会的論点についてほとんど語っていなくても、すでにすこぶる重要であるということである。これらの論点を解決するためには、その構想やその原理が表現する価値の外に進み、かつ、それらが含んでいない価値や考慮に頼らなければならない。しかし、憲法の必須事項についてしっかりとした合意がある限り、自由で平等な市民相互の政治的・社会的協働は維持できるという希望がある。

9・4

明らかに、公共的正当化の一つの主要な目標は、自由で平等とみなされる市民間の相

互尊重を基礎にして、実効的で民主的な社会的協働の諸条項を保持することである。そのような正当化は、少なくとも憲法の必須事項についての判断における合意にかかっている。それ故に、このような合意が危険にさらされた場合、政治哲学の一つの課題は、少なくとも最も争われている問題について、意見の不一致を狭めるような正義構想を作り上げようと努めることである。

政治的な事柄に関する公共的正当化について、二つの考えを対比してみよう。すなわち、一つは、正義の政治的構想に訴え、もう一つは、宗教的・哲学的あるいは道徳的な包括的教説に訴える。包括的な道徳的教説は、どの政治的判断が真理であるかを示そうとする。その際、真理かどうかは、例えば、合理的直観主義あるいは功利主義の一変種によって決められるのである。ところで、政治的リベラリズムは、できる限り、道徳的であれ宗教的であれ、いかなる特定の包括的教説をも受け容れたり拒否したりしない。政治的リベラリズムは、宗教的・哲学的・道徳的真理を探究することがこれらの包括的教説の領分であることをたしかに認める。公正としての正義は、長年にわたる宗教的・哲学的論争をわきにおいて、いかなる特定の包括的見解に依拠することも避けることを望んでいる。それは、公共的正当化という異なった観念を用いて、分裂を惹き起こす政治的対立を緩和し、市民相互の社会的協働の公正な条項を明確にしようと努める。この目標を実現するために、道理に適い合理的であるすべての市民が彼ら自身の包括的教説の内部から支持することができる、そのような正当化の公共的基礎を、われわれは政治文化のなかに含まれている基礎的諸観念から作り上げようとするのである。もしこのことが実現できれば、われわれは道理に適った諸教説の重なり合うコンセンサスをもち(第一一節)、そして、それとともに、反省的均衡において確証された政治的構想をもつのである。とりわけ公共的正当化とたんなる合意とを区別するものは、筋の通った反省というこの最後の条件である。

10　反省的均衡の観念

10・1

反省的均衡の観念を説明するために、市民たちが(理論的及び実践的)理性能力並びに正義感覚をもっているという(自由で平等な人格の観念に含まれている)考えから、われわれは出発する。人間生活の通常の環境のもとでは、これらの能力は徐々に発達し、分別できる年齢に達した後は、社会の基本構造から日常生活における人々の特定の行動や性格まで、あらゆる類の主題に及ぶ多様な種類の正義の判断において行使される。(道徳的感受性の一形態としての)正義感覚は知的能力を含んでいるが、これは、判断を下すにあたっての正義感覚の行使は、推論・想像・判断の能力を使うことを必要とするからである。

われわれは、政治的正義についてのわれわれの諸々の判断のなかから、熟慮された判断あるいは熟慮された確信とわれわれが呼ぶものを選び出す。これらは、われわれの判断能力が最も十分に行使され、その能力を歪める諸々の力から影響を受けそうにない、そのような条件のもとで下された判断である(『正義論』第九節)。熟慮された判断は、われわれの理性能力や正義感覚の行使に好都合な状況で下される判断である。すなわち、われわれが健全な判断をする能力と機会と願望をもっているようにみえる状況、あるいは少なくとも、比較的よく知られた誘惑がなく、健全な判断をしないことへの明白な関心がない状況で下される判断である。われわれは幾つかの判断を固定点とみなす。リンカーンが「奴隷制が悪でなければ、悪いものは何もない」と言う場合のように[23]、われわれが決して撤回するつもりのない判断などがそうである。裁判官・アンパイヤ・レフリーの地位は、とりわけ公平性や思慮分別といった裁判上の徳性の行使を促進し、彼らの裁定が、その事例が許す限り、熟慮された判断に近くみえるようにする、そのような条件を含むように考案されているのである。

10・2　われわれの熟慮された判断が他の人々のそのような判断と異なることがしばしばある

だけでなく、われわれ自身の判断がときには相互に矛盾することもある。ある問題についてわれわれが下す判断に含まれている意味が、他の問題についてわれわれが下す判断と整合しなかったり適合しなかったりすることがある。われわれの最も深刻な葛藤の多くは、自分の内部における葛藤である。自分の判断がいつも整合していると考えている人々は、無反省かそれとも独断的なのである。そのような人々がイデオローグであったり熱狂者であったりすることもまれではない。そこで次のような問題が生じる。すなわち、われわれは、どのようにすれば、外部の政治的権威をわれわれ自身に押しつけることなしに、政治的正義についてのわれわれの熟慮された判断を、われわれ自身のなかの判断及び他の人々の熟慮された判断の双方ともっと整合的なものにすることができるのか。

われわれはこの問題に以下のような方法でとりかかる。すなわち、個々人の特定の行動についての特定の判断から特定の制度や社会政策の正義・不正義の判断まで、そして、最終的にはきわめて一般的な確信で終わるという、一般性のすべてのレベルで熟慮された政治的判断をしていることに、われわれは注目する。これらの一般的な確信のなかには、基本構造にとっての正義原理に賛成する理由に課せられる制約に関する確信が含まれており、これらの確信を、われわれは、原初状態における無知のヴェールの観念によってモデル化するのである(第六節)。

公正としての正義は、われわれの判断をすべて、それらの一般性のレベルがどのようなものであれ——個別的な判断であれ、高いレベルの一般的確信であれ——、道理に適い合理的であるわれわれにとって、一定の内在的な道理性をもちうるものとみなす。それにもかかわらず、われわれの判断が、自分の内部でも分かれるし、他の人々の判断とも矛盾するものである以上、もし政治的正義の問題について道理に適った合意を取り結ぶという実践的目的が達成されるべきであるならば、これらの判断の幾つかは、最終的には、修正されたり、見合わされたり、撤回されたりしなければならない。

10・3

さて、われわれが(観察者として)、誰か一人に焦点を絞って、その人の当初の諸判断を修正する必要が最も少なく、その構想が提示され説明されたときに受容可能だとわかる、そのような政治的正義の構想を見つけたとしよう。当の人がこの構想を採り、他の諸判断をこれと整合させる場合、われわれは、この人は狭い反省的均衡にあると言う。均衡が狭いのは、一般的確信、第一諸原理、個別的な判断は整合させられているけれども、整合性を達成するのに修正の必要が最も少ない正義構想をわれわれが探しただけであり、他に選択可能な正義の諸構想もこれらの構想のさまざまな擁護論の説得力も、当人によって考慮されていないからである。

このことは、誰かが他に選択可能な正義の諸構想やこれらの構想のさまざまな擁護論の説得力を注意深く熟考した後で得た反省的均衡を、（依然として一人の場合であるが）広い反省的均衡とみなすという提案を示唆する。もっと正確に言えば、この人は、われわれの哲学的伝統のなかに見出される政治的正義の代表的な諸構想を（正義概念自体に批判的な見解〔マルクスの見解がその例と考える者もいる〕も含めて）考察し、それらの構想を支持するさまざまな哲学的その他の理由の説得力を比較衡量したのである。この場合、われわれは、この人の一般的確信、第一諸原理、個別的な判断が整合していると考えるのであるが、それまでに広範にわたる反省がなされ、それに先立って多くの見解の変更が行われたかもしれないということを前提とすれば、今や、反省的均衡は広いものである。狭い反省的均衡ではなく、広い反省的均衡が重要な概念であることは明白である（『正義論』第九節。不幸にも「狭い」と「広い」という用語はそこでは使われていないが）。

10・4　秩序だった社会が一つの公共的な正義構想によって実効的に規制されている社会であるということを思い出していただきたい。そのような社会において各市民が、（狭い反省的均衡と対比される）広い反省的均衡に到達していると考えることにしよう。しかし、市民たちは、政治的正義の同一の公共的構想を支持していることを認識しているから、反省的均衡は一般的でもある。つまり、同一の構想がすべての人々の熟慮された判断によって支持されているのである。それ故、市民たちは、一般的な広い反省的均衡、あるいは完全な反省的均衡と呼んでもよいものに到達したのである。（「完全な」という形容詞は秩序だった社会において実現される特徴のためにとっておいた。）そのような社会においては、すべての市民がそれに基づいて彼らの要求を調整できる一つの公共的視点が存在するだけでなく、この視点が完全な反省的均衡において彼ら全員によって支持されているということが相互に認められている。

前述のことからみて（第一〇節2）、完全な反省的均衡と対をなす正当化の観念は、次のような点で非基礎づけ主義的である。つまり、政治的正義あるいは一般性の各レベルのいかなる特定の種類の熟慮された判断も、公共的正当化のすべての重みを支えているとは考えられていない。あらゆる種類とレベルの熟慮された判断は、よく反省した上で主張し続ける道理に適った人々にとっては、内在的な道理性あるいは受容可能性をもちうる。われわれにとって最も道理に適った政治的構想は、よく反省した上でのわれわれの熟慮された確信のすべてに最も適合し、それらを一つの整合的な見解に編成する構想である。いかなる時点でも、われわれはこれ以上うまくやることはできないのである。

公正としての正義においては、完全な反省的均衡は、以上に述べたように、その実践的な目標、筋の通った反省、及び、その非基礎づけ主義的側面によって特徴づけられる。

このような仕方で、完全な反省的均衡は、政治的正義の諸問題についての公共的正当化の必要に応えるのである。というのは、一般性のすべてのレベルと広い一般的な反省的均衡とにおける、熟慮された諸々の判断の間の整合性は、政治的正義の事柄について道理に適った合意を取り結ぶという実践的目標にとって必要なもののすべてだからである。一定の包括的教説によって特定される正当化の他の諸々の考え方については、この種の整合性は多分十分ではないであろう。しかし、それらの包括的教説が、正当化の他の考え方を支持するというだけでは、重なり合うコンセンサスの一部であることの妨げとはならないであろう。

11 重なり合うコンセンサスの観念

11・1

重なり合うコンセンサスの観念は、秩序だった社会の観念をより現実主義的にし、穏当な多元性の事実を含む、諸々の民主的な社会の歴史的・社会的条件に合わせてそれを調整するために導入される。秩序だった社会においては、すべての市民が同一の正義の政治的構想を支持しているけれども、彼らが徹頭徹尾まったく同じ理由で支持している[24]とは、われわれは想定しない。市民たちは、対立する宗教的・哲学的・道徳的見解をもち、従って、さまざまの対立する包括的教説の内部から、それ故、部分的には少なくとも異なった理由から、その政治的構想を支持しているのである。しかし、このことは、その政治的構想が、市民たちがそれに基づいて憲法の必須事項に関する諸問題を解決できる共有の視点であることを妨げない。

従って、現代世界の歴史的諸条件を所与として、秩序だった社会の現実主義的な観念を定式化するために、正義についてのその公共的な政治的構想が、同一の包括的な教説の内部から市民たちによって支持されているとは、われわれは言わない。完全に包括的であれ、部分的にそうであれ、それに基づいてすべての市民が政治的正義の根本的諸問題を解決するために、現実に同意する、あるいは同意しうる、そのような教説は存在しないということが、穏当な多元性の事実のなかに含まれている。むしろ、秩序だった社会では、政治的構想は、道理に適った重なり合うコンセンサスとわれわれが呼ぶものによって支持されていると、われわれは言うのである。このことによってわれわれが意味しているのは、政治的構想は、かなり大勢の信奉者を獲得し、ある世代から次世代へと長期にわたって存続する、そのような対立するけれども道理に適っている諸々の宗教的・哲学的・道徳的教説によって支えられているということである。このことは、民主的社会の市民たちが手にすることができる政治的・社会的統合の最も道理に適った基礎であると、私は考える。

11・2

その背後にある考え方を言えば、秩序だった社会における市民たちは、緊密に関連しているけれども種類の異なる二つの見解を支持しているということである。その一つは、彼らが全員支持する正義の政治的構想である。もう一つは、その社会に見出される諸々の相対立する包括的(あるいは部分的に包括的)な宗教的・哲学的・道徳的教説の一つである。十分に明確にされ、高度に体系化された包括的教説を保持する人々について言えば、これらの市民が正義の政治的構想を支持するのは、そのような教説の内部からである(つまり、その教説の基本的な諸想定から出発するということである)。政治的構想の諸々の基礎的な概念・原理・徳性は、いわば、彼らの包括的な見解の定理なのである。

公正としての正義は、それが道理に適った重なり合うコンセンサスの支持を獲得するのを助けるべき、政治的構想の三つの特徴をもっている。すなわち、その要求は社会の基本構造に限定されており、その受容はいかなる特定の包括的見解をも前提とせず、そして、その基礎的諸観念はよく知られたものであり、公共的政治文化から引き出されたものである。これらの三つの特徴のために、諸々の異なった包括的見解が公正としての正義を支持することが可能になるのである。これらの包括的教説には、例えばカントやミルの教説のように、良心の自由を肯定し憲法上の基本的諸自由を支持するさまざまのリベラルな哲学的教説はもちろんのこと、同様に良心の自由を肯定し憲法上の基本的諸自由を支持する宗教的教説も含まれる。

多くの市民は十分に明確にされたどのような包括的教説をもまったく抱いていないかもしれない、ということを付け加える以外は、より詳しい可能性(沢山あるのだが)を列挙する必要はない。おそらくほとんどの市民は、そのような類の包括的教説を抱いていないだろう。むしろ、多くの市民たちは、政治的構想によって表現された政治的諸価値とともに、種々さまざまの宗教的価値や哲学的価値、結社的価値や個人的価値を支持している。その場合、これらの政治的価値は、いかなる総体的な体系的見解の内部からも導き出されない。正義に適った基本構造によって実現される政治的諸価値は、通常、それらと衝突することがありそうな他のいかなる価値をも覆すのに十分な重みをもっていると、考える人もあるかもしれない。それ故、彼らの見解全体は、非政治的諸価値を含んでいるという意味で包括的であるけれども、体系的でもなく完全でもないことから、部分的にのみ包括的なのである。第五八節で、このように体系と完全性が欠けていることが、実は幸運であり、暫定協定(modus vivendi)が長期にわたって重なり合うコンセンサスへと変化してゆくことを可能にするのに役立つことを知ることになろう。

11・3 重なり合うコンセンサスという観念に重要な役割を与えるにあたって、穏当な多元性の事実が民主的社会の恒久的な条件であると、われわれは想定する。どのような政治的構想も、政治的・社会的世界について一つの見解をもち、政治社会学や人間心理学の一定の一般的事実に依拠している。穏当な多元性の事実は、公正としての正義においてとりわけ重要なそのような五つの事実のうち最初のものである。

例を挙げて説明しよう。現代の諸々の民主的社会にみられる宗教的・哲学的・道徳的教説の多様性は、そのうちになくなるかもしれないたんなる歴史的条件ではなく、それは、民主制の公共的文化の一つの恒久的特徴である。自由な諸制度に属する諸々の基本的な権利と自由によって確保されている政治的・社会的条件のもとでは、対立し相容れないけれども道理に適った包括的教説の多様性が、すでに存在していないとしても、将来生じ、持続するであろう。自由な社会についてのこの事実が、私が穏当な多元性の事実と呼ぶものである。

第二の関連する一般的事実は、一つの包括的教説を継続的に共有し信奉することは、国家権力の抑圧的行使——これは、役人の犯罪及び必然的な残忍と残虐を伴い、宗教・哲学・科学の腐敗を招く——によってのみ維持されうるということである。政治社会は、一つの同じ包括的教説を一体となって支持しているとき、共同体であるということにすると（第七節3を思い起こされたい）、これらの付随的な害悪を伴った国家権力の抑圧的行使が、政治的共同体を保持するために必要なのである。これを抑圧の事実と呼ぶことにしよう。中世の社会では、多かれ少なかれ一体となってカトリック信仰が支持されており、異端弾圧は偶然ではなかった。異端の抑圧は、共有の宗教的信仰を保持するために必要だったのである。たとえ世俗的なものであっても、どのような包括的な哲学的・道徳的教説にも同じことが妥当すると、われわれは想定する。功利主義の一形態あるいはカントやミルの道徳的見解に基づいて統合された社会も、そうであり続けるためには、同様に国家権力の抑圧的制裁を必要とするであろう(25)。

　第三の一般的事実は、永続的で安定した民主的政体、つまり、教義上の激しい論争や敵対的な社会階級によって分裂していない政体は、その政治的に活動的な市民の少なくとも実質的多数によって進んで自由に支持されていなければならないということである。このことは、第一の一般的事実と相まって、正義の構想は、立憲政体の正当化の公共的基礎として役立つためには、広範に異なっており相容れないことすらある諸々の包括的教説によって支持されうるものでなければならないということを意味する。そうでなければ、その政体は永続的で安定したものにはならないであろう。第九節で明確にしたように、われわれは、このために正義の政治的構想という観念を導入するに至ったのである。

そこで、第四の一般的事実を付け加える。すなわち、相当期間にわたって程良く作動してきた民主的社会の政治文化は、通常、少なくとも暗黙裡に、そこから立憲政体に適した正義の政治的構想を作り上げることが可能な一定の基礎的諸観念を含んでいる。

11・4

これらの最初の四つの一般的事実の背後にあるものは何であろうか。たしかにすべての事実、とりわけ最初の二つの事実(穏当な多元性の事実と抑圧の事実)は、説明を必要とする。というのは、こうだからである。諸々の基本的な権利と自由を伴った自由な諸制度は何故多様性をもたらすのか。何故多様性を克服するためには国家権力が必要とされるべきなのか。何故われわれが真剣かつ良心的にお互いに納得させようと試みても、合意に達しないのか。科学では、いや、ともかく自然科学では、少なくとも長期的には、そのようにして合意に達するようにみえるのに。

幾つかの説明が可能である。ほとんどの人は自分自身のより狭い利害関心を増進させる見解をもっており、彼らの利害関心が異なるからその見解もまた異なると、われわれは考えるかもしれない。あるいは、人はしばしば非合理的であり十分に賢明でもなく、このことが論理的な誤りと混じり合って、対立する意見が結果として生まれるのである、と。しかし、これらの説明は安易すぎて、われわれが望む類のものではない。われわれはつねに理想的理論の内部で作業を始めるのだから、われわれが知りたいのは、どのようにして道理に適った意見の不一致が可能なのかということである。従って、どのようにして道理に適った意見の不一致が生じうるのかを、われわれは問うのである。

正しい種類の一つの説明は、道理に適った人々の間の道理に適った意見の不一致の源泉——判断の重荷と私が呼ぶもの——が、政治生活の日常的な過程におけるわれわれの理性と判断の能力の正しい(かつ良心的な)行使の多くの障碍だということである。これらの障碍には次のようなものが含まれる。

(a) ある事例に関連する——経験的及び科学的——証拠が矛盾していて複雑であり、それ故に査定し評価することが難しいかもしれない。

(b) 関連のある考慮すべき事柄の種類について完全に同意している場合でも、それらの重みについて意見が異なり、それ故に異なった判断に達するかもしれない。

(c) われわれの道徳的・政治的概念だけでなく、われわれの概念はすべてある程度曖昧であり、難しい事例が生じることは免れない。この不確定性は、道理に適った人々が意見を異にするかもしれないある範囲内(明確に特定はできないが)で、われわれは判断や解釈(また解釈についての判断)に依拠せざるをえないということを意味する。

(d) われわれが証拠を査定し道徳的・政治的諸価値を比較衡量する方法は、われわれの全経験、われわれの現在までの全生活過程によって(どの程度そうなのかは言えないが)形成されており、そして、われわれの全経験が異なっていることは間違いない。従って、多数の職務や地位、多くの分業、多数の社会集団やしばしばその民族的多様性を伴った現代社会においては、市民たちの全経験は異なっており、このことは、何らかの重要な複雑性をもった――ほとんどではなくても――多くの事例について、彼らの判断をある程度分かれさせるのに十分なのである。

(e) ある問題の両側に、異なった説得力をもつ違った種類の規範的考慮事項が存在し、総体的な査定をすることが困難なこともしばしばある。[26]

第五の最後の一般的事実は、次のように述べることができるであろう。すなわち、基本的な政治的諸価値に関係するわれわれの最も重要な政治的判断の多くは、次のような条件、すなわち、良心的で完全に道理に適った人々が、自由で率直に討議した後ですら、全員が同一の結論に達するように、その理性の能力を行使できる見込みがまったくなさそうな条件のもとで行われるのである。

11・5

この事実は、懐疑主義という哲学的教説を含意すると理解されてはならない。[27] この事実は、道理に適った人々が政治的判断において意見が一致しないのは、客観的価値が存在しないからだとか、価値が主観的であるからだということを意味しない。あるいはまた、われわれが価値についての判断とみなすものは、時と場所に根ざす利害関心を表明する歴史的に条件づけられた意見にすぎないということを意味するものでもない。そうではなく、合意に達するにあたってあらゆる種類の判断に生じる多くの困難に言及しているのである。政治的判断の場合には、提起される問題の複雑性がきわめて大きいこと、証拠がしばしば印象派的な性質のものであること、通常直面する対立が厳しいものであることなどを考えると、これらの困難はとりわけ深刻である。

判断の重荷だけで穏当な多元性の事実を説明できる(もちろん、他の諸々の理由もあるが)。そして、われわれはこれらの重荷をなくすることはできないから、多元性は、自由で民主的な文化の恒久的な特徴である。虚栄心や貪欲、支配欲や名誉願望が政治においては目立ち、国家《ネーション》の盛衰に悪影響を及ぼすことを、われわれは否定しない。それにもかかわらず、われわれは、多様性を根絶するために、諸々の残酷行為や市民的・文化的生活の腐敗を伴う国家権力を行使することは民主制である以上できないから、正当化の公共的基礎として役立つ道理に適った重なり合うコンセンサスの支持を獲得できる、そのような正義の政治的構想を探し求めるのである。

11・6

最後に、重なり合うコンセンサスの観念についての誤解を避けるために、注意を二つしておこう。

一つは、社会に存在する諸々の現実の包括的見解を所与とすれば、それらの内容がどのようなものであれ、公正としての正義、あるいは、民主的政体のための何らかの道理に適った構想が、一つの重なり合うコンセンサスの支持を獲得し、そのような仕方で、その政治的諸制度の安定性の責任を負うことができる保証がないことは明白である。多くの教説は明らかに民主制の諸価値と相容れない。その上、政治的リベラリズムは、正義の政治的構想によって明確にされた諸価値が、基本的な重要性をもつとは言うけれども、政治的構想とおそらく衝突するであろう――宗教的・哲学的あるいは道徳的な――超越的諸価値(人々がそう解してもよいような)よりも優っているとは言わない。そのように言うことは、政治的なものの領域を越えることになろう。

第二の注意は、われわれは、立憲民主政体は相当程度、正義に適い実行可能であり、擁護するに値するという確信から出発するということである。しかし、穏当な多元性の事実を所与として、道理に適った人々の忠誠を獲得し、広範な支持を得ることができるように、その政体の擁護論を作り上げようと努めるのである。実際に存在する諸々の包括的教説にまず眼を向け、その後で、それらの忠誠を獲得するようにあからさまに考案され、それらの間の妥協をはかる政治的構想を作り上げるのではない。そのようなことをすれば、政治的構想は、間違った仕方で政治的なものになってしまうであろう(第五六節)。

それよりも、われわれは、それ自体の権利で擁護可能であるとみなされるとともに、その種の政体を支持し、あるいは、支持するようになるであろう人々が、その構想にも賛成できるような、そのような立憲政体のための正義の構想をどのようにして作り上げるかを問うのである。われわれは人々の包括的見解について事前には何も知らないと想定し、彼らの政治的構想の支持の仕方を妨げるいかなる不要な障碍もおかないように努める。このようにして正義の政治的構想という観念に導かれるのであるが、この観念は、いかなる特定の包括的見解も前提とせず、それ故、それ自体への忠誠を獲得する幸運と十分な時間が与えられれば、道理に適った諸々の教説の持続的な重なり合うコンセンサスによって支えられるであろう。

秩序だった民主的社会が可能かどうか、また、可能だとすれば、その可能性は人間の本性や実行可能な政治的諸制度の諸々の要求とどのように合致するのかについては、第五部で考察する。そこでは、公正としての正義の秩序だった社会が、われわれの本性やこれらの要求に従って実際に可能になるということを示そうと努めたい。このような努力は、宥和としての政治哲学の領分である。というのは、社会的世界の諸条件が少なくともこのような可能性を考慮に入れるだろうということを理解することは、われわれの世界観自体や世界に対する態度に影響を及ぼすからである。もはや、世界を絶望的なほど敵対的なもの、偏見と愚かさに扇動されて、支配欲と抑圧的な残虐行為が必然的にはびこる社会とみる必要はない。われわれが腐敗した社会におかれている場合、このことは少しもわれわれの喪失感を和らげないかもしれない。しかし、世界がそれ自体、政治的正義とその善に冷淡であるわけではないということを、われわれは熟考してもよかろう。われわれの社会的世界は違ったものであったかもしれず、他の時と場所にいる人々には希望はあるのだ。

第二部　正義の原理

12　三つの基本的な要点

12・1

第二部では、基本構造に適用される正義の二原理の内容、それらの原理を支持するさまざまな根拠、及び、それらの原理に対する幾つかの異論への応答を取り上げる。正義の二原理を擁護するための組織だった正式の議論は、原初状態の当事者を動機づける推論を扱う第三部で提示する。そこでの議論で示されるように、原初状態は、われわれのすべての仮定が一つの枠組に統合されて、どのような筋道をとおってどのような帰結に至るかを明らかにするのに役立ち、従って、われわれの諸仮定の含意を理解することを容易にする。

ここではまず、三つの基本的要点を論じることから始めたい。それらは、第一部で取り上げた若干の論点を再確認し、また、これから検討するそれ以外の論点を新たに導入するものである。さて第一に、公正としての正義が民主的社会のための枠組であることを想起されたい。公正としての正義の諸原理は、次のような問いに答えることをめざしている。すなわち、われわれが民主的社会というものを、自由で平等な者とみなされる市民の間で社会的協働を行うための公正なシステムと考える場合、どのような原理がそれに最もふさわしいか。別の言い方をすれば、民主的社会、それも、市民が自由で平等であるという理念をたんに宣言するだけでなく、真剣に取り上げたいと思い、かつ、その理念を主要な諸制度のなかで実現しようと努める民主的社会にとって、どのような原理が最もふさわしいのか、という問いである。立憲政体が、多数決民主制よりも好ましいかどうかという問題に解答することは、後回し(第四部第四四節)にしたい。

12・2

第二の要点は、公正としての正義が政治的正義の第一主題とするのは社会の基本構造であるということ、すなわち、社会の主要な政治的・社会的諸制度、並びに、それら諸制度が統一的な一つの協働システムに適合的に統合される方法であるということである(第四節)。われわれは、市民が社会のなかに生まれ落ち、通常、その基本構造の内部で全生涯を送ると想定している。基本構造がどのような性質のものであり、またどのような役割を社会のなかでもっているかということは、社会的・経済的な不平等に重大な影響を及ぼし、また、正義の適切な原理の決定に深く関わる。

とくに、根本的な社会的・経済的不平等とは、各市民の人生の見込み(全生涯にわたる見込み)に関する格差であり、そうした格差は、各市民がどのような社会階層に生まれたか、各市民が生まれつきどのような才能をもっているか、生まれた後にどのような教育の機会を与えられたか、そして、一生を通じて、どのような幸運と不運にみまわれるか、ということによって生じると考えたい(第一六節)。われわれが問うのは、どのような原理に依れば、この種の格差、すなわち人生の見込みに関する格差が正統なものになり、また、公正な協働システムとみなされる社会における自由で平等な市民たる地位という考え方と整合的なものになるのかということである。

12・3

第三の要点は、公正としての正義が政治的リベラリズムの一形態であるという点、つまり、それが、基本構造をなす政治的・社会的諸制度にとくに適用される一群のきわめて重要な(道徳的)価値を明確にしようとするものであるということである。公正としての正義がそれらの価値を説明するにあたって用いる観点は、政治的な関係に特有のものであり、結社的、家族的、あるいは個人的関係等に関わる非政治的観点とは区別される。

つまり、

(a) 政治的関係とは、社会の基本構造の内部での人間関係であり、その基本構造は、われわれが誕生によってのみ参入し、死亡によってのみ退出するものである(あるいは、さしあたりそう仮定してよい）。政治社会はこの意味で、いわば閉じた社会であり、われわれは自由意志によって、それに参入したり退出したりしないし、実際そうすることはできない。

(b) 政治権力はつねに、国家とその執行機関によって行使される強制権力である。しかし、立憲政体にあっては、政治権力は同時に、集合体としての自由で平等な市民の権力でもある。従って、政治権力は、市民たちの権力であり、市民たちは自由で平等な者として、この権力を自分自身とお互いに対して行使する。

政治的リベラリズムという考え方は、以下のような筋道で生じる。われわれはまず、次の二つの事実から出発する。第一に、穏当な多元性という事実、すなわち、道理に適った包括的教説が多様に存在することは民主的社会がもつ恒久的特質であるという事実。第二に、民主的政体においては、政治権力は集合体としての自由で平等な市民がもつ権力とみなされるという事実。これら二つの出発点から、政治的正統性の問題が生じる。というのは、穏当な多元性という事実がつねに民主的社会の特徴であり、しかも、政治権力が実際、自由で平等な市民の権力であるとすれば、どのような理由と価値によって、従って、どのような正義の構想に基づいて、市民たちは、そのような強制権力をお互いに対して正統に行使することができるのか、という問いが提起されるからである。

この問いに対して政治的リベラリズムは、正義の構想は第九節1で定義された意味で政治的な構想でなければならないと答える。正義の構想がそのようなものであるとき、われわれは、次のように言ってよい。すなわち、政治権力が正統であるのは、それが(成文または不文の)憲法に従って行使され、しかも、その必須事項を、道理に適った合理的な市民が共通の人間理性に照らして支持することができるときに限られる、と。これが、リベラルな正統性原理である。憲法の必須事項に直接間接に関わる立法問題や深い分裂を惹き起こす立法問題のすべてについても、これと同様の仕方で支持される指針と価値に従って可能な限り解決すべきであるということは、その上で求められる更なる要請である。

憲法の必須事項に関わる諸問題に関して、われわれは、基本的正義に関する諸問題の場合と同様、各市民が支持することのできる原理と価値のみに訴えるよう努める。正義の政治的構想とは、そのような諸価値を定式化することをめざすものである。正義の政治的構想に属する原理と価値がそのような形で共有されている限りで、理由は公共的なものになる。だが同時に、立憲政体のもとで言論と思想の自由が保障されることによって、理由を提出する際の自由も確保される。正義の政治的構想は、このような形で正当化の公共的基礎を提供することを通じて、リベラルな政治的正統性の観念に適う枠組を提示する。しかし、第九節4で注意し、第二六節でさらに立ち入って論じるように、政治的な構想が定式化する諸価値だけで、すべての立法問題に決着をつけることができる、というわけではない。それは可能でもないし、望ましいことでもない。立法者が考慮しなければならない問題であって、諸々の非政治的な価値に多少なりとも影響されてしかるべき問題、従って投票によってのみ決着をつけることができるような問題も多々あるのである。だが、少なくとも憲法の必須事項と基本的正義の問題に関しては、われわれは、一致した基礎を得ようと努めるのである。それらに関し少なくとも大まかな合意がある限り、市民間の公正な社会的協働は維持されうる(1)。われわれはそう思いたい。

12・4

以上で説明した三つの要点を考慮に入れると、われわれの問いは次のようにまとめることができる。すなわち、社会を、自由で平等とみなされる市民間の公正な協働システムとみるとき、何が基本的な権利及び自由となるかを定め、また、全生涯にわたる市民の見込みに関する各種の社会的・経済的不平等を規制するために、どのような正義原理が最も適切か、という問いである。それらの不平等こそ、われわれの主要な関心事である。

それらの不平等を規制する原理を見出すために、われわれは、平等な基本的諸権利及び諸自由に関する、とりわけ、機会の公正な平等だけでなく政治的諸自由の公正な価値に関する、熟慮の上でわれわれが到達した最も堅固な確信に依拠する。その際われわれは、狭義の分配的正義の分野の外に踏み出し、そうした堅固な確信の本質的部分が表象(代表)装置としての原初状態のなかに反映された場合、われわれの熟慮された最も堅固な確信によって、何らかの適切な分配原理が選び出されるかどうかを確かめる(第六節)。平等な原初状態という表象(代表)装置は、自由で平等な市民を代表する当事者たちが、平等な基本的諸自由と公正な機会がすでに保障されているという仮定のもとで、全生涯にわたる見込みに関する社会的・経済的不平等を規制するために、どの原理を選択するだろうかという問いを、われわれが解く際の助けとなる。

ここで使われている発想は、民主的社会が自由で平等な市民間の公正な協働システムであるという民主的社会のもつ特質に関してわれわれが熟慮の結果到達した最も堅固な諸確信——これをモデル化したのが原初状態である——に依拠して、原初状態の枠組を使って、それらの確信を組み合わせて一つの主張にした上で、その主張の助けをかりて、われわれは果たして、市民の人生の見込みに関する社会的・経済的不平等を伴う基本構造に適用されるべき適切な分配原理を発見することができるかどうか、これを確かめてみようという考え方である。そうした不平等を規制すべき原理に関してわれわれが抱く確信は、民主的社会の特質に関してわれわれが熟慮の結果到達した確信に比べれば、はるかに弱い。だからこそ、われわれは、確信の程度が弱く、導きの糸が必要な場合には、進むべき道を求めて、われわれの最も堅固な確信に頼るのである(『正義論』第四節、第二〇節)。

13　正義の二原理

13・1
前述のわれわれの問いに答えるために、以下ではまず、『正義論』第一一―一四節で論じた正義の二原理を手直ししたい。それらを今回、次のように修正する[2]。

(a)　各人は、平等な基本的諸自由からなる十分適切な枠組への同一の侵すことのできない請求権をもっており、しかも、その枠組は、諸自由からなる全員にとって同一の枠組と両立するものである。

(b)　社会的・経済的不平等は、次の二つの条件を充たさなければならない。第一に、社会的・経済的不平等が、機会の公正な平等という条件のもとで全員に開かれた職務と地位に伴うものであるということ。第二に、社会的・経済的不平等が、社会のなかで最も不利な状況にある構成員にとって最大の利益になるということ(格差原理)[3]。

以下で説明するように、第一原理は第二原理に優先する。また、第二原理のうち、機会の公正な平等は格差原理に優先する。こうした優先関係に含まれていることだが、劣後する原理を適用する場合(あるいは、それをテスト・ケースに適用して試してみる場合)、優先するほうの原理はすでに完全に充足されていると仮定されている。従って、われわれが(狭義の)分配原理を探求する場合、われわれはそれが、機会の公正な平等だけでなく、平等な基本的諸自由(政治的諸自由の公正な価値を含む)[4]をも保障する背景的諸制度のもとで適用されることを想定している。われわれが採用する分配原理がそのような背景がないところでどの程度妥当するかは、別の問題であり、本書では考察しない[5]。

13・2

第二原理の修正は、文体表現上のものにすぎない。これに対して、第一原理の修正は重要であり、後にコメントする。しかしその前に、機会の公正な平等ということの意味に注意を促さなければならない。それは、難解な観念であり、完全に明快な観念ではない。その観念がどのような役割をもっているかということは、なぜその観念が導入されたかという理由から多分最もよく理解されよう。それを導入した理由は、いわゆる自然的自由のシステムにおける機会の形式的平等——才能に応じた地位と職——がもっている欠陥を是正することにあった(『正義論』第一二節六二頁以下、第一四節)。この目的のために、機会の公正な平等は、公職及び社会的地位が形式的意味で開かれているだけでなく、そうした職及び地位につく公正な機会が全員に与えられていることを要求する。『正義論』では、そう述べた。だが、公正な機会という観念が意味するところを一層明確にするために、ここではそれを次のように敷衍したい。すなわち、人々の間で生まれつきの諸々の才能がどのように分布しているかに関してある状態が存在すると想定した場合、才能と能力に関し同一水準で、しかも、それらの天賦の才を利用しようという意欲の点でも同一である人々には、出身階層、つまり自分が生まれ、分別のある大人になるまですごした社会階層のいかんにかかわらず、同じ成功の見込みが与えられてしかるべきだということ。同様の才能とやる気をもっている人には、社会のどの部分に属そうと、その育成とその結果についてほぼ同じ見込みが与えられるべきだということである。

機会の公正な平等ということがここで意味するのは、リベラルな平等である。その狙いを達成するためには、自然的自由のシステムが要求する以上の諸要求が基本構造に課されなければならない。従って、例えば自由市場システムは、財産と富の過度の集中、とりわけ、政治的支配につながりがちな経済力の集中を防止するよう、経済諸力の長期的趨勢を調整する政治的・法的諸制度の枠組の内部に組み込まれなければならない。社会はまた、全員に対して、家族の所得のいかんにかかわりなく、とくに教育の平等な機会を保障しなければならない[6](第一五節)。

13・3

以下では、第一原理[7]を修正する幾つかの理由を考察しよう。修正理由の一つは、第一原理における平等な基本的諸自由が次のようなリストによって特定化されるということを明らかにするためである。そのリストには、第一に、思想の自由と良心の自由が含まれ、第二に、政治的諸自由(例えば、政治に参加し投票する権利)と結社の自由、そして、人格の自由と(身体的及び心理的)完全性によって説明されうる各種の権利と自由が含まれ、最後に、法の支配によって包含される各種の権利と自由が含まれる。基本的諸自由が何らかのリストによって特定化されるということは『正義論』初版、第一一節六一頁でも十分に明らかであったが、『正義論』初版、第一一節六〇頁における原理の定式化では、「基本的自由」という単数形の表現を用いてしまった。このため、それらの諸自由がもつ、この重要な特質が曖昧になってしまった。

このたびの修正からわかるように、「自由」と呼ばれるものの行使が優越的な価値をもち、また、「自由」の実現が政治的・社会的正義の唯一の目的でないとしても主要な目的であるという意味で、自由自体に対して優先権が与えられているわけではない。もちろん、十分な理由なしに法的その他の制約を行動に課すことは原則として許されないという推定は存在するが、この推定は、特定の自由に特別の優先権を与えるものではない。民主主義思想の歴史を通じて、その焦点は、自由一般ではなく、特定の諸権利と諸自由を実現し、例えば、さまざまな権利章典や人権宣言にみられるような形で、特殊な憲法的保障を達成することにあった。公正としての正義も、こうした伝統的見方に従っている。

13・4

基本的諸自由のリストを構成するには二つのやり方がある。一つは歴史的方法である。それによれば、われわれは、さまざまな民主的政体を通覧し、基本的と思われる諸権利及び諸自由であって、かつ、歴史上比較的に成功した政体と思われる政体において確実に保護されてきた諸権利及び諸自由であるものを収集し、そこからリストを作る。もちろん、無知のヴェールのもとでは、この種の特殊な情報は原初状態の当事者には知らされていない。だが、その種の情報は、公正としての正義の内容を設定するあなたや私には入手可能なものである。(8) 正義原理の候補として考えられる幾つかの原理の内容を定める際、われわれがその種の特殊な情報を利用するのは完全に自由であり、われわれはその後で、当事者に彼らが選択する正義原理の候補の内容を知らせればよいのである。

基本的な諸権利と諸自由のリストを構成する第二のやり方は、分析的方法である。その際われわれは、どのような自由が、自由で平等な人格がもつ二つの道徳的能力(第七節1)の適切な発達と十分な行使のために不可欠な政治的・社会的条件を提供するかを考える。この方法によれば、われわれは次のように言うことができる。第一に、平等な政治的諸自由と思想の自由は、社会の基本構造や社会政策が正義に適っているかどうかを判断するために、市民が道徳的能力を発達させ行使することを可能にする。第二に、良心の自由と結社の自由は、市民が善の構想を形成し、修正し、また、合理的な仕方で(個人で、あるいは一層多くの場合、他の人々と一緒に)追求するために、道徳的能力を発達させ行使することを可能にする。

これらの基本的な諸権利と諸自由は、今述べた二つの根本的場面において、二つの道徳的能力が行使されるために必要な空間を保護し確保する。繰り返せば、第一の根本的場面とは、基本的諸制度と社会政策が正義に適うかどうかを判断するために、道徳的能力が行使される場面である。第二の根本的場面とは、われわれの善の構想を追求するために道徳的能力が行使される場面である。これら二つの仕方で道徳的能力を行使することは、自由で平等な市民としてのわれわれにとって不可欠なことである。

13・5

正義の第一原理が、基本構造に適用される(この点では第二原理も同じである)だけでなく、もっと特定していえば、われわれが成文であれ不文であれ憲法とみなすものにも適用されるということに留意されたい。さらに、前述の諸自由の幾つか、とりわけ平等な政治的諸自由並びに思想及び結社の自由が、憲法によって保障されるべきものとされている(『正義論』第四章)ことにも留意されたい。いわゆる「通常権力」に対立する概念としての「憲法制定権力」(9)は、政体の形のなかに適切に制度化されていなければならない。例えば、憲法改正手続のなかだけでなく、選挙権及び被選挙権のなかや、いわゆる権利章典のなかにも制度化されていなければならない。

それらの事項は、いわゆる憲法の必須事項に属する。というのは、多元性の事実を所与とすれば、それらの事項は決定的に重要であり、それについて実効的な政治的合意を達成することが是非とも必要だからである(第九節4)。基本的な諸権利と諸自由が根本的な重要性をもつということは、それらの権利と自由が幾つかの根本的な利益を保護するということによって部分的に説明される。また、統治形態の決定について人民がもっている権力は、(公務員によって日常的業務で行使される通常権力と区別され、それに)優越する権力である。このような基本的な諸権利及び諸自由がもつ性質と、人民の憲法制定権力がもつ性質とを考慮して、第一原理に優先性が与えられているのである。

(すでに述べたように)この優先性は、第二原理(これは格差原理をその一部として含むが)が適用されるのは、秩序だった社会で定義上そうであるのと同様、第一原理の諸要求(そのなかには政治的諸自由の公正な価値を保障せよという要求も含まれる)がすべて充足された背景的諸制度のもとにおいてのみであるということを意味する。[10] 政治的諸自由の公正な価値が保障されるところでは、同様の才能と意欲をもつ市民たちは、政府の政策に影響を与えたり、権威ある地位についたりする可能性に関し、経済的階層や社会的階層のいかんにかかわらず、ほぼ等しいチャンスをもつことができる。[11] 第一原理の第二原理に対する優先をさらに説明すれば、そうした優先ルールは、第一原理に包含される基本的な諸権利及び諸自由と、格差原理によって規制される社会的・経済的利益との交換(経済学者の言う「トレード・オフ」)を禁止する。例えば、平等な政治的諸自由をある種の集団に対して拒否することは、その集団にそうした政治的諸自由を与えると、経済成長及び経済効率のために必要な諸政策の遂行が阻止される可能性があるという根拠があっても許されない。

同様に、ある種の人々に在学を理由に徴兵の猶予または免除を与える選択的徴兵法を、そうすることが兵力を維持するためにも、本来なら徴兵にかかる人に対し就学を続け貴重な技能を身につけさせるインセンティブを供給するためにも、社会的に効率的なやり方であるということを根拠にして、正当化することはできない。徴兵は、平等な市民たる地位に属する基本的諸自由への甚だしい干渉であるだけに、それらの平等な諸自由そのものを守るため必要やむをえない場合のほかは、それよりも弱いいかなる必要によっても正当化されない(『正義論』第五八節三三三―三三四頁)。

優先性に関しては、もう一つ触れておかねばならない点がある。すなわち、基本的な諸権利及び諸自由の優先を主張する際、われわれは、適度に好都合な条件が充たされていると想定しているということである。つまり、政治的意欲さえあれば、そうした諸自由を行使する余地を十分に与える実効的な政治的諸制度を設立できるほどに、歴史的・経済的・社会的諸条件が整っている、とわれわれは想定しているのである。これらの条件の具備という想定が意味するのは、立憲的統治に対する諸障碍(がもしあるとすれば、それ)は概ね、政治文化や現存する実効的な利害関係に由来するのであって、例えば、経済的手段や教育の不足、あるいは、民主的政体の運営に必要な多くの技能の欠如に起因するものではないということである。[12]

13・6

正義の第一原理と第二原理との違いに注意することが肝要である。第一原理は、それを解釈する際に説明したように、憲法の必須事項に関わっている。第二原理は、公正な機会の平等を要求し、また、社会的・経済的不平等が格差原理――第一七―一九節で立ち入って論じる――によって規制されることを要求する。機会原理のなかには、憲法の必須事項に属するものもあるが――例えば、開かれた社会、すなわち(一八世紀的言い回しでいえば)才能に応じて地位と職を与える社会を要求する原理がそうであるが――機会の公正な平等は、それ以上のことを要求し、従って憲法の必須事項には入らない。同様に、すべての市民の基礎的ニーズをまかなうための社会的ミニマム保障もまた憲法の必須事項に入るが(第三八節3―4、第四九節5)、格差原理は、要求するところがもっと多く、従って憲法の必須事項には属さない。

正義の二つの原理を区別する根拠は、第一原理が政治的諸価値を表現し、第二原理は政治的諸価値を表現しないという点にはない。いずれの原理も、政治的諸価値を表現しているからである。われわれはむしろ、社会の基本構造が二つの同格の役割をもつと考える。第一原理は一方の役割を果たすために、第二原理は他方の役割を果たすために適用されるのである(『正義論』第一一節五三頁)。基本構造の役割の一つは、(政治的諸自由の公正な価値(第四五節)を含めて)市民の平等な基本的諸自由を明確に定めて保障した上で、正義に適った立憲政体を確立することにある。もう一つの役割は、社会的・経済的正義に関わる背景的諸制度を、自由で平等とみなされる市民に最もふさわしい形で提供することにある。第一の役割に関わる諸々の問いは、政治権力の獲得と行使に関係するものである。リベラルな正統性原理(第一二節3)の要請を充足するために、われわれは少なくとも右の二つの問題を、自由な公共的理性(第二六節)の基礎をなす政治的諸価値へ訴えることにより解決したいと思う。

正義原理の採択と適用は、四段階系列で行われる。(13)第一段階では、当事者が無知のヴェールの背後で正義原理を採択する。当事者が知りうる知識に対する限定は、段階が進むごとに次第に緩められる。第二段階は、憲法制定会議の段階である。第三段階は、立法段階であり、そこでは法律が、憲法に適合し、正義の諸原理が要求し許容する範囲で制定される。第四段階では、以上の段階を経て成立した諸ルールが行政官によって適用され、市民に全般的に従われ、そして、憲法と法律が司法部の構成員によって解釈される。この最終段階ではじめて、全員がすべての事実に完全に接することができるのである。第一原理が適用されるのは憲法制定会議の段階であり、憲法の必須事項が保障されているかどうかは、憲法の文面、その政治的制度化、そして、そのようにして制度化された諸制度が実際に働く仕方のなかで多少なりとも明らかになる。これに対して、第二原理が適用されるのは立法段階であり、第二原理が関わるのは、あらゆる種類の社会的・経済的立法とそれをめぐって生じる多くの種類の問題である(『正義論』第三一節一七二―一七六頁)。第二原理のめざすところが実現されているかどうかを確かめることは、第一原理の場合と比べるとはるかに難しい。その種の問題に関してつねに意見の多少の違いが出るのはある程度仕方がないことである。というのは、その種の問題に対する解答は、複雑な社会的・経済的情報を評価する際の推論と判断に依存しているからである。また、どの程度の一致が期待できるかということについても、憲法の必須事項に関する場合のほうが狭義の分配的正義の問題に関する場合よりも一致の可能性が大きい。

以上からわかるように、第一原理が関わる憲法の必須事項と、第二原理が関わる分配的正義の諸制度とを区別する根拠は、第一原理が政治的諸価値を表現し、第二原理は政治的諸価値を表現しないというところにはない。この区別の根拠はむしろ、以下の四点にある。

(a) 二つの原理は、原理の適用に関し異なる段階で使用され、基本構造がもつ二つの異なる役割に対応するものである。

(b) 憲法の必須事項のほうが先決事項である。

(c) 憲法の必須事項が実現されているかどうかを判定するほうがはるかにやさしい。

(d) 憲法の必須事項の内容に関しては、もちろん、そのあらゆる詳細にわたってではなく、その概要についてであるが、合意を得ることは可能だと思われる。

13・7 憲法の必須事項という観念の主旨を理解するには、それを忠誠な反対党という観念——これはこれで立憲政体に付き物の観念であるが——と結びつけて考えてみればよい。政府と忠誠な反対党とは、憲法の必須事項に関して意見は一致している。その点に関し一致しているということが、政府の意図を正統なものとし、反対党の反対を忠誠なものとするのである。両者の忠誠が堅固であり、両者の一致が相互に認識されているところでは、立憲政体は安全である。その場合、狭義の分配的正義に関して最も適切な原理は何か、また、その基礎にある原理は何かということについて意見の相違があっても、それについては、現行の政治的枠組の内部で、必ずしも適切にというわけではないが、ともかくも決することができるのである。

格差原理は憲法の必須事項に入らない。にもかかわらずそれは、自由で平等な者とみなされ、また、全生涯にわたって十分に協働する普通の社会構成員とみなされる市民にとって最もふさわしい平等とは何か、そのような平等観念の探求を試みる際に重要な役割を果たす。私は、この観念が最も深いレベルで互恵性に関わると、従って、民主的平等は適切に理解された場合、格差原理のようなものを要求すると考える。(「のようなもの」という言い方をしたのは、さまざまな類似の候補がありうると思うからである。)第二部の残りの節(第一四―二二節)では、格差原理の内容を解き明かし、幾つかの難点を解消したい。

14　分配的正義の問題

14・1

公正としての正義における分配的(distributive)正義の問題は、つねに次のようなものである。すなわち、公正で、効率的で、生産的な社会的協働システムがある世代から次世代へと長期にわたり維持されるためには、基本構造に属する諸制度をどのように規制して一つの統一的枠組にすればよいのか。これを、それとまったく異なる次のような問題と比較されたい。その問題とは、諸々の商品からなるある束が所与だとして、それをさまざまな個人にどのように分配または配分すればよいかという問題であり、そこでは、個人のニーズ・欲求・選好が既知であり、しかも、個人はそれらの商品を生産するために一切協働したことはないと想定されている。この第二の種類の問題は、配分的(allocative)正義の問題である(『正義論』第一一節五六頁、第一四節七七頁)。

これを具体的に説明しよう。福利に関する個人間の基数的比較が可能であるためには幾つかの仮定が必要であるが、そのような仮定をさしあたりすべて受け容れることにすれば、われわれは商品の束を配分するにあたって、例えば、現在から将来にわたる諸個人の満足の合計が最大になるようにするかもしれない。(ベンサムやシジウィックにみられるような)古典的な功利原理を一つの政治的な正義構想とみなす場合、それは、配分的正義の観念を、長期にわたって維持される基本構造のための単一の原理となるように応用したものとみることができる。

14・2

われわれは、配分的正義の観念を拒否するが、それは、それが公正としての正義を編成する基本的な考え方と両立しないからである。その基本的な考え方とは、社会が長期にわたる社会的協働の公正なシステムであるという考え方である。そこでは、市民は、社会的資源を協働して生産するものとみられており、各市民の請求権は、生産された社会的資源に向けられるものとされている。ある秩序だった社会において、平等な基本的諸自由(及びその公正な価値)と機会の公正な平等とが両方とも保障されているなら、そのような社会における所得と富の分配は、われわれが純粋な背景的手続的正義とよぶものの例証となる。そこでは、全員が公知の協働ルールに従い、そうしたルールによって定められる請求権を尊重するなら、その結果生じる諸財の分配は、それが個々的にどのようなものであれ、正義に適ったものとして(あるいは、少なくとも不正義ではないものとして)受け容れられうるように基本構造が組み立てられている。

詳しく説明しよう。基本構造によって設定される背景的正義の枠組の内部において、諸々の個人や結社は、関連する制度のルールが許容する範囲でしたいことをしてよい。個々の分配が正義に適っているかどうかを、その分配を生じさせる公正な協働システムの内部で個人がみずからの努力によって獲得した請求権(権原)を無視して判断することはまったくできない。この点に留意されたい。功利主義と対照的に、ここでは、配分的正義の概念は適用の余地がない。背景的諸制度と、手続の実際の遂行から生じた権原以外に、正義に適った分配を判定する基準は存在しない。[15] 背景的諸制度が公正な協働の舞台を提供し、その内部で権原が生じるのである。

14・3

以上で述べた点を以下でさらに明らかにする。前述の「背景的な手続的正義」という言い回しにおける「背景的」という言葉は、社会的協働システムとしての基本構造に、そのシステムが長期にわたり、つまり、ある世代から次世代へと公正であり続けるように、ある一定の諸ルールが含まれていなければならない、ということを示唆するために用いられている。[16]

一つの例を考えてみよう。野球のようなプロスポーツで採用されているドラフト・ルールは、シーズン終了時のリーグ内順位と逆の順番で、各チームに新人指名権を与える。このルールに従って、優勝チームによる指名は最後になる。このルールは、シーズンごとの順位の変動に対応するものであり、その目的は、リーグ内で全チームの力が毎年多かれ少なかれ拮抗し、どのシーズンにも、各チームが他のどのチームともまともな試合ができるようにすることにある。そのような選手層の変化は、そのスポーツの狙いと魅力の達成のために必要であり、そのスポーツの目的と無関係ではない。

要求される背景的諸ルールの内容は、正義の二原理を充足するために何が必要かという観点から定められる。後にわれわれは、財産私有型民主制にみられる、そのようなルールの幾つかを概観する[17]（第四部）。例えば、背景的諸制度は、政治的諸自由の公正な価値と機会の公正な平等とを何世代にもわたって維持するのに十分な程度にまで、財産及び富の保有量の格差を長期にわたって少なくするために貢献しなければならない。そのために背景的諸制度が使う手段としては、私的権力の過度の集中を防止するために財産の遺贈・相続を規制する法律や、同じ目的のための課税といったその他の手立てがある（『正義論』第四三節二四五頁以下）。

14・4　格差原理は、公知のルール・システムとしての諸制度に適用されるから、それがそれらのルールを通じて何を要求するかは予見可能である。そうした諸要求に、個人の計画及び行動に対する継続的もしくは定常的介入が含まれないのは、例えば普通の課税がそのようなものを伴わないのと同様である。格差原理によって規制される背景的諸制度に含まれる諸ルールの効果は予見可能であるから、市民は、当初からそうした諸ルールを考慮に入れて計画を策定する。市民は、社会的協働に参加する際、自分の財産及び富、並びに自分もその生産に参与した生産物からの分け前に、例えば税金——背景的諸制度がそれを課すことが事前に知られている——がかけられることを理解している。その上、格差原理は(第一原理及び第二原理前半と同じく)、公知のルールと個人が取得した権原とに基づく正統な期待を尊重する[18](『正義論』第四七—四八節)。

(格差原理を含めて)正義の二原理によって要求される背景的諸制度に属する諸ルールは、公正な社会的協働を長期にわたって行う際のさまざまな目的と狙いにあわせて内容が定められる。それらのルールは、背景的正義を保持するために必要不可欠である。背景的正義の内容をもっと具体的に言えば、第一に政治的諸自由の公正な価値の実現、第二に機会の公正な平等の実現、そして第三に、経済的・社会的格差が全体の利益、もっと正確に言えば、最も不利な状況にある社会構成員の利益に効果的な仕方で貢献することを促進することである。プロスポーツのドラフト・ルールと同様、格差原理が要求する取り決めも、公正としての正義における公正な社会的協働という構想の一部であり、それと無関係なものではない。分配的正義は、格差原理の要請に応じるそのような背景的正義の諸ルールを含む場合もなお、純粋な手続的正義の応用事例として理解することができよう。

15　主題としての基本構造——第一種類の理由

15・1

政治的構想としての公正としての正義がもつ特徴の一つは、基本構造をその第一主題とすることにある。どうしてそうなるのかという理由は、大きく二つの種類に分けられるが、本節及び次節で、それぞれについて考察したい。第一種類の理由は、社会的諸制度の働き方と、それらの制度を規制して、背景的正義が長期にわたって維持されるようにするために必要な原理の性質とに着目するものである。

ロックに対する重要な批判があるが、それを検討してみよう。ロックがそうしたと思われるように、われわれもまず、人々の社会的環境と相互関係は、公正な仕方で結ばれた公正な合意に従って長期にわたって発展するべきである、という魅力的な考え方から出発することにしよう。ロックの用いる理想的歴史という考え方がそうであるのとまったく同様、われわれもまた、財産を取得し移転する権利だけでなく、それ以外のものも含め、人がもつさまざまな権利・義務を明確に定めるために、ある一定の諸原理を用いていると考えることにしよう。さらに、全員の保有が正義に適った仕方でなされている、ある正義に適った初期状態を出発点として選ぶことにしよう。その場合、全員が、財産の取得及び移転のための諸原理だけでなく、人格が有する権利・義務をも尊重するとき、その結果生じる状態――それが初期状態から時間的にいかに隔たったものであれ――もまた正義に適っている、と言うことができる。このような考え方を、理想的歴史プロセス説[19]とよぶことにする。

この考え方を十分に仕上げるためには、正義に適った初期状態とはどのようなものなのか、また、公正な合意とはどのようなものなのか、これらに関して説明が必要なだけでなく、公正な合意が達成される際に充足されるべき正義に適った社会的諸条件とはどのようなものなのか、これに関する説明も必要である。さらに、初期状態が正義に適ったものであり、かつまた、その後の社会的諸条件もしばらくの間は正義に適ったものであったとしても、個人や結社によって結ばれた、一つ一つをとってみれば一見公正な合意が数多く積み重なると、その累積的結果が、自由で公正な合意に必要な背景的諸条件を長期的には掘り崩してしまうということも十分ありうる。相当多くの富と財産が少数の手に蓄積され、そうした集中が機会の公正な平等や政治的諸自由の公正な価値などの基礎を掘り崩すことも十分考えられる。自然状態において個人や結社によって行われる個々の取引に直接に適用されるとロックが考える、限定や但書の類は、公正な背景的諸条件を維持するのに十分なほど厳しいものではない[20]。

15・2

そうした背景的諸条件を確保することが、純粋に手続的な背景的正義の諸ルールの使命である。基本構造が長期にわたって規制されていない限り、あらゆる種類の資産に関する分配が前の時点では正義に適っていたという事実は、その後に生じた諸々の個人や結社の間での個別的取引が背景的諸制度から切り離して局所的にみれば自由で公正であったとしても、後の時点での分配が正義に適っていることを保証しない。というのは、それらの取引を全部合わせた結果というものを考えてみると、それは、あらゆる種類の偶然と予見不可能な結果に影響されるものだからである。従って、例えば財産の分配をより平等にし、教育機会の公正な平等をはかるといった目的のために、遺贈法・相続法によって財産取得の仕方を規制する必要が出てくる。そのような背景的正義の諸ルールが長期にわたり実施されているということは、基本構造の内部で個人または結社によって結ばれた自由で公正な合意ということがもつ価値からその重要性を奪うものではなく、むしろ、そのような合意が重要な価値をもつことを可能にするものである。なぜそうなのかと言うと、それらの合意に直接適用される原理(例えば契約法の諸原理)は、それだけでは、背景的正義を確保するのに十分ではないからである。

従って必要なのは、二種類の原理の間での分業である。各々の種類の原理は、それにふさわしい内容をもっている。第一の種類の原理は、長期にわたって基本構造を規制し、ある世代から次の世代へと背景的正義を保持するためのものである。第二の種類の原理は、個人または結社の間で行われる自由な個別的取引に直接適用される。どちらの種類の原理に欠陥があっても、それは正義構想全体の深刻な失敗につながりうる。

15・3

個人や結社による多くの取引や合意が正義に適った基本構造の内部で行われるとき、われわれは、理想的社会プロセス説というものを考えることができる。公正としての正義も、理想的社会プロセス説の一例である。ロックの理想的歴史プロセス説との違いの一部は、次の点にある。両説とも純粋な手続的正義の概念を用いるが、その概念の特殊化の仕方が異なるのである。歴史プロセス説は、個人や結社による取引に焦点をあわせ、それらの取引が、個々の取引当事者に直接適用される原理や但書によって制約されるとする。

これに対して、社会プロセス説の一つである公正としての正義は、基本構造、並びに、世代や社会的地位がどうであろうと、すべての人に平等に長期にわたって背景的正義を維持するのに必要な諸規制にまず焦点をあわせる。正義の公共的構想は、単純明快で理解の容易なルールを必要とするから、われわれは制度の構築にあたって、背景的正義の確保に必要な諸原理と、個人または結社間の個別的取引に直接適用される諸原理との制度的分業というやり方を採用する。こうした分業が成立しているところでは、個人や結社は、みずからがかかわっていない社会構造の他の部分でも、背景的正義を確保するのに必要な規制が実施されているということを承知した上で、基本構造の枠組の内部で(許される)みずからの目的を自由に追求してよいものとされている。

基本構造を第一主題と考えると、分配的正義を純粋に手続的な背景的正義の一事例とみなすことができるようになる。つまり、全員が公知の協働ルールに従っているとき、その結果として生じる個々の分配はどのようなものであれ、正義に適ったものとして受け容れられうるのである(第一四節2)。このような考え方を採るおかげで、われわれは、日々の無数の取引がもつ甚大な複雑性を無視することができ、また、取引に関わる個々人の相対的地位の変化を詳細に跡づける必要がなくなるのである(『正義論』第一四節七六—七七頁)。社会は、長期にわたって行われる公正な協働の現在進行的枠組であり、そこには、政治的正義にとって意味のある始めも終わりもない。正義原理は、個別的な歴史的条件をすべて捨象して、背景的正義の形を定める。そこで考慮されるのは、社会的諸制度の現時点での働きであり、自然状態という基準——自然状態における諸個人の福利の水準(それがどのようなものであれ)——は、いかなる役割も果たさない。自然状態とは、いわば歴史的な無理数であり、不可知であるか、知ることができたとしても無意味

である。(21)

16　主題としての基本構造——第二種類の理由

16・1

基本構造を第一主題とすることの第二の種類の理由は、基本構造が、それに属する諸制度のもとで生きる人々に深甚で広範な影響を与えるということから引き出される。基本構造が主題であるということを強調する理由を説明した際、われわれは、市民を社会のなかに生まれ落ちるものとみた、つまり、市民が全生涯をすごすところは社会である、と述べたことを思い出していただきたい。市民は、社会的世界に誕生によってのみ参入し、死亡によってのみ退出する。どのような近代社会も、それが秩序だった社会であったとしても、うまく設計され効果的に組織化されるためには若干の不平等を利用せざるをえない。だからこそ、われわれは、秩序だった社会はどのような不平等を許し、どのような不平等をとくに避けようとするのかということを問うのである。

公正としての正義は、市民の人生の見込み——全生涯にわたる見込み(これは基本善の適当な指数によって特定される)——に関する不平等に焦点をあわせる。市民の人生の見込みは、次の三種類の偶然事によって影響される。すなわち、

(a)　出身社会階層。つまり、生まれてから、分別のある大人に成長するまですごした階層。

(b)　(実現された才能の対立概念としての)生まれつきの才能と、そうした才能を発達させる機会――それは出身社会階層によって影響される。

(c)　一生を通じて出合う幸運と不運(市民が病気や事故によって、また例えば、非自発的失業や地域的不況の期間によって見舞われるもの)。

そうだとすれば、秩序だった社会においてさえ、人生の見込みは、次の二つの事柄に大いに左右される。すなわち、第一に、社会的・自然的・運的偶然事。第二に、基本構造が、一定の社会的目的を達成するために、格差をつけることによって、それらの偶然事を利用する仕方である。

もちろん、これらの三種類の偶然事を指摘するだけでは、基本構造が政治的正義の適切な主題であることを決定的に示すのに十分ではない。だが、すべては、公正としての正義という構想が全体として筋が通っているかどうかにかかっているから、そのような決定的論拠は存在しない。にもかかわらず、われわれがもし、それらの偶然事に起因する人生の見込みに関する人々の間での不平等を無視し、背景的正義の維持に必要な規制を設けぬままに、そのような不平等の跋扈を放置するとすれば、自由で平等な市民の間で協働を行うための公正なシステムという社会の観念を真剣に取り上げていないことになってしまうだろう。このことから想起されるように、われわれが問うているのは、そのような社会の観念を真剣に取り上げる際に前提されているのはどのような背景的正義の原理であるか(第一二節1)、ということにほかならない。

16・2

秩序だった社会の市民がお互いを自由で平等な者として承認すべきものとするなら、基本的な諸制度は、そのような政治的正義の理想を公にし、奨励するだけでなく、そのような市民の見方を市民自身に向けて教育するようなものでなければならない。そうした教育の仕事は、政治的構想の広い役割と呼んでよいものに属する。[22] そのような政治的構想は、この役割を果たす限りで、公共的政治文化の一部である。その第一諸原理は、基本構造に含まれる諸制度に具現されており、また、そうした諸制度の解釈にあたって援用される。そのような公共的文化になじみ参与すること、これこそ、市民が自分を自由で平等な者と理解するようになるための一つのやり方である。そのような自己理解は、市民自身の反省に任せていては、受容されたり、その実現を願望されたりすることがないのはもちろん、形成されることすら、まずないだろう。

(前述の)三つの偶然事は、人々が各々の究極目的を追求する際の意欲や自信にも影響を及ぼすが、もちろん、究極目的の内容自体にも影響を与える。ここで、それらの偶然事が、そのような究極目的の内容にどのような形で影響を及ぼすか、これについて立ち入って考えてみよう。われわれは、人生の見込みを自分が社会のなかで占める地位に応じて判断し、また、自分の目的や目標を現実的に期待することのできる手段や機会を考慮して定める。例えば、自分の将来について希望をもち楽観的であるか、それとも諦観し悲観的であるかは、自分の社会的地位と結びついた不平等と、正義の公共的諸原理との両方にかかっている。後者は、背景的正義の諸制度を規制するために社会がたんに公言しているだけでなく、多少なりとも実効的に使用している原理である。従って、社会的・経済的政体としての基本構造は、所与の願望や野心を充たす取り決めであるばかりでなく、更なる願望や野心を将来において生じさせる取り決めでもある。それは、基本構造が現在において、いや全生涯にわたって、幾つかの期待と野心を奨励することによってなされる。

その上、さまざまな種類の生まれつきの才能(例えば、生まれながらの知能や自然的能力)は、能力不変の自然的固定資産ではない。それらの生まれつきの才能は、潜在的能力にすぎず、社会的諸条件の具備をまってはじめて開花するものである。しかも、そうした生まれつきの才能が現実化するとき、それは多くの可能な形態のうちの一つまたはごく少数のものとして形をとることができるにすぎない。その限りで、教育され訓練された能力というものはつねに、実現可能な広範な諸々の可能性のなかからの選択であり、しかも、それらの可能性のごく一部しか現実化されないという意味で、小さな選択である。生まれつきの才能の実現に影響を及ぼす要素としては、奨励や手助けに関わる諸々の社会的態度と、そうした才能の早期の訓練や使用に配慮する諸制度とが含まれる。自分自身に関する見方や自分の目的ないし野心だけでなく、現実化された能力と才能もまた、各自の個人史、機会と社会的地位、そして運・不運の影響に左右されるのである。

16・3

要約すれば、本節及び前節で注意した二種類の理由の故に、われわれは基本構造を第一主題とするのである。基本構造は、幾つかの社会制度からなっており、そうした社会制度の内部で人間は道徳的能力を発達させ、自由で平等な市民という、十分に協働する社会構成員となるのである。基本構造は、ある世代から次世代へと長期にわたって背景的正義を維持するための枠組として、(公正としての正義の中核をなす)純粋に手続的な背景的正義の観念を、(第一種類の理由の項目で説明したように)理想的な社会プロセスとして現実化するものである。基本構造はまた、市民を自由で平等な者という自己理解に向けて教育する公共的な役割に応えるものでもある。基本構造は適切に規制された場合、市民のなかに自分の将来について楽観的で自信をもった態度と、(第二種類の理由の項目で説明したように)経済的・社会的不平等を実効的に規制するとみられている公共的な諸原理に則って公正に扱われているという感覚とを育むのに成功する。

以上からわかるように、基本構造から出発するというやり方は、公正としての正義に含まれる他の諸観念と調和するように思われる。これは、われわれが出発点において予見することができなかったことである。基本構造について厳格な定義を採用していたら、それを他の諸観念と適合させるのが難しかったかもしれない。それは、後者について厳格な定義を採用したら前者と適合させるのが難しいのと同様である。(第四節3の論述を思い起こしていただきたい。)

17　誰が最も不利な状況にあるのか

17・1　最も不利な状況にある人々に言及してきたが、それは誰であり、また、どのようにして選び出されるのか。これらの問いに答えるため、われわれは基本善(財)という観念を導入する。基本善とは、さまざまな社会的条件ないし汎用的手段であり、それらは、市民が二つの道徳的能力を適切に発達させ十分に行使することを可能にし、かつ、各自の確定的な善の構想を追求するために一般的に必要なものである。ここでわれわれが注目しているのは、民主的社会における人間生活の正常な境遇と社会的必要とである。基本善とは、人格に関する政治的な構想からみた人格が必要とするもの、つまり、規範的構想との結びつきを欠いたたんなる人間ではなく、十分に協働する社会構成員としての市民が必要とするものである。それらの善は、市民が自由で平等な者として一生を送るのに必要とするものである。それらの善は、それを欲したり望んだり、好んだり切望したりするのがたんに合理的である、といった代物ではない。われわれは、そうしたニーズや必要を特定するために、政治的構想を用いるのであって、包括的な道徳的教説は用いない。

もちろん、何が基本善に入るかは、人間的なニーズや能力、養育の通常の段階とそれに応じて必要になる諸々の事物、各種の社会的相互依存関係、等々に関するさまざまな一般的事実にかかっている。基本善の内容の決定にあたって、われわれは少なくとも、合理的な人生計画という大まかな観念を必要とする。というのは、そうした合理的人生計画が通常ある一定の構造をもち、その形成、修正及び成功裡の実行が幾つかの基本善にかかっているのはなぜかを説明するためである[23]。しかし、先に強調したように、基本善の説明は、心理学的・社会的・歴史的な事実のみにかかっているわけではない。基本善のリストは、社会生活上の一般的な事実と必要に部分的にかかっているが、道徳的能力を備え、十分に協働する社会構成員としての能力をもつ、自由で平等な人格という政治的な構想を考え合わせてはじめて作ることができるのである。そうした規範的な構想が、基本善の適切なリストを定めるためには必要である。[24]

17・2

われわれは、基本善を次の五つの種類に区別する。

(i) 諸々の基本的な権利と自由、すなわち、思想の自由、良心の自由、等々(第一三節)。これらの権利と自由は、(二つの根本的な場面において(第一三節4))二つの道徳的能力を適切に発達させ、十分な情報に基づき十分に行使するために必要不可欠な制度的条件である。

(ii) 移動の自由と職業選択の自由。これらの自由は、多様な機会を背景とするものであり、それらの機会は、さまざまな種類の目的の追求を許容し、また、それらの目的を修正・変更する決断を実効的にするものである。

(iii) 権威と責任のある職務と地位に伴う諸々の権力と特権。

(iv) 所得と富。ここでは、これらは(交換価値をもつ)汎用的手段であって、広い範囲に属する目的を何であれ実現するのに一般的に必要とされるものと理解されている。[25]

(v) 自尊の社会的基盤。ここでは、それは、市民が自分の人格としての価値について生き生きとした感覚をもち、各自の目的を自信をもって推進するために通常不可欠な基本的諸制度のさまざまな側面と理解されている。

17・3

正義の二原理は、基本構造を評価するにあたって、それが基本善に関する各市民の分け前をどのように規制するかという点に注目する。そうした分け前は、適当な指数によって特定される。注意すべきことに、基本善は、各市民の社会的境遇の客観的な特質、つまり、公共的な視点に開かれた特質によって定義される。例えば、市民に保障された制度的な権利と自由、市民にとって入手可能な公正な機会、各自の社会的地位からして所得と富に関して抱いてよい(道理に適った)期待、等々が基本善である。すでに述べたように、格差原理が適用される不平等とは、基本善に関する市民の全生涯にわたる(道理に適った)期待の点での不平等である。そうした期待とは、市民各自の人生の見込みにほかならない。秩序だった社会において、すべての市民に、平等な基本的諸権利と諸自由、そして公正な機会が保障されている場合、そこで最も不利な状況にある人々とは、所得に関し最低の期待を有する階層に属する人々のことである。[26] 所得ないし富の不平等が、最も不利な状況にある人々の最大の利益になるように編成されるべきであるということは、さまざまな協働枠組を、各枠組のもとで最も不利な状況にある人々の暮らし向きがどの程度かということに着目して比較した上で、最も不利な状況にある人々の暮らし向きが、他のいかなる枠組にも勝ってよい枠組を選ぶということを意味する。

基本善が客観的なものであるということを強調するために一例を挙げれば、例えば、基本善に入るのは、自分に対する態度としての自尊ではなく、自尊心を抱くことを可能にする社会的諸基盤であるということを銘記されたい(27)。そうした社会的基盤は、各市民が平等な基本的諸権利をもっているという制度的事実に類する事柄と、他方で、その事実と、全員が格差原理――これ自体、互恵性の一形態である――を支持しているという事実とが公知の事柄になっていることからなる。基本善の客観的性格はまた、正義原理の適用にあたってわれわれが、例えば市民各自の(合理的)選好または(功利主義の観点からみた)欲求の充足によって測られる各市民の総体的な幸福の見積もりを考慮に入れることはないという事実にも現れている。もちろん、われわれは市民各自の善ないし幸福を、道徳的・結社的あるいは個人的な理想の観点から考慮することもない。さらに言えば、われわれは、各市民がもつ道徳的能力その他の能力が、協働する普通の社会構成員であるのに十分な程度のものである限り、そうした能力やその現実化の程度を計る尺度を必要としない(28)。

各々の市民にふさわしい基本善の分け前がどのようなものかということについては、それが宗教的・哲学的・道徳的な特定の包括的教説によって定められる各自の善に近似するものとみなされることも、また、そのような教説の幾つかがわれわれの(包括的な)善に関して一致して奉じる考え方によって定められる善に近似するものとみなされることもない。従って、基本善の説明は全部、正義の政治的構想としての公正としての正義の内部に属している。それが政治的な構想の内部にとどまる理由は、これまでの論述から明らかなはずである。すなわち、それは、重なり合うコンセンサスによって支えられる正当化の公共的基礎を見出す余地を残しておくためである。

その場合、基本善とは、(政治的構想によって内容を特定される)自由で平等な人格が市民として必要とするものである。基本善は、善の部分的な構想に属するものであり、その種の構想については、市民は、互いに対立する包括的教説が多元的に存在するという事実を肯定する限り、政治的原理の実行可能性のために必要な個人間比較を行うために合意することができるのである。多元性とは、包括的教説を根拠とする善の完全な構想については合意がありえないということを意味するが、政治的なものであれ、それ以外のものであれ、正義の説明には、善に関する何らかの構想が不可欠である。公正としての正義においては、善の諸構想を、それが政治的な構想として公正としての正義の内部で他の諸観念と適合する限りで、自由に用いることができる(第四三節)。基本善の説明にあたって打ち出された、善の部分的な構想も、そのような善の構想の一つである。

17・4

本節の最終コメントとして、基本善のリストを定めるにあたって採るべき方法は少なくとも二つある、と言いたい。その一つは、社会の内部に実際にみられるさまざまな包括的教説に眼を向けた上で、対立する教説の信奉者たちが制度的保護と汎用的手段という形で必要とするもののいわば平均値として、基本善の指数を定めるというやり方である。これを、重なり合うコンセンサスを達成するための最善の方法と考える向きもあるかもしれない。

しかし、これは公正としての正義が採るやり方ではない。公正としての正義は、そうではなく、まず政治的な構想を、公正な社会的協働システムという社会に関する基礎的な観念から構築するところから始める。希望は、基本善の説明を伴うそうした構想が、重なり合うコンセンサスの支持を獲得することができるのではないか、という点にある。その際、現在存在する、あるいはこれまでに存在した、あるいはまたこれから存在するかもしれない、包括的教説はわきにおいておく。われわれの考えは、基本善が、包括的教説と結びついた善のさまざまな構想の間で公正なバランスをとっているという意味で、それらの構想のどれに対しても公正であるというものではない。むしろ、基本善は、自由で平等な市民たちに対して公正なのである。基本善は、各市民が許容された(つまり、その追求が正義と両立する)善の構想を推進することを可能にする。

18　格差原理——その意味

18・1

以下、狭義の分配的正義の原理としての格差原理に眼を転じたい。それが、(平等な基本的諸自由を保障する)正義の第一原理と、機会の公正な平等の原理とのいずれにも従属するものであること(第一三節1)を思い出していただきたい。格差原理は、これらの二つの優先する原理と連動して働くものであり、それ故つねに、それらの二原理が充足されている背景的諸制度の内部ではじめて適用されるべきものである。[29]

社会的協働はつねに生産的であるとわれわれは仮定しており、従って、協働がなければ、何も生産されず、それ故、分配されるべき何物もないことになる。この仮定は、『正義論』第一二―一三節では十分に強調されていない。図1をご覧いただきたい。そこでは、生産があるということが暗黙裡に想定されている。MAG(the more advantaged group)とLAG(the less advantaged group)(『正義論』中の図ではそれぞれx_1とx_2に相当する)は、ここでは各々、より有利な状況にある集団と、より不利な状況にある集団の代表的個人をさす。両集団は、生産的協働に参与している。[30] OP曲線(Pは生産〔production〕を表す)は、原点からまず右上に向かい、やがて向きを転じて右下へ下降する。[31]

18・2

協働の枠組は、その公共的ルールが生産活動をどのように組織化し、どのような分業を定め、それに参与する人々にさまざまな役割をどのように割り当てるか、等々によって大部分決まってくる。そうした枠組には、生産物から支払われる賃金・俸給の一覧表が含まれている。賃金及び俸給に差をつけることによって、生産量が増大するだろう。なぜかと言うと、長期的には、より有利な状況にある人々により多くの報酬を与えることは、とりわけ、教育と訓練にかかる費用を補塡するのに役立ち、何が責任ある地位であるかを示して人々がそれに就くことを奨励する効果があり、また、インセンティブとして働くことになるからである。ある一つのOP曲線は、特定の協働枠組と対になっている。その曲線は、賃金・俸給のみが変化するとした場合、二つの集団への報酬がどう変わるかを示したものである。OP曲線の原点Oは、平等分配点を表す。そこでは、両集団が同一の報酬を受け取る。

説明しよう。OP曲線上の任意の点をとってみられたい。より有利な状況にある人々の賃金が、今選んだ点に対応するx軸上の点で示される場合、より不利な状況にある人々の賃金は、先に選んだのと同じ点に対応するy軸上の点で示される。従って、一般に、協働の枠組が異なるのに応じてそれぞれ異なったOP曲線が存在する。しかも、あ

い位置にある等正義線に到達することを目指している．そのために，社会は，OP 曲線にそって右上の方向にできるだけ遠くまで進み，その曲線が右下に方向を変える点で止まるのである．

前述の平行線が等正義線であって，個人的もしくは社会的厚生の評価を表す周知の種類の無差別曲線ではない，ということに注意されたい．等正義線は，協働によって生産された財に対する請求権がそれを生産した者たちの間でどのように分配されるべきかを表しており，互恵性の観念を反映している．それらの直線が等正義線であるというのは，一つの等正義線をとって考えると，その上にあるいかなる点も，それが，格差原理に優先する他の正義の諸原理を充たす社会的協働の何らかの枠組に対応する OP 曲線によって到達されたものである場合，等しく受け容れうるものだからである．すべての等正義線が互いに平行であるということは，一方の集団(MAG)に対する基本善(ここでは全生涯にわたる人の所得及び富の獲得の見込みと理解されている)の指数の増加が正当化されるのは，それが他方の集団(LAG)の基本善指数を増加させる場合に限られるということを意味する．OP 曲線上の D より右下の区間でそうであるように，より有利な状況にある集団の基本善指数が増加するとしても，より不利な集団の基本善指数がもはや増加しない場合，格差原理が含意する互恵性はもはや成立していない．このことは，N 及び B が D よりも低い位置にある等正義線上にあるということによって示されている．B を通る功利主義的な等正義曲線というものを考えてみると，それは，左上から右下に延びる，原点に対して凸のなめらかな曲線となるであろう．それは，LAG の利得が減少するとしても，MAG の利得の増大を認めうることを示している．そこでは，互恵性に反して，トレード・オフが許されているのである．

最後に注意しておきたいのは，第 17 節で示唆したように，MAG と LAG は，生産物からの分け前との関係で特定されるのであって，協働の枠組から独立に同定される特定の諸個人として特定されるわけではない，という点である．われわれが MAG の基本善指数を x 軸上に表すとき，OP 曲線は，45 度線より右下の至るところに存在する．

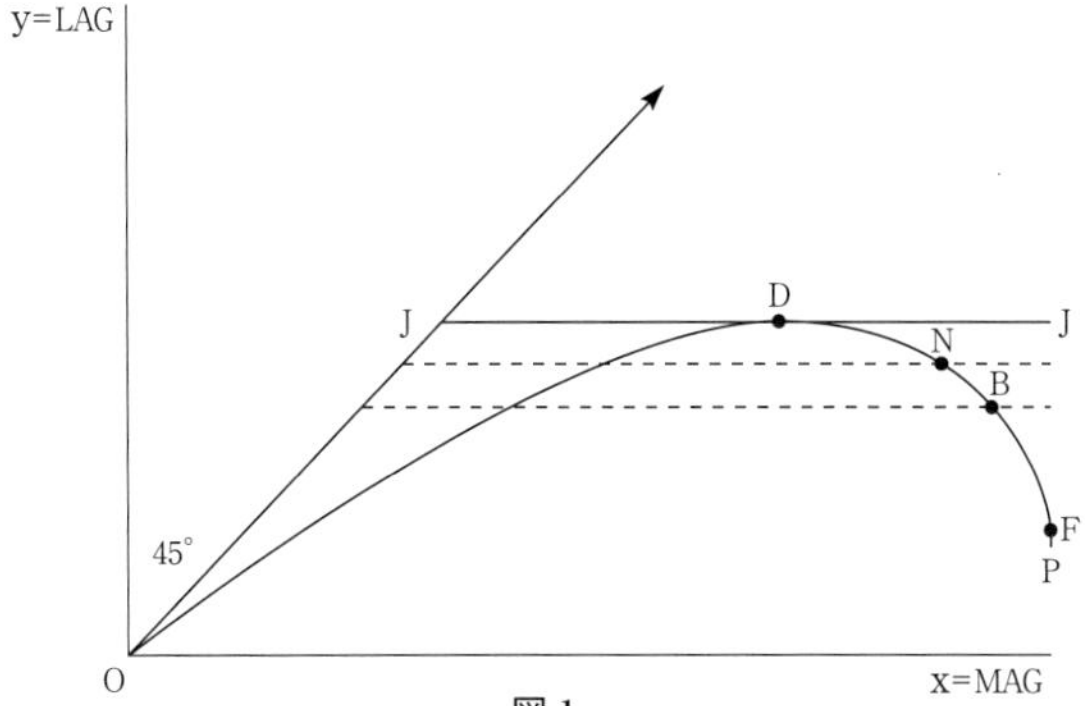

図 1

この図において，両座標軸上の距離は，基本善の指数によって測られる．x 軸は，より有利な状況にある集団(MAG)の基本善の指数を，y 軸は，より不利な状況にある集団(LAG)の基本善の指数を表す．x 軸に平行な直線 JJ は，最も高いところにある等正義線であり，この直線は，OP 曲線が最大値をとる点 D でそれに接している．D が，45 度線によって表される平等に，最も近い効率点であることに注意されたい．N は，ナッシュ点である．そこでは，効用の積が最大になる(ただし，効用が基本善の指数に関して線型であると仮定すれば，ということであるが)．また，B は，ベンサム点である．そこでは，個人効用の和が(ここでも前と同様の仮定をおけば)最大になる．効率点の集合は，D から F までのすべての点からなる．封建点と呼ぶべき点 F で，OP 曲線の傾きは垂直となる．

45 度線より右下にある全空間が，互いに平行な無数の等正義線で満たされているとわれわれは考えている．従って，原点から右上に延びる 45 度線上のどの点からも，一つの等正義線が延びている．直線 JJ は，われわれが OP 曲線にそって動くよう制約されている場合に到達しうる，最も高い位置にある等正義線である．社会は，他の事情が等しければ，原点 O から 45 度線上の点までの距離で測って最も高る枠組は他の枠組よりも、より効果的に組み立てられている。ある枠組が別の枠組よりも効果的であると言えるのは、前者のOP曲線が、より有利な状況にある人々に与える報酬がいくらであっても、より不利な状況にある人々に、後者のOP曲線が与える報酬と比べて、つねにより大きな報酬を与える場合である(32)。他の事情が等しければ、格差原理は社会に対し、最も効果的に組み立てられた協働枠組に対応するOP曲線上の最高点をめざすように命じる。

18・3

格差原理の今一つの特徴は、最も不利な状況にある人々の(所得と富で測った)期待が、何世代にもわたる継続的経済成長によって、停止することなくどこまでも大きくなることを要求するものではない、という点にある。そのようなものは、道理に適った正義構想とは言えないだろう。われわれは、正義に適った定常状態にある社会——そこでは、(実質)資本蓄積が停止する——というミルの着想(33)を排除するものではない。秩序だった社会は、そうした可能性を許すように定義されている。格差原理は実際、社会的協働による生産・分配を適当な期間に分けて考えた場合、その一期間において、社会的生産物の生産から得られる所得と富に関する格差が、次のようなものであることを要求する。すなわち、より有利な状況にある人々の正統な期待が減少する場合は、より不利な状況にある人々の期待もまた減少するということである。従って、社会はつねに、OP曲線上の上昇部分または頂点にあるということになろう。(34)(このように定義された)許容される不平等は、この条件を充たすし、正義に適った基本構造が長期にわたって維持され再生される、定常的均衡状態にある社会的生産物と両立する。

前段落で述べたのと同じ点を別の側面から言えば次のようになる。格差原理は、富と所得の不平等がいかに大きく、また、人が生産物からの分け前をより多く得ようとして働く意欲がいかに大きかろうとも、現存の不平等が最も不利な状況にある人々の利益に効果的に資することを要求する。さもなければ、不平等は許容されない。最も不利な状況にある人々の福利も含めた、社会の富の総量は、どのような生活を送るかに関する人々の決定に依存している。自由の優先は、物質的財の点できわめて生産的な労働に従事することを強制することはできない、ということを意味する。人々がどのような種類の労働を行うか、また、どれほど一生懸命行うか、それは、社会が提供するさまざまなインセンティブに応じて彼ら自身がいかに決定するかにかかっている。従って、格差原理の要求とは、社会的富の総量の大きさにかかわらず——それが大きかろうが小さかろうが——、現存の不平等が自分だけでなく、他の人々の利益にも資するという条件が充足されなければならないということである。この条件から、格差原理が、最も不利な状況にある人々の期待の最大化という考え方を援用するにもかかわらず、本質的に互恵性の原理であることが明らかになる。

18・4

われわれは、正義の二原理を、基本善の指数によって同定される市民たちに適用するとどうなるかをみてきた。ここで、次のような疑問が浮かぶのは自然であろう。すなわち、人種やジェンダーによる区別が前述(第一六節)の三つの偶然事に明示的には含まれていないのはなぜか。(南北戦争前の南部における)奴隷制といった歴史上の事実や、子供の出産・養育・教育における女性の過重な負担を埋め合わせて、女性に対して機会の公正な平等を確保するための規定がない結果として生じる男女間の不平等をどうして無視してよいのか。

その答えは、われわれの主要な関心が理想的理論、つまり、公正としての正義に従う秩序だった社会の説明にあるということにある。その説明の内部で、次の二つの問いを互いに区別する必要がある。すなわち、第一に、秩序だった社会においてさえ、どのような偶然事が、厄介な不平等を生み出しやすいか、従ってまた、われわれは、それ以外の考慮事項と並んで、どのような偶然事に注目して、基本構造を正義の第一主題と考えるようになるのか。第二に、理想的理論の内部で、最も不利な状況にある人々はどのようにして特定されるべきか。

前述の三つの偶然事(第一六節1)によって最も不利な影響を受けた諸個人が、最も不利な状況にある人々に属する傾向があるにはあるけれども、後者の集団は、それらの偶然事への言及によって定義されるのではなく、基本善の指数によって定義される(第一七節註二六)。格差原理の最も単純な形態について言えば、最も不利な状況にある人々とは、他の人々と同様、平等な基本的諸自由と公正な機会はもっているけれども、最低の所得と富しかない人々のことである。われわれは、その集団を特定するために所得と富を用いる。それにどの特定の個人が属するかは、基本構造の編成が変われば変わりうる。

18・5

『正義論』第一六節で述べたように、理想的理論においては、正義の二原理が基本構造に適用される際、その基本構造は、一定の標準的な視点から査定される。つまり、代表的な平等な市民(平等な基本的諸自由と公正な機会が保障されている市民)の視点と、さまざまな水準の所得と富をもつ市民の代表者の視点とである。にもかかわらず、時には、これら以外の地位も考慮されなければならない。例えば、一定の固定的自然的特性が、不平等な基本的権利の割り当てや、ある人々により少ない機会しか与えないことを正当化する根拠として援用されるとしよう。この場合、そのような不平等な扱いに関連する地位が選び出されるであろう。そのような固定的特性は変化しえない。従って、そのような特性によって定義される地位は、基本構造がそれによって判断されなければならない視点である、ということになる。

ジェンダーや人種に基づく差別は、この種のものである。従って、例えば、男性が女性よりも、より大きな基本的権利や機会をもっているとすれば、そのような不平等が正当化されるのは、それが女性の利益になり、かつ、女性の視点からみて受け容れられるときに限られる。同様のことが、人種に基づく基本的な権利と機会の不平等にもあてはまる(『正義論』第一六節八五頁)。そうした不平等は、歴史的には、政治権力と経済的資源の支配力の不平等から生じたように思われる。それらの不平等は今日、女性や不利な状況にある人種の利益にならない。また、過去においても、利益になったことは一度もないように思われる。たしかに、このように大まかな歴史的判断は、場合によっては不確かであるかもしれない。だが、現代の秩序だった社会については、そのような不確実性はあてはまらない。従って、公正としての正義は、基本善によって特定される標準的な地位を考慮すれば十分だと考えるのである。

18・6

本節を小括しよう。ジェンダー及び人種による区別は、たしかに、それがある一定の仕方で使われる場合、格差原理の特殊形態が適用される、更なる地位を生じさせる(『正義論』第一六節八五頁)。だが、われわれは、平等な基本的諸自由と機会の公正な平等とが保障された好都合な条件下にある秩序だった社会では、ジェンダーと人種が、考慮に入れるべき視点を提供しないことを望む。『正義論』では、部分的遵守(または非理想的)理論に属する問題のうちわずかに二つしか取り上げなかった。市民的不服従と、不正な戦争への良心的兵役拒否の問題である。ジェンダーや人種に基づく現存の差別と区別から生じる由々しい諸問題は、論題に挙げなかった。そこでは、正義原理を提示し、それを政治的正義に関わる古典的諸問題から選んだごく少数の問題との関連で、しかも、それらが理想的理論の枠内で解決される限りで吟味することを課題としたからである。

たしかに、それは、『正義論』における欠落といえば欠落である。しかし、欠落は欠陥ではない。少なくとも、『正義論』で取り組んだ論題または正義構想の欠陥ではない。欠陥と言えるかどうかは、その正義構想が、それらの問題に対処するのに必要な政治的諸価値を明確にするのに成功したかどうかにかかっている。公正としての正義にせよ、それに類似した他のリベラルな構想にせよ、それが重大な欠陥をもつと確言できるためには、今の文脈でいえば、それが、女性やマイノリティの平等確保に必要な法的・社会的諸制度の正当化に不可欠な政治的諸価値の明確化に資する資源を欠いているときであろう。なお、第四部第五〇節において、家族の性質と女性の平等について手短に論じる。

19　反例による異論

19・1

反省的均衡という観念の一部に、理論の出発点になった第一諸原理の健全さを確かめる次のような方法が含まれている。すなわち、時としてこの目的のために作られた事例――いわゆる反例――に、第一諸原理を適用して得られる判断をわれわれが十分な反省を経てなお肯定することができるかどうかを問う、というやり方である。ある事例が適切な反例であるためには、それは、正義原理の適用と正当化にあたって想定されたすべての仮定を充たしていなければならない。さもなければ、それは的外れなものとなる。その例証として、反例を通じた三つの異論を取り上げよう。

まず、相互に関連した二つの異論について検討する。(a)最も効果的なOP曲線が最高点に向かって非常にゆっくりと上昇するとしよう(第一八節1の図1において、DがJJ直線にそってはるか右に移動したと想像されたい)。その場合、より有利な状況にある人々の分け前は、より不利な状況にある人々の分け前に比べてはるかに大きい。このことは、より不利な状況にある人々に対して不正義であるように思われよう。(b)他方、最も効果的なOP曲線が、その最高点に達した後、非常にゆっくりと下降するとしよう

(同じ図において、DからN、Bを経て曲線の端まで から構成される弧がはるか右に引き伸ばされたと想像されたい)。その場合、より有利な状況にある人々は、より不利な状況にある人々の分け前をほんの少しだけ減少させれば、はるかに大きな分け前を得ることができるのに、格差原理はそれを許さない。このことは、より有利な状況にある人々に対して不正義であるように思われよう。

いずれの事例においても、OP曲線がもつ厄介な特質は、それが、前者では最高点に達する前に、後者では最高点に達した後に、非常に緩やかな傾斜をもつという点にある。これは、一方の集団の大きな潜在的利得(または損失)と他方の集団の小さな潜在的損失(または利得)とが対になっているということを意味する。そのような場合、われわれは、何らかの調整をして、全体としてより大きな利得を達成すべきではないかと考えたいという誘惑にかられる。これに対する回答を一言で言えば、平等な基本的諸自由と機会の公正な平等を両方とも保障するのに必要な背景的諸制度が存在し、また、社会をどのように組織化するかについて多くの選択肢がある場合には、最も効果的なOP曲線が、前述のような平坦な傾斜をもつということはまずありそうにもない、ということである。詳しく説明しよう。

(i) (a)への返答　市民が、生まれつきの才能の開発と社会的生産技能の獲得のための公正で平等な機会をもち、また、協働の枠組が効果的に設計されているとすれば、O

P曲線は、最高点まで急速に上昇するはずであり、従って、より有利な状況にある人々への分配率が不正義との印象を与えるほどのものになることは起こりそうにない。その基礎にある考え方は、平等な基本的諸自由と機会の公正な平等とが与えられている場合、高度の訓練と教育を受けた人の数が増加し、それらの人々の間での開かれた競争が、彼らへの分配率を低下させ、分配率を受け容れうる範囲内に収める、というものである。異論に答えるにあたってわれわれが、格差原理がそれに優先する諸原理と連動して働くという点に依拠している、ということに注意されたい。先行する原理によって要請される、機会の公正な平等と実効的な競争を保障する背景的諸制度のもとでは、より有利な状況にある人々は、集団として結託することはできないし、従って、市場支配力を用いて自分たちの所得を増大させることもできない。[35] これは、すでに述べたことである。ここでは、それを例証したまでである。

19・2

(ii)(b)への返答　(i)で述べたのと同様の仮定が与えられているとすれば、より有利な状況にある人々への大きな報酬の少なくとも一部を例えば課税を通じてより不利な状況にある人々に移転する何らかの制度上の装置がたしかに存在する。その結果、前者の報酬は、OP曲線の最高点をこえたところでは、もっと少ないものになるのである。

いずれの返答においても、その基本的な考え方は、異論(a)(b)で想定されたようなOP曲線の形状は、基本構造が格差原理に優先する諸原理の要請を充たしている限り、実際には生じない、ということであった。格差原理が、それに優先する諸原理の要請を充たす社会的世界において、満足できる結論を生み出すとすれば、われわれの目的は達成されたのである。格差原理は、より有利な状況にある人々とより不利な状況にある人々への分配率がどの範囲に収まるべきかについて確定した限界を定めるものではない。実際われわれは、そのような限界を定めることを、できるならば避けたいと思う。なぜなら、われわれは、その分配率が純粋な背景的手続的正義の結果として落ち着くに任せたいと思うからである。このことは、よく反省した結果、実際の分配率がわれわれに不正義との印象を与えない限り[36]、完全に受け容れうるものである。

もちろん、分け前の分配率は、善(財)の分布から観察可能な特質であり、協働枠組そのものから離れて確認可能なものである。それを明らかにするには、誰が何を手に入れたかがわかる一覧表を作成してみればよいだけである。ところで、この分配率に関して、広範な同意を得ることができる何らかの限界を特定することは不可能であるように思われる。その一つの理由は、そこで問題になるのが、観察可能な分け前またはその分配率だけではなく、分け前を受け取る人々が、生まれつきの才能を訓練し教育し、また、それを公正な社会的協働システムの内部で働かせることを通じて、他の人々の善に適切な貢献をしたかどうかということもまた問題になるからである。われわれは、誰が何を得たかについて一覧表を作成することができるが、それだけでは、結果的に生じた分け前の分布が、格差原理を充たす、最も(あるいは一つの)効果的に設計された協働システムから生じたかどうかわからないのである。そうだとすれば、分配率の限界を特定しないまま放っておき、分配の観察可能な特質またはその全体的形状を無視するのが最善である。正義の二原理によって秩序だてられた社会においては、結果的に生じる分配の観察可能な特質は、不正義とは思われない範囲内に収まると思う。私は、そうであってほしいと思う。

分配に課されうる最も単純な限界ないし形状は、すべての社会的善の厳密な平等である。明白なことだが、格差原理は、そのような意味での平等主義的な原理ではない。なぜなら、格差原理は、社会的・経済的組織化において不平等が必要なことを認めているからである。それがインセンティブとしてもつ働きは、不平等が果たす一つの役割にすぎないが。しかしながら、格差原理は、第三部後半で論じる意味では、平等主義的な原理である。それは、OP曲線上の効率点のうちから、平等に最も近い点を選ぶからである(このことは、図1から明らかである。そこでは、四五度線は平等分配を表し、DからBを経てその先に向かう区間は、効率点の集合を表している)。

19・3

最後に、格差原理に修正の必要があることを示そうとする第三の反例について検討する。これについて詳細に論じることを通じて、格差原理をテストする際に想起すべき若干の点が明らかになろう[37]。

	(1)	(2)	(3)
インド人	一〇〇	一二〇	一一五
イギリス人	一〇〇	一一〇	一四〇

この例では、一八〇〇年インドにおけるインド人集団とイギリス人集団への基本善の分配に関して三つの選択肢しかないとしてある。三つの選択肢のうち、格差原理は(3)を選ぶ。なぜなら、そこでは、最も不利な状況にある集団（インド人集団とは限らない）の状態が最善の状態にあるからである。

本反例の意図は、反例提出者は『正義論』ではそう言われていると主張したいようだが、体制(3)のもとで代表的イギリス人への利益が、代表的インド人の人生の見込みを増進するような形で獲得されている、ということは正しくないということを示すことにある。なぜ正しくないかというと、(3)のもとで最も不利な状況にある個人たちすなわちインド人は、(2)の体制にあれば、それよりも暮らし向きがはるかに改善されただろうからである、とされる。このような解釈の根拠として、次のただ一箇所だけ(『正義論』初版、第一七節一〇三頁)が引用される。すなわち、「B(最も不利な状況にある代表的人)が、A(より有利な状況にある代表的人)の暮らし向きのよさを受け容れることができるのは、Aの暮らし向きの点での優位がBの人生の見込みを改善するような仕方で達成されたからである」が引用されている。

右の反例と称するもののどこに誤りがあるかは明白である。引用された部分は、『正義論』の最初のほう、第一七節にあり、それはまた、第一六節の直後にあるものだが、第一六節で私は、既述のように、格差原理の適用にとって意味のある集団は、諸々の基本善で測った人生の見込みによって、あるいは、最も単純な格差原理について言えば、所得と富によって特定される、と述べているのである。理想的理論においては、インド人やイギリス人といった固定指示子は排除される。[38] 代表的な人(「個人」と言ったほうが正確だったが)という観念は、何らかの仕方ですでに特定された集団について語る際の周知の便法である。引用された文章(及びそれと類似の他の文章)は、所得と富によって特定される集団に言及するものとして理解されるべきである。同様な無数の反例によって明らかになるのは、格差原理は(第一八節からわかるように、われわれはすでに知っていることだが)、次のような内容を決して含んでいないということである。すなわち、格差原理に従って選択された基本構造のもとで最も不利な状況にある特定の諸個人は、他のいかなる実行可能な基本構造のもとでも暮らし向きが改善されることはない、ということを。

19・4

われわれは、この反例を、格差原理の適用にとって意味のある集団に対する制約条件に従わないものとして、直ちに却下したい誘惑にかられるかもしれない。だが、それは性急すぎるだろう。というのは、『正義論』から引用された前述の文章は(他の多くの文章と同様)、適当な名前をつけられた集団の間での一種の互恵性に言及するものだからである。そのような語り方の背後には何があるのだろうか。名前の問題は当面無視することにして、(3)を擁護するためには、インド人に向かってどう言えばよいかを考えてみよう。反例の諸条件が所与だとすれば、われわれは、インド人が他のいかなる代替的体制にあっても改善されない、と言うことはできない。われわれはむしろ、(3)の近傍には、イギリス人の暮らし向きを改悪することによってインド人の暮らし向きを改善する代替的体制は存在しない、と言うのである。(3)にみられる格差が正当化されるのは、(3)の近傍において、イギリス人への利益がインド人の利益に現に寄与するものだからである。(3)の近傍におけるインド人の暮らし向きが(3)の近傍におけるそれと)同じであるための条件は、イギリス人の暮らし向きのほうがよいということなのである。

この返答は、格差原理自体についても同じことが言えるのだが、さまざまな基本構造が大体において連続的な帯のなかに位置づけられるということに依存している。つまり、基本構造は、入手可能な諸々の社会的協働システムのどれを選ぶかに応じて変化するが、そのような変化を規定する諸要因に注目した場合、各基本構造が、他の幾つかの基本構造と(実際的に言って)きわめて接近しているということである(互いに接近している二つの基本構造は、同一の近傍内にあるということができる)。主要な問題は、(3)対(2)ではなく、(3)対(1)にあるのである。一体どうして格差があるのかというインド人からの問いかけに対して、それに対する回答が(3)に焦点をあわせる場合、それはあくまで、近傍内における相当接近した可能な選択肢との関係で考えているのである。互恵性の関係が妥当すると考えられるのは、そうした近傍内においてである。どうして(2)の近傍ではなく、(3)の近傍を選択したのかとインド人が尋ねれば、その答えは、(2)では、最悪の状況にある人々の暮らし向きが(3)におけるよりもさらに悪くなっているからだというものである。

19・5

さらに、第三の反例では、二つの集団の立場が交差している点に注意されたい。つまり、インド人は(2)において最善の状態にあり、イギリス人は(3)において最善の状態にある。明らかなことだが、われわれが、格差原理の制約条件に従って、所得と富を集団区分の指標として使えば、一見難点にみえるものは消失する。前と同様、反例は存在しえない。その上、先の反例は作為的で不自然なものである。それが諸々の基本構造が大体において連続的な帯のなかに位置づけられるという点を看過しているということもその理由だが、もっと重要な理由は、格差原理に優先する正義の諸原理と整合的でなければならないという点と、常識的な政治社会学に属する諸事実とを考慮に入れれば、どうして先のような交差事例が実際の選択肢となりうるとされるのか、理解に苦しむということである。一方の選択肢では、より有利な状況にある集団のなかでインド人が主流をなし、他方の選択肢では、イギリス人がそのような地位にある。従って、インド人の集団もイギリス人の集団も、政治的・経済的生活に実効的に参与することができているということである。

もし、事態がそうだとすれば、中間的な体制、すなわち、格差原理の要請を充たすと同時に、インド人集団とイギリス人集団の間に少なくとも近似的な平等が存在するような体制、そのような中間的体制が存在しないとどうして言えようか。つまり、その体制のもとでは、各集団内部の格差の程度は同一であり、また、各集団の平均的な所得と富も同一である。先の反例において、インド人とイギリス人の状態が交差していることからわかるように、両集団の構成員は社会への実効的な参加ができていると考えてよい。そうだとすれば、両集団の間の不平等を正当化する理由はない。もちろん、平等な諸自由と機会の公正な平等という優先する諸原理が両方とも充足されているとき実際に起こるのは、インド人の一部は暮らし向きがよい集団に属し、他の一部は暮らし向きが悪い集団に属し、イギリス人についても同様、ということであろう。いずれにせよ、先の反例は非現実的であり、格差原理をそのような例に適用する必要はない。

もちろん、インド人はなお、自分たちは暮らし向きが可能な限りどこまでも改善されることを欲しているのであり、(2)において、イギリス人の暮らし向きが(3)における彼ら(インド人)の暮らし向きよりもはるかに悪くなるということは、知ったことではない、と言うかもしれない。これに対する返答は、格差原理は、現存の体制のもとで事実上最も不利な状況にある、固有名によって同定される特定の人または集団の自己利益に訴えかけるものではなく、むしろ、格差原理は正義の原理なのである、というものである。[39]理想的理論においては、基本構造における不平等を擁護する唯一の根拠は、そうした不平等が、最悪の状況にある人々(彼らがたまたまインド人であってもよいし、イギリスであってもよいし、人種的構成を異にするそれ以外のどのような集団に属する人であってもよい)の状態を、正義の二原理の要請をすべて充足する他の(実行可能な)代替的体制のもとで最悪の状況にある人々(同じく、どのような人であってもよい)の状態に比べて改善するということにある。この点で格差原理は、いかなる正義原理もそうでなければならないのだが、社会の構成員すべてへの関心を表明するものである。問題は、民主的な市民たる地位に含まれる自由と平等に最もふさわしい関心をどのようにすれば示すことができるか、ということにある。

私は、格差原理に対する反例を作る際に払わなければならない注意点を具体的に示しつつ、第三の反例について論じてきた。この事例は、以下の諸点を想起させてくれる。すなわち、(a)格差原理は、それに優先する正義の諸原理が充足されているときにのみ妥当するものであること。(b)格差原理は、実行可能な諸々の基本構造が大体において連続的な帯をなすことを前提していること。(c)いくらでも思いつくことができる無数の事例は、常識的な制度的背景を注意深く考慮に入れないと誤解を招きやすいこと。(d)格差原理は正義の原理であって、特定集団の自己利益へ訴えかけるものではないこと。(e)格差原理の適用にとって意味のある社会的地位は、正しく定められなければならない(のであって、例えば、固定指示子によって特定されてはならない)こと。以上の点を無視して、格差原理を単独で適用すれば、ナンセンスに陥るのである。

20　正統な期待、権原、功績

20・1

第一四節の次のような内容を思い起こしていただきたい。すなわち、公正としての正義において分配は、正統な請求権と獲得された権原とに応じて行われる。そうした期待と権原は、社会的協働の枠組に属する諸々の公共的ルールによって定められる。例えば、それらのルールのなかに、賃金協定に関する規定や、シェア・エコノミー[40]でみられるような、会社の業績指数に基づく労働者への手当て支給に関する規定が含まれているとしよう。そのような合意をしてそれを守る者たちは、定義上、合意された時期に合意された金額を受け取るという正統な期待をもっている。彼らは、その金額に対する権原をもっているのである。個人が何をするかは、その人が何への権原をもっているとルールや協定が定めているかにかかっている。また逆に、個人が何への権原をもっているかは、その人が何をしたかにかかっている(『正義論』第一四節七四、七六頁)。

再度強調しておきたいが、協働の枠組を定める公共的ルールから離れては、正統な期待ないし権原のいかなる基準も存在しない。正統な期待と権原とは、(公正としての正義においては)そうした公共的ルールにつねに基づいているのである。ここではもちろん、それらのルールが正義の二原理に従うものであると仮定している。それらの原理の要請が基本構造によって充足されており、また、すべての正統な期待と権原が尊重されているとすれば、その結果生じる分配は、いかなるものであれ、正義に適っている。現存の諸制度を離れて、それに先立ち、あるいは、それから独立に、基本構造がその実現のためにあると考えてよい、そのような正統な期待または権原という観念は存在しない。従って、それらの請求権はすべて、公正な社会的協働のための背景的システムの内部で生じる。そうした請求権は、そのシステムの公共的ルールに基づき、また、それらのルールに照らして個人や結社が何をしたかに基づいている。

20・2

ところで、この言明は誤解を招きやすい。われわれの包括的見解の内部には、道徳的功績(moral desert)という概念があるが、それは現存の諸制度に属する諸ルールから独立に定められるものである。公正としての正義はそのような概念を拒絶する、と言うのは不正確である。公正としての正義は、日常生活において道徳的功績の観念と考えられている、少なくとも三つの観念を認めるものである。

第一に、厳密な意味での道徳的功績の観念、すなわち、包括的な道徳的教説によって与えられる人格の性格全体(及び幾つかの徳)のもつ道徳的価値。もちろん、個々の行為のもつ道徳的価値も、このカテゴリーに属する。

第二に、正統な期待の観念(及びそれと対をなす権原の観念)。これは、公正の原理(『正義論』第四八節)のもつもう一つの側面でもある。

第三に、一定の諸目的の達成のために設計された公共的諸ルールの枠組によって定められる〈値する〉(deservingness)という観念。

道徳的功績という概念それ自体が問題なわけではない。むしろ問題は、道徳的功績という概念を性格や行為の道徳的価値として理解する場合、そのような概念内容は、穏当な多元性という事実を考慮に入れるとき、正義の政治的構想のなかに取り込むことができないという点にある。市民たちが、対立競合する善の構想をお互いにもっているとき、彼らは政治的目的のために、道徳的功績の観念を特定する一つの包括的教説に合意することはできない。いずれにせよ、道徳的価値は、分配的正義の問題に適用される基準としては、実際上使い物にならないだろう。われわれは、神のみがそのような判断をすることができると言ってよいだろう。公共的生活においては、われわれは、道徳的功績といった観念の使用を避け、道理に適った政治的構想に属する、それに取って代わる観念を見出す必要がある。

　ここで取り上げる正統な期待の観念は、まさにそのような取って代わる観念として提案されているのである。それは、正義の政治的構想に属し、その領域に適用するために作られたものである。政治的な構想の全体は、基本構造に含まれる一制度としての家族にも適用されうるが（第五〇節）、その政治的構想に属する若干の原理は、家族構成員間の関係や個人間の私的関係に直接適用することを意図したものではないし、小さな集団または結社の所属構成員間の関係に直接適用することを意図したものでもない[41]。例えば、正義の政治的構想は、親に対して子供を格差原理に従って処遇することを要求するものではないし、また同様に、それは、友人に対してお互いにそのような処遇をするよう要求するものでもない。これらの事例の各々は、それぞれ固有の基準を必要とすると推測される。正統な期待という観念がどの範囲で妥当するかという問題は、場合に応じて個別的に検討されなければならない。

　最後に、公共的なルールの枠組によって定められる〈値する〉という観念について言えば、それは、『正義論』第四八節二七六頁で、ゲームの例を用いて説明されている。そこでは、負けたチームは勝利に値した、という文を取り上げた。もちろん、その文は、勝者に勝利と名誉が与えられることを否定するものではない。その意図は、敗者は、そのゲームが奨励することを狙っている質と技能、つまり、それが行使されると、する者にとっても見る者にとってもゲームが面白くなるような質と技能、そのような質と技能を大いに発揮したということにある。にもかかわらず、運や偶然その他の不運のために、敗者は彼らに値するものを手にできなかったのである。〈値する〉という言葉のこのような用法は、われわれが、とくにすばらしいゲームが終わった後で次のように言う場合にも適切である。すなわち、両チームとも勝利に値する。もちろん、引き分けよりも勝利のほうがよいけれども、いずれかが敗者にならなければならないというのは残念至極である、と。

20・4

公正としての正義は、前述の功績の観念のうち、第二と第三の観念のみを使用する。第三の功績観念については、すでに正統な期待と権原を取り上げた際に論じた。第二の功績観念については、『正義論』第四八節二七六頁で若干触れただけである。しかし、それが社会的諸目的を達成するために効果的に設計された公共的ルールについて妥当する限りで、第三の功績概念は、至るところで暗黙裡に言及されているのである。格差原理の要請を充足する協働の枠組と呼ばれたものがそのようなルールである。そのような枠組は、個人に対し、自分の才能を教育し、それを全体の善のために使用するよう奨励するためのものである。

従って、諸個人が社会的編成の公共的ルールによって動機づけられて、そうしたルールに従って良心的に行為しようと努めるとき、彼らはそれに〈値する〉ものになろう。しかし、ゲームがそうであるのと同様、競争者が存在するから、競争が公正であったとしても、成功は保証されていない。うまく設計された制度は、今述べた〈値する〉という意味での功績と成功との大きな乖離を防ぐのに役立つだろうが、それがつねに可能であるわけではない。ここで重要な点は、問題となっている公共的諸ルールと、それらがめざす目的とに応じて、何が何に〈値するか〉を定めるやり方には多くのものが考えられるということである。しかし、それらのやり方のいずれも、本来の意味での道徳的功績の観念を定めるものではない。

21　生まれつきの才能を共同資産とみる見解について

21・1

『正義論』第一七節で、人は、生まれつきの才能の分配におけるみずからの地位に[42](道徳的功績の意味で)値しない、と述べられている。この言明は、道徳的な自明の理として述べられている。それを誰が否定するだろうか。人は本当に、自分が他の人々よりも豊かな才能をもって生まれるに(道徳的に)値したと考えるだろうか。人は、自分が女ではなく男として、あるいは逆に、男ではなく女として生まれるに(道徳的に)値したと考えるだろうか。人は、自分が貧乏な家族にではなく、裕福な家族に生まれるに値したと考えるだろうか。そんなことはない。

前述の第二と第三の功績観念は、われわれが生まれつきの才能の分配に関しみずからの地位に道徳的に値するかどうかに依存していない。格差原理の要請を充足する基本構造は人々に報酬を与えるが、何に対して与えるかといえば、それは、生まれつきの才能分配上の地位に対してではなく、彼らが才能を訓練し教育したということ、及び、その才能を自分の善だけでなく他の人々の善にも貢献するために使ったということに対してである。人々がそのような仕方で行為するとき、彼らは、正統な期待という観念が要求する意味で、報酬に値するのである。権原という観念もまた、(道徳的)功績の観念と同様、意図的な意志の努力または意図的になされた行為を前提にしている。これらは、そのようなものとして、正統な期待の根拠となる。

21・2

『正義論』(初版、第一七節一〇一頁)において、格差原理は、生まれつきの才能の分配を共同資産とみなし、かつ、何であれその分配から生じる利益を共有することへの合意を表している、と述べられている。しかし、そうした分配が共同資産である、とは述べられていない。そのように言うためには、所有権に関する(規範的)原理が前提されなければばならないだろうが、そうした原理は、われわれの探求の出発点となった諸々の基礎的観念のなかには含まれていない。確かなことだが、格差原理は、独立した前提としてのそのような原理から導かれるものではない。

前述の『正義論』の本文は、格差原理に原初状態の当事者が合意したということが何を意味するかに言及するものである。すなわち、その原理に合意したということは、あたかも、生まれつきの才能の分配を共同資産とみなすことに合意したのと同じだということである。この「みなす」ということが何を意味するかは、格差原理自体によって表現されている。共同資産としての生まれつきの才能の分配に関する『正義論』本文中での先の言明は、その意味を一層明瞭にするものである。

21・3

共同資産とみなされるのは、生まれつきの才能の分配であって、各自の生まれつきの才能そのものではない、という点に注意されたい。個人の一人ひとりに眼を向けた場合に各個人がそれぞれにもっている才能の全部を、社会が所有するということではないのである。それどころか、才能の所有権の問題はそもそも生じない。万一生じるとしたら、才能を所有するのは、各々の人格そのものである。人格の心理的・身体的統合性は、正義の第一原理の規制対象である基本的な諸自由と諸権利によってすでに保障されている

(第一三節1)。

そうだとすれば、共同資産とみなされるべきものは、生まれつきの才能の分配ないし分布である。つまり、人々の間の違いである。そうした違いには、同一種類の才能(体力や想像力等々)に関する違いだけでなく、異なる種類の才能に関する違いも含まれる。こうした多様性が共同資産とみなされうるのはなぜかというと、そのような多様性によって、さまざまな才能をそれらの間の違いを利用して適切な仕方で組織化すれば、無数の相補性が可能になるからである。ゲームや音楽作品の演奏において、そうした才能がいかに組織化され、配分・調整されるかを考えてみていただきたい。例えば、次のような演奏家の集団を考えてみていただきたい。その構成員はみな、オーケストラで使われるどの楽器についても、やろうと思えば練習して他の構成員と同レベルの技量に到達することができたのだが、実際には、一種の暗黙の合意によって、各自、自分が選んだ一つの楽器について、その技量を完璧にすることに取り組んだのである。もちろん、それによって、合奏の際、全員の力がフルに発揮されるためにである(『正義論』第七九節四五九頁註四)。同一種類の才能の間での(例えば、体力や忍耐力の程度に関する)多様性もまた、相互利益的な相補性を可能にすることは、経済学者が昔から指摘しているとおりであり、比較優位の原理として定式化されている。

21・4

われわれは、「共同資産」という語を才能の分布という自然的事実に対する態度または視点を表現するために使う。次の問いを考察されたい。自由で平等な人格にとって、ある人格は生まれつき才能に恵まれており、他の人格はそれほど恵まれていないということを(不正義でないにしても)不運と考えないということが可能であろうか。生まれつきの才能の分配を利用する仕方について社会に指針を与える政治的原理であって、自由で平等な市民が相互に受け容れることのできる原理が存在するだろうか。相対的に恵まれた者と恵まれない者との宥和を可能にする共通の原理は存在するだろうか。そのような原理が万一存在しないとしたら、その限りで、社会的世界の構造と自然に関する一般的諸事実は、ほかならぬ民主的平等という観念と敵対するものになってしまうだろう。

この問題を解決するために、われわれは第三部で、原初状態というものが一つの視点であって、その視点から、自由で平等な市民の代表者たちが格差原理に、従って、才能の分配をいわば共同資産として利用することに、合意するだろうということを立証しようと試みる。もしその立証が成功すれば、格差原理は、自然と社会的世界をもはや民主的平等に敵対するものとはみない、そのようなものの見方を提供するということになる。従って、公正としての正義は、そのような原理の定式化を通じて、宥和という政治哲学の一つの課題を果たしていることにもなる。

ここで決定的に重要なのは、格差原理が互恵性の観念を含むという点である。才能に恵まれている人々(生まれつきの才能の分配に関し、道徳的にはそれに値するとは言えないにもかかわらず、より幸運な地位にある人々)は、なお一層の利益――なぜなら、彼らは才能分配上の幸運な地位にあるということからだけでもすでに恩恵を受けているから――を獲得することを奨励されるが、それは、彼らが生まれつきの才能を訓練し、またそれを、才能に恵まれない人々(生まれつきの才能の分配に関し、前と同様、道徳的にはそれに値するとは言えないにもかかわらず、より不運な地位にある人々)の善に貢献する仕方で使用するという条件がみたされている限りでのことである。互恵性は、公平性――これは利他的である――と、相互利益との間に位置する道徳的観念である。(43)

22 分配的正義と功績についての総括

22・1

これまでの議論を振り返り、若干の総括コメントを加えておきたい。公正としての正義は、完全に包括的なものであれ、部分的に包括的なものであれ、包括的な宗教的・哲学的・道徳的教説によって与えられる道徳的功績の概念を一概に拒絶するものではない。むしろ、公正としての正義は、穏当な多元性という事実を考慮すれば、そのような包括的教説は分配的正義に関する政治的構想としては使えないと考えるのである。加えて、そうした教説は、政治的な生活の諸目的にとって、実行可能なものではないだろう。

そうだとすれば、問題は、それに取って代わるもの、すなわち、政治的な見解にとって必要な種類の課題――われわれは、そのような課題は、包括的見解に属する道徳的功績の構想によってのみ果たされうると自然に、しかし実は間違って考えるかもしれないが――を果たす構想を見出すことにある。この目的のために、公正としての正義は、正統な期待という構想と、それと対をなす権原という構想を導入したのである。

22・2　そうした取って代わるものが満足のゆくものであるためには、それは実行可能なものであって、かつ、正義の政治的構想の要求に応えるものでなければならない。だが、それだけでなく、以下のようなものでもなければならない。すなわち、

(a)　それは、現代国家の産業経済の運営において必要な、あるいは不要だとしても、きわめて効果的な、社会的・経済的不平等を正当化するものでなければならない。(すでに触れたように)そのような不平等は、訓練と教育の費用をまかなったり、インセンティブとして働いたり、等々の機能を果たす。

(b)　それは、互恵性の原理を表現するものでなければならない。というのは、第一に、

社会は、自由で平等な市民の間である世代から次世代へと続く協働のための公正なシステムとみられるからであり、第二に、政治的構想は、背景的正義を規制する基本構造に適用されるべきものだからである。

(c) それは、最も重大な不平等――つまり、市民の生涯ベースでみた道理に適った期待によって与えられる見込みに関する不平等――に政治的正義の視点から適切に対処しなければならない。それらの不平等は、社会内部で各個人が有する所得水準が、生まれつきの才能の分配に関する違いだけでなく、生まれてから分別のある大人になるまでの時期をすごした社会階層の相違によっても影響を受ける限りで、所得水準が異なる者の間で生じやすい不平等である。われわれは、そういった出身階層及び生まれつきの才能に関する偶然事の長期的・持続的な効果に関心をもっている。人生の途上で出合う事故や幸運にも関心をもっているが。

以上の必須条件に加えて、次の二つの必須条件も注目に値する。

(d) 公正な分配を規定する原理は、それが充たされているかどうかを公に検証することが可能な言葉で、できる限り述べられなければならない[44]。

(e) われわれが追求すべき諸原理は、適度に単純なものであって、かつ、それらの原理の基礎は、市民が公共的政治文化に含まれる諸観念に照らして理解する仕方と想定してよいものによって説明することができるものでなければならない。

22・3

そうだとすれば、問題は、格差原理が(基本的諸自由と公正な機会という優先する原理に連動して働き、また、権原と正統な期待という観念の観点から理解される場合)、以上の必須諸条件を、入手可能な他の政治的原理に勝ることはないとしても、少なくとも同じ程度に充足するかどうか、ということである。公正としての正義は、格差原理はそのような条件をその程度には充足するだろうと考え、それ故、格差原理は検討に値すると考えるのである。だが、それはもちろん、次のことをわれわれが認めるからである。すなわち、常識的な正義の教えの役割も、また、現代社会において分配上の分け前の不平等が果たす役割も、〈値する〉と区別される意味での道徳的功績に報いるためのものではない、ということ。そのような役割はむしろ、社会の視点からみて各々が最も必要とされる部署に人々を引きつけるためのものである。それによって、技能を獲得し能力を育成するための費用をまかなったり、人々に特殊な責任を負担することを奨励したり、また、こういったことすべてを職業選択の自由や機会の公正な平等と整合的に行うことができるようになるのである(『正義論』第四七節)。もちろん、われわれは、この問題の探求の緒についたばかりである(後にもっと立ち入って論じるであろう)から、ここではまだ決定的な答えを出すことは決してできない。

格差原理の理非を検討するにあたっては、すでに述べたことだが、次の点に留意されたい。すなわち、公正としての正義は、人はみずからの出身社会階層にも、生まれつきの才能の分配における自分の地位にも道徳的に値するものではないと言うとき、それを自明の理とみているということである。公正としての正義は、〈値する〉に関する適当な観念を採用した場合でも、われわれが、後の人生において占める社会的地位もしくは職業上の地位に、あるいは、分別のある大人になって以降に獲得した技能または育成した能力に〈値する〉ことは決してないと主張するものではない。秩序だった社会においては、われわれは通常、それらのものに値する。功績というものが公正な諸条件のもとで獲得された権原と理解される限りはそうである。公正としての正義は、次のように考える。すなわち、権原としての功績という観念は、正義の政治的構想に十二分に適合する。しかも、そうした功績観念は、道徳的な観念である(包括的教説によって定義される道徳的功績の観念ではないけれども)。なぜなら、それは、政治的構想に属し、政治的構想はそれ自身、道徳的な構想であるからである。

そうだとすれば、実質的な問題は、政治的構想において、そうした権原としての功績という観念を越える観念をわれわれは必要とするかどうか、あるいは、そのような観念を欲すべきかどうか、ということである。自由で平等な者としてわれわれのすべてが相互に公共的に是認することのできる公正な条項に基づいて協働するというだけで十分ではないのか。それは、実行可能な政治的ベストに相当近いのではなかろうか。たしかに、自分は、政治的構想によっては認められないが、ともかくもある事柄に道徳的に値するのだと言い張る者もなかにはいるだろう。そのような人々は、自分の包括的教説の内部の観点からそのように主張しているのであり、もし、その教説が健全なものであるなら、彼らがそうするのは正しいということになろう。公正としての正義は、そのことを否定しないし、否定する必要もない。それはただ、次のように主張するだけである。すなわち、互いに衝突する教説は、それぞれに自分は道徳的に値すると言うが、それは、互いに異なった事柄に、異なった仕方で、異なった理由で値すると言うのである。そうである以上、それらのすべての教説がどれもみな正しいということはありえない、と。いずれにせよ、それらはみな、政治的な実行可能性を欠いているのである。正当化の公共的基礎を見出すためには、正義に関する実行可能な構想を求めなければならない。

22・4

第一二節1では、自由で平等とみなされる市民間の社会的協働の公正な条項を定めるために最も適切な原理は何かを問うことから始めた。それを思い出していただきたい。われわれの関心は、自由で平等な者としての市民という観念を真剣に取り上げる原理にあり、従って、その観念を効果的に実現する政治的・社会的諸制度を設計するのにふさわしい原理にある。しかし、もちろん、そうした市民観念を真剣に取り上げる原理としては、幾つかのものが考えられないのかどうかという問いが当然に生じる。そのような選択肢にはどのようなものがあるか。どのようにして、それらを選択すればよいのか。これについて公正としての正義が提案する答えは、そうした市民観念を真剣に取り上げる原理のうちで最も適切な原理とは、自由で平等な者としての市民が何らかの者によって公正に代表される場合に市民自身によって選ばれるだろう原理であるというものである。この提案を実行するために、表象(代表)装置としての原初状態が導入されたのである(第六節)。原初状態からの議論は、第三部で提示される。

前段落で述べた諸問題を問うことの背後にある一つの懸念は、われわれは、自由で平等な者としての市民という観念を真剣に取り上げる原理を一つとして知らないのではないか、ということである。あるいは、幾つか知っているとしても、それらが互いに対立するのではないか、ということである。その場合、それらは、互いにまったく異なる要求を出し、どれが自分に最も有利かということに影響される、尽きることのない論争が始まることになる。あるいはまた、前述のような市民観念を真剣に取り上げる、少なくとも一群の原理を知ってはいるが、理由はさまざまだが、それに従って行為する気にはならない、という場合もあろう。以上のような懸念の一つでも現実のものとなれば、自由で平等な者としての市民という観念を口にしても、まじめに言っているのかどうかという疑問が生じる。それは単なる与太話なのだろうか。それは、マルクスが言う意味でのイデオロギー的目的以外のものに役立つのか。明白なことだが、立憲民主主義思想の誠実さは、これらの問いにどう答えるかにかかっている。

第三部　原初状態からの議論

23　原初状態——その構成

23・1

第三部では、二つの主要な論題を次の順序で考察する。第一に、原初状態の構成(第二三—二六節)。第二に、正義の二原理を正当化する原初状態からの議論。この議論はさらに、二つの基本的比較に分かれる。第一の基本的比較(第二七—三三節)と、第二の基本的比較(第三四—四〇節)である。原初状態が表象(代表)装置であることについてはすでに論じたので、ここでは、その構成がどのようなものかに関する若干の細目に焦点を合わせたい。[1]

以下を通じ、原初状態が表象(代表)装置として二つの事柄をモデル化したものだ(第六節4)ということに留意されたい。

第一にそれは、もっぱら自由で平等な人格とみなされる市民の代表者たちが、基本構造を規制するべき社会的協働の公正な条項(それが正義原理によって表現されるのであるが)に合意する際の公正な条件とわれわれが——ここで今——みなすものをモデル化している。

第二にそれは、そのような公正な条件のもとにおかれた(市民の代表者としての)当事者たちが、正義の諸原理を適切に提案したり拒否したりする理由に対する制約として受け容れることができるとわれわれが――ここで今――みなすものをモデル化している。原初状態というものが、これら以外の目的にも役立つということにもまた留意されたい。既述のように(第一二節1)、それは、われわれの諸仮定の経過を追う方法をも提供する。当事者とその状況がどのように記述されているかをみれば、われわれの仮定がどのようなものかがわかるのである。原初状態はまた、それらの諸仮定を統合して一つの通覧可能な観念にまで仕上げ、諸仮定を結合させればどのようなものになるかを明らかにする。そして、そのような観念の助けを借りれば、諸仮定の含意が容易に理解できるようになる。

23・2

さて、細目の検討に移ろう。まず、原初状態からの議論と、経済学や社会理論における議論との類似性に注目されたい。初歩的な消費者(家計)理論には、後者の事例が数多く含まれている。それらの事例ではきまって、幾つかの制約に服して、決定を行い、あるいは合意に到達する合理的な人(または主体)が登場する。それらの人々の知識及び信念、欲求及び利害関心、並びに、彼らに与えられた選択肢及び各選択肢から彼らが期待する結果、以上のものが与えられれば、彼らが推論の間違いを犯したり、合理的に行動することに失敗したりすることがなければ、どのような決定や合意に至るかを計算することができる。そこで働く主要な要素が、数学的諸仮定によってモデル化できれば、彼らが、他の事情が等しければ何をなすかを証明することができるであろう。

経済学や社会理論における周知の議論と、原初状態からの議論との間には類似性がある。にもかかわらず、根本的な違いもある。その一つは、われわれの目的は、人々がある事情のもとで実際にどのように行動するか、あるいは、制度が実際にどのように働くかを記述し説明することにはないということである。われわれの狙いは、正義の政治的な構想の公共的な基礎を見つけることにある。だが、そのような作業は、政治哲学のものであって、社会理論に属するものではない。当事者の記述にあたって、われわれは、現実の人間を記述するわけではない。むしろ、自由で平等な市民の合理的な代表者をどのようにモデル化したいとわれわれが思うかに従って、当事者は記述されるのである。加えて、われわれは当事者に道理に適った諸制約を課す。それらの制約は、例えば、お互いの状況の対称性と、知識の制限(無知のヴェール)にみられる。

23・3

ここで再びわれわれは、合理的なものと道理に適ったものとを区別する(第二節2でもそうしたが)。この区別は、カントの仮言命法と定言命法の区別と同様のものである。カントの定言命法の手続は、主体の合理的で誠実な格率(これは主体の経験的な実践理性の観点のもとで成立する)をその手続に含まれる道理に適った制約に服させ、このことを通じ、主体の行為を純粋な実践理性の諸要求によって制約する。これと同様に、原初状態において当事者たちに課せられる道理に適った諸条件は、彼らが、自分が代表する人々の善の増進をめざして、正義原理について合理的な合意に達する際の制約となる。いずれの場合でも、道理に適ったものが合理的なものに優先し、後者は前者に絶対的に従属する。この優先性は、正の優先性を表す。公正としての正義は、こうした特徴をもつ点でカントの見解に類似している[2]。

「道理に適った」と「合理的な」という用語について明示的な定義を試みるつもりはない。だが、それらの用語の用法や用法間の比較対照を通じて、それらの意味を推測することにしたい。しかし、少しばかり付言することが助けになろう。「道理に適ったもの」は、基礎的な直観的道徳的観念とみられている。それは、人格についても、その決定や行為についても使うことができるし、もちろん、原理や規準、包括的教説、その他多くのものについて使うことができる。われわれの第一の関心は、基本構造に適用される道理に適った正義原理にある。そうした原理は、自由で平等な市民が、社会的協働の公正な条項を定めるものとして受け容れるのが道理に適っているであろう、そのような原理である。公正としての正義は、この目的にとって道理に適うと思われる原理とは、結局のところ、市民の合理的な代表者たちが道理に適った制約のもとで、基本的諸制度を規制するために採択するだろう原理と同じものだと推測する。だが、どのような制約が道理に適うと言えるのか。われわれは次のように答える。それは、市民の代表者たちを対称的に配置することから生じる制約である、と。それが対称的になるのは、市民たちが自由で平等な者としてのみ代表される場合であって、いずれかの階層に属する者としても、何らかの生まれつきの才能や善の(包括的な)構想をもった者としても代表されない場合である。この推測は第一印象としては説得力をもっているだろうが、それがどこまで妥当するかは、詳細な説明をまってはじめて明らかになる。

23・4 実際にわれわれが与える推論は演繹的論証の水準に達しないとしても、原初状態からの議論は可能な限り演繹的な議論であってほしいと思う。[3] それをめざす狙いは、当事者による二原理の受容を原初状態の記述に含まれていない心理学的仮説や社会的条件に依存させたくないという点にある。次のような内容の経済学の命題を考えていただきたい。すなわち、家計主体は、予算制約線が(効用最大の)無差別曲線と接する、商品空間内の(一意的な)点に対応する商品束を購入する。この命題は、需要理論の諸前提から演繹的に導かれる。その際必要な心理学は、それらの前提にすでに含まれている。理想としては、われわれも、これと同じことが原初状態からの議論にもあてはまればよいと思う。その場合、必要な心理学を当事者の記述に含ませることになり、従って、合理的な代表者として当事者たちは、自分が代表する人々の善を――それが基本善の説明によって規定される限りで――確保しようとする動機によって動かされることになる(第二五節4)。そのような者である限りで、当事者たちは、人工的な人、われわれの表象(代表)装置の住人にすぎない。彼らは、われわれの思考実験に登場する役者にすぎない。

当事者の選択肢に関しては、われわれは、彼らがどのような原理を可能な選択肢と考えるかについて何か言おうとはしない。そうすることは、複雑な作業であるし、われわれの実践的目的から外れることにもなるだろう。むしろわれわれは、原理のリスト、いわばメニューを当事者に渡すことで済ます。そのリストには、われわれの政治哲学の伝統に見出される政治的正義の構想のなかで比較的重要なものと、われわれが検討したいと考えるその他の若干の選択肢とがともに載っている。当事者たちは、このメニューにある一つの選択肢に合意しなければならない。

その場合、合意される正義原理は、原初状態の諸条件から演繹されるものではない。それは、与えられたリストから選ばれたものである。原初状態は、選択装置であり、われわれの政治哲学の伝統に見出される、あるいはそこから形成された正義構想のよく知られた一群に対して作用するのである。リバタリアニズムの正義原理(4)といった、何らかの正義構想がリストに載っていないではないかという異論が出たなら、その原理がリストに追加されなければならない。公正としての正義は、その場合もなお、正義の二原理に対し合意がなされるだろうと主張する。この議論が成功した場合、リバタリアンは、表象(代表)装置としての原初状態の構成自体に対して異議を申し立てるしかない。例えば、原初状態は、リバタリアンが不可欠だとみなす考慮を表象していないとか、それを間違った仕方で表象しているとか言わなければならない。そこから議論がさらに続く。

もちろん、与えられたリストから出発する議論は、すべての可能な選択肢のうちで最も適切な正義構想、いわば最善の正義構想が何であるかを立証するものではない。しかしながら、われわれが最初に立てた最小限の目的にとっては、すなわち、民主的諸制度にふさわしい道徳的基礎を定めることができる政治的な正義構想であって、かつ、現存の既知の代替案に対抗してみずからを擁護できる正義構想を見出すという目的にとっては、それで十分だろう。

24　正義の環境

24・1

われわれは、正義の環境というものを、現代の民主的社会の存在の背後にある歴史的諸条件を反映するものとみなしている。そのなかには、第一に、われわれが客観的環境と呼ぶものが含まれている。それは具体的には、穏やかな稀少性と、全員がほどほどの生活水準を維持するための社会的協働の必要性とを指している。また第二に、これに劣らず格別の重要性をもつのは、現代の民主的社会において、市民たちが、さまざまな、実際、通約不可能で相容れないと言ってよい、道理に適ってはいるが包括的な諸々の教説を支持しており、それに照らして自分の善の構想を理解しているという事実を反映する環境である。これが、穏当な多元性の事実である(第一一節)。こうした相違を除去するための政治的に実行可能な方法としては、特定の包括的教説を確立し、反対意見を黙らせるために国家権力を抑圧的に行使する以外にない。抑圧の事実である(第一一節)。このことは、民主的諸国家の歴史からだけでなく、自由な諸制度の文脈のなかで思想と文化がいかに発展するかということからも明白であるように思われる。われわれは、こうした多元性を、民主的社会の恒久的特徴と考え、また、われわれが正義の主観的環境と呼ぶものを特徴づけるものとみなす。

政治哲学の一つの役割は、正義の政治的構想に関する合意にわれわれが到達する手助けをすることにあるが、政治哲学は、道理に適った一つの包括的な教説が、その善の構想に関し至上のものであるということを、全員の自由な政治的合意を獲得できるほど明白な形で証明することはできない。だからといって、真なる包括的教説が存在しないということにも、善に関する最善の構想が存在しないということにもならない(公正としての正義も、正義の政治的構想である以上、そのようなことは言わないし、また言ってはならないのである)。それが言うのはただ、そのようなものが何であるかに関して実行可能な政治的合意に到達することは期待できない、ということだけである。穏当な多元性が民主的社会の恒久的条件とみられるが故に、われわれは、そうした多元性を所与とみなす政治的正義の構想を探求するのである。多元性を所与としてはじめて、われわれはリベラルな正統性原理(第一二節3)を充足することができるのである。それは次のような内容である。すなわち、憲法の必須事項に関わる場合、自由で平等な市民たちの権力としての政治的権力は、道理に適った合理的な者としての市民全員が共通の人間理性に照らして支持するような仕方で行使されなければならない。社会的統合は、市民たちが一つの政治的な正義構想を受け容れているということに基づいており、また、その構想の内部で適当な善の諸観念を利用して実現されるのである。社会的統合は、包括的教説に根をもつ、善に関する完全な構想を基盤とするものではない。

24・2　当事者たちは、自由で平等な市民の代表者であるから、受託者または後見人として行動する。従って、正義原理に合意する際、当事者たちは、自分が代表する人々の根本的利益を確保しなければならない。だが、このことは、当事者が、言葉の通常の意味で、自己利益的である〔自分の利益しか考えない〕とか、まして利己的であるとかいうことを意味しない。もちろん、当事者が責任を負っている、社会のなかの市民が自己利益的だとか利己的であるということも意味しない。たしかに、当事者は、他の当事者が代表している人格たちの利益には直接の関心はない。しかし、人が自己利益的または利己的であるかどうかは、その究極目的の内容にかかっている。つまり、それが、自分自身への関心、自分の富と地位への利害関心、自分の力と威信への関心であるかどうかにかかっている。当事者は、信託者の自由及び平等——市民が道徳的能力を発達させ行使し、他の人々との公正な取り決めに基づいて善の構想を効果的に追求するためにふさわしい諸条件——に対する根本的利益を守るべき受託者として責任ある行動をする際、自分が代表する人格が利己的だとも自己利益的だとも考えていない。たしかなことだが、われわれは、人々が自分の善を実現するために、自分の諸々の自由と機会を気にかけることを期待するし、また実際、そうであってほしいと思う。人々がもしそうしなければ、われわれは、それを彼らの自尊心の欠如と性格の弱さの現れと考える。

当事者が他の当事者によって代表される人々の利益に直接の関心をもたないということは、基本構造に関し政治的正義の問題が生じる際、市民がとる適切な行動の動機に関わる本質的な側面を反映している。宗教的・道徳的な深刻な対立というものが、正義の主観的環境を特徴づけるものである。そうした対立に関わる人々はたしかに、一般的に自己利益的というわけではなく、むしろ、自分は、みずからの正統で根本的な利益を保証する基本的な諸権利と諸自由を守っているのだと考えている。しかも、そうした対立は、きわめて扱いにくいものになりうるし、また、深刻な分裂をもたらすようなものになりうる。社会的・経済的対立に比べると、そうなる頻度が高い。

同様に、包括的教説が政治的領域に入ってくると、教説相互の対立がいかに深刻なものになるかを十分に理解しない場合には、道理に適った正義の政治的構想を、公共的理性の観念(第二六節)とともに定式化すべきだという主張は、あまり根拠がないものにみえそうである。しかし、少し先走りすぎた。

25　形式的な諸制約と無知のヴェール

25・1

原初状態が表象(代表)装置であること(第六節)を再度思い出していただきたい。それは第一に、社会的協働の条項について合意が取り結ばれるための公正な条件(これは当事者の状況の対称性に反映されている)とわれわれが(ここで今)みなすものをモデル化したものである。それは第二に、基本構造を規制する正義原理を正当化する際に用いることのできる理由に対する道理に適った制約とわれわれが(ここで今)みなすものをモデル化したものである。正(right)の構想に関するさまざまな形式的制約が、正義原理を適度に一般的な視点から評価するよう当事者に要求することによって、原初状態のなかにモデル化されている。当事者にとって、機会あるごとに、自分が代表する人々の既知の確定的利益を増進する原理を選好することがいかに合理的であろうと、正に関わる諸制約が、情報の制約(これは無知のヴェールによってモデル化されている)と相まって、そのようなことを不可能にする。(5)

第一諸原理が一般的かつ普遍的であることを要求するのは、道徳哲学では珍しいことではない。原理は、固有名もしくは固定的確定記述を使わずに述べることができるとき、一般的である。他方、原理は、矛盾も自己論駁的不整合も一切伴わずにすべての道徳主体に、今の場合、問題となっている社会の全市民に適用することができるとき、普遍的である。公正としての正義はまた、これはやや珍しいことだが、政治的正義の第一諸原理が公知的であることを要求する。この条件は、政治的な構想に適用されるのであって、道徳的構想一般に適用されるわけではない。後者に、それが適用されるかどうかは別個の問題である。基本構造を正当化するための政治的構想の場合には、公知性の条件は当を得たものであるように思われる。この条件が意味するのは、原初状態の当事者たちは、原理の評価にあたって、その原理が相互に承認されており、しかも実効的に基本構造を規制しているという事実が市民によって公に知られていることの社会的・心理的結果を、考慮に入れなければならないということである。そういった結果は、やがてみるように、原初状態からの議論において重要である。

25・2

原初状態からの議論を形式的に提示することも可能だろうが、私は、原初状態の観念を、当事者がどのような種類の推論をするかを伝える自然で生き生きしたやり方として使用する。原初状態に関する多くの疑問は、この点をつねに思い起こし、原初状態というものを、合理的代表者としての当事者が訴えてよい理由の種類を制限する道理に適った制約をモデル化する表象(代表)装置とみるならば、おのずから答えられる。原初状態は、ある時期に生きているすべての人をある瞬間に集めた全体集会か。そうではない。それは、すべての現実のまたは可能な人を集めた集会か。明らかにそうではない。われわれが原初状態に、いわば入ることはできるのか。できるとすれば、それはいつか。われわれはいつでも入ることができる。どのようにして入ることができるのか。入るためには、モデル化された制約に従って推論し、そうした制約が認める理由のみを援用しさえすればよいのである。

本質的な点は、合理的な代表者としての当事者たちが原理の採択に関し同一の判断に至るということである。このため、全員一致の合意が達成されうることになる。無知のヴェールがこうした結果の達成を可能にするのだが、それは、当事者たちが知りうるものを同一範囲の同一内容の一般的事実（社会理論が現在認めている事実（第二六節）と、社会の一般的環境に関する情報――社会が客観的及び主観的な正義の環境のもとで存立していること、そして、立憲民主制を可能にする適度に好都合な条件が存在していること（第一三節5）――とに限定することを通じてである。

無知のヴェールは、原初状態に課せられた他の諸条件と結びついて、交渉上の優位に関する格差を除去する。その結果、この点やその他の点で、当事者たちは対称的な立場にあることになる。市民たちは、自由で平等な人格――つまり、二つの道徳的能力と、全生涯にわたって協働する普通の社会構成員であることを可能にするその他の能力とを必要最小限もっておりさえすればよい人格――としてのみ代表されている。当事者たちを対称的立場におく点で、原初状態は、形式的平等という基本的教え、あるいはシジウィックの衡平の原理を尊重するものである。その内容は、すべての関連する重要な点で同様の者たちは、同様に扱われるべきであるということである。この教えを充たしている限りで、原初状態は公正なものである。

25・3 われわれは、当事者は合理的であると想定している。そこでは、(道理に適っていることと区別される)合理性は、経済学でよく知られているのと同じ意味で理解されている。従って、当事者は、諸々の究極目的を整合的に順序づけることができる点で合理的である。当事者の思考は、次のような三つの原理に導かれる。第一に、目的にとって最も効果的な手段をとれ。第二に、目的を増進する可能性が最も高い選択肢を選べ。第三に、目的が複数ある場合、他の事情が等しければ、より多くの目的が実現されるような順序で諸々の活動を按配せよ。

注意すべき点だが、こうした合理性観念に、幾つかの特殊な心理に関し重要な修正が加えられている。(6) そのような心理のなかには、妬みや悪意への傾向、リスクと不確実性を極端に嫌う傾向、そして、他人を支配し他人に権力を揮おうとする強い意欲が含まれる。(社会における実際の人と対照的に)当事者たちは、そのような欲求や傾向によっては動かされない。(われわれの表象(代表)装置のなかの人工的な人としての)当事者を、正義の政治的構想の展開に際して、われわれの目的に最も適う仕方でどのように記述するかは、われわれ——あなたであり私である——にかかっており、われわれこそが公正としての正義を構成する。この点を思い出していただきたい。例えば妬みは、少なくともそれがきわめて強くなる場合、防止されるべき、また憂慮すべきものと一般にみなされているから、原理の選択が、そのような性向に影響されないにこしたことはない。(7) 従って、当事者は、自分が代表する人々の善を確保しようとする際、そうした心理に影響されないものと規約したのである。

25・4

無知のヴェールは、当事者が、自分が代表する人々が抱く(包括的)教説と善の構想とについて知ることを妨げているから、当事者は、原初状態でどの原理を選択するか決定するために、それら以外の根拠を何かもっていなければならない。ここでわれわれは、重大な問題に直面する。つまり、当事者が何か適当な根拠に動かされて正義原理に合意することができるように原初状態を構成しない限り、公正としての正義は、それ以上前に進めない、という問題である。

まさにこの問題を解決するということが、基本善(財)の観念を導入し、この項目に入る事項のリストを作成した(第一七節2)一つの理由である。すでにみたように、それらの善は、自由で平等な者とみなされる市民が、二つの道徳的能力を適切に発達させ十分に行使することができた上で、さらに、善に関する確定的な構想を追求することができるためには、社会的条件及び汎用的手段として、一般にどのようなものが必要か、これを問うことによって特定された。その際、われわれはこう言った。基本善とは、人々が、規範的構想から切り離された人間というより、むしろ市民として必要とするものである、と。そこでは、包括的な道徳的教説ではなく、政治的な構想こそがそうしたニーズと必要を特定するのに役立つのである。

25・5

最後に、原初状態からの議論に関する基本的な要点について説明する。われわれは、その議論を二つの部分に分ける。(8) 既述のように、当事者自身は特殊な心理に支配されない。第一の部分でわれわれは、当事者たちは、各自が代表する人々についても、それと同じだと考えているということを述べる。当事者たちの推論は、妬みや不確実性への格別の嫌悪やその他同様の心理から生じるかもしれない傾向はすべて無視して(不確実性への嫌悪については第三一節で論じる)、自分が代表する人々の善と根本的利益を最もよく確保する正義原理の選択をめざしている。

議論の第二の部分――それは第五部で取り上げられるが――では、当事者は、公正としての正義に従う秩序だった社会における市民の心理を考慮する。どのような心理かと言うと、それは、(当事者がすでに選択した原理である)正義の二原理が基本構造を実効的に規制し、しかも、このことが公知のものとなっている、そのような社会のなかで成長し生活している人々の心理である。この部分で出される問いは、そのような仕方で規制された基本構造が実際に市民のなかに、それも仕方がないと理解できる強い妬みや悪意、(9)あるいは支配欲等を生み出すのかどうか、というものである。もし、それらのものを生み出すとしたら、市民たちの正義感覚は、弱いものになりそうだし、それらの特殊な心理に根をもつ態度にあまりにもしばしば負けてしまうことになりそうである。そうなれば、正義に適った諸制度はあまりにもしばしば侵犯され、好ましいとされていた正義原理は、それ自体の支えを生み出すことができなくなる。その原理と結びついた秩序だった社会も不安定になる。従って、当事者は、合意された原理を再考し、すべてを考慮して、他の原理を採用するほうがよいのかどうかを検討しなければならなくなる。逆に、(10)すでに選択された原理が(十分)安定的であることが判明すれば、議論は完全なものとなる。

26　公共的理性の観念

26・1

われわれは、正義の二原理を正当化する議論を提示する際、社会理論と人間心理に関し当事者がもっている一般的知識に言及せざるをえない。しかし、その知識は、どのようにして特定されるのか。それは、公正としての正義を構成する際、あなたや私によって決めざるをえない。われわれの狙いが、道理に適った重なり合うコンセンサスの焦点となりうるとわれわれが希望する、そのような正当化の公共的基礎になりうる正義の政治的構想の作成にあるということを考えれば、当事者は何を知っているべきか、これを決めるのはわれわれである。

正義原理に関する合意が、実効的となり、また、正当化の公共的基礎を支えるものとなるためには、それと対をなすもう一つの合意が存在しなければならない。すなわちそれは、公共的な探求を導く指針に関する合意であり、もう少し具体的にいえば、政治的問題の論議が少なくとも憲法の必須事項や基本的正義の問題(第一三節6)に関わる場合、そのような論議にとってどのような種類の情報と知識が重要であるかを定める基準に関する合意である。従って、原初的合意は、二つの部分からなることになる。すなわち、

(1) 第一に、基本構造に適用される政治的正義の原理(例えば公正としての正義の原理)に関する合意。

(2) 第二に、推論原理と証拠規則に関する合意。それらの原理や規則に照らして、市民は、当該正義原理が適用されるかどうか、その正義原理がいつ、また、どこまで充足されているか、そして、現存の社会的諸条件のもとではどの法律や政策がその正義原理を最もよく充足しているか、これらを決定しなければならない。

26・2

稳当な多元性という事実に直面しており、また、憲法の必須事項に関しては基本的諸制度と公共政策が市民全員に対して正当化可能なものであるべきだ(これはリベラルな正統性原理が要求するところであるが)ということが認められている。そうである以上、われわれは、当事者に対し、常識のなかに見出される一般的信念及び推論様式、並びに、まったく異論のない科学の方法及び結論を援用することを許す。リベラルな正統性原理に従う限り、これが、前述の対をなす合意を特定する最も適切な、そしておそらく唯一のやり方である。従って、われわれは、当事者はその種の一般的知識をもち、そのような推論方法を用いる、と言うのである。これによって、包括的な宗教的・哲学的教説(いわば総体的真理)が公共的理由とされることは排除される。同じことは、一般均衡理論その他の精緻な経済理論についても、それらについて争いがある限りであてはまる。いやしくもわれわれが、公共的理性というものを口にするのであれば、当事者による正義原理選択の基礎にある知識と推論方法——すなわち、市民全員にとって共通で入手可能な明白な真理——は、市民の共通の理性にとってたやすく利用できるものでなければならない。(11) さもなければ、政治的構想は政治的正統性の基礎を提供しない。

しかしながら、このことは、道理に適った包括的教説を公共的理性のなかに導入し、公共的理性のなかで議論することができないということを意味しない。[12] 人々がそうすることは、一般に自由である。そうすることは、市民たちがお互いに、いわば自分がどこの出であるかということと、自分がどのような基礎に基づいて正義の公共的な政治的構想を支持しているのかということとを知らせ合うという強みをもっている。そうしたことはすべて、望ましい結果を伴うだろうし、安定性に資する諸力を強化することにもなるだろう。それはまた、それほど制限的ではないので、市民に対し、各人の視点のより深い理解を与えることにもなる。自分の包括的な教説を導入することはできるにしても、にもかかわらず、市民としての義務がやがてわれわれに、自分が支持する立法や公共政策の正当化を公共的理性の観点、または、正義の政治的構想(もしくは、そのような諸構想からなる適切な一群に属する一つの政治的構想)に含まれる政治的諸価値の観点から行うよう要求するようになる。

公共的理性という観念を導入する根拠の一つは、次のことにある。すなわち、政治権力はつねに強制的である——その背後には、合法的実力の政府による独占がある——が、民主的政体においては、それはまた公衆の権力でもある、つまり、法人団体としての自由で平等な市民の権力でもある。しかし、各市民が政治権力の平等な分け前をもつとすれば、政治権力は、少なくとも憲法の必須事項と基本的正義の諸問題に関わる場合、すべての市民が自分自身の理性に照らして公共的に支持することのできる仕方で、できる限り行使されるべきである。これこそ、公正としての正義が充たすべき政治的正統性の原理である。

従って、市民たちは、根本的な政治的問題が生じる場合には、自分の政治的見解を正当化するために、公共的に受け容れることのできる理由をお互いに提出することができなければならない。これは、われわれの理由が、正義の政治的構想によって表現された政治的諸価値に基づくべきことを意味する。自由で平等な人々が相互尊重に基づいて政治的に協働するべきであるなら、われわれは、われわれの法人的で強制的な政治権力の行使を、公共的理性の観点から正当化しなければならない。

ここでの関心は、憲法の必須事項に関する諸問題と基本的正義の諸問題に対して公共的理性の観念がどのようにあてはまるかということだけである。ほとんどの立法問題は、それらの事項に関わらない。しばしば、そうした重要事項とわずかに関連することはあるのだが。例えば、税法、財産規制法、環境保護法、公害規制法、国立公園設立法、博物館・美術館のための基金設立法などがそうである。公共的理性に関する満足のゆく説明は、これらの問題が根本的な諸問題とどのように異なるかを、また、公共的理性によって課せられる制約が前者の問題にはなぜ適用されないのか、適用されるにしても、少なくとも同じ仕方ではないし、それほど厳格に適用されるわけでもないのはなぜか、これらの問いに対する答えを与えてくれるだろう(13)。

26・3

政治的な構想としての公正としての正義によって表現された政治的価値は、二種類からなり、各々の種類は、前述(第二六節1)の原初的合意の二つの部分とそれぞれ対をなしている。

(a) 第一の種類——政治的正義に属する諸価値——は、基本構造に適用される正義原理に取り込まれている。平等な政治的及び市民的諸自由、機会の公正な平等、(格差原理によって表現された)社会的な平等及び互恵性等々がそうである。

(b) 第二の種類の政治的諸価値——公共的理性に属する諸価値——は、公共的な探求のための指針、従って、探求が、十分な情報のもとで道理に適った仕方で行われることだけでなく、自由で公共的なものであることをも保証するために踏まねばならない段階を示す指針のなかに取り込まれている。そうした価値のなかには、判断・推論・証拠という基本的な概念を適切に用いることだけでなく、常識的知識の基準及び手続、並びに、異論がない限り科学の方法及び結論に従うことに示されるような、道理に適うことや偏見のなさに関係する諸徳性も含まれている。これらの価値は、市民たる地位の理想を反映するものである。その理想とは、自由で平等な者としての他の市民からみても道理に適い、かつ合理的であるような仕方で、基本的な政治的諸問題に進んで対処するような市民の姿である。この理想から、公共的な市民としての義務が生まれるのだが、その義務の一側面が、憲法の必須事項や基本的正義の問題に関わる場合、正統性原理によって定められた限界内で理由づけを行うようわれわれに指示するのである。（第二三節）

市民たちは法人団体として、国家権力の制裁によって裏打ちされたルールをお互いに課すのだが、そのような市民の平等ということを考えた場合、公共的理性とは要するに、平等な市民にふさわしい理由づけのやり方である。すでに述べたように、探求の指針や推論方法の共有は公共的理性を公共的なものにし、他方で、立憲政体における言論と思想の自由は公共的理性を自由なものにするのである。これに対して、非公共的な理性とは、社会の内部の個人や結社にふさわしい理性である。それは、個人的または結社的な決定に際して、どのように熟慮するのが適切か、その答えを導いてくれるものである。教会と大学とでは、また、学会と私的クラブとでは、各々の非公共的理性は異なる。これらの結社は、異なる目的をもっているのだし、政治的正義の制限内でそれぞれがそれぞれの自己理解をもつのはまったく正しいのである。

26・4

この最後の論点を敷衍し、公共的理性と非公共的理性の区別を検討しよう。個人と同様、法人団体も、道理に適った責任ある行動をしようと思えば、何をなすべきかについて推論するための何らかの承認された方法を必要とする。このことは、政府にも、法人団体としてのその市民についても、会社・労組・大学・教会といった結社についてもあてはまる。われわれの言い方では、結社のための承認された推論方法は、その構成員との関係では公共的であるが、政治社会との関係では非公共的であり、従って、市民全般との関係でも非公共的である。

どのような推論方法も——個人のものであれ、結社のものであれ、政治的な推論方法であれ——推論原理と証拠規則という一定の共通要素を認めていなければならない。推論方法はまた、判断・推論・証拠という基本的な概念をそのなかに組み入れており、また、正誤の基準と真理の基準を含んでいなければならない。そうでなければ、それは推論方法ではなく、単なる説得のレトリックや術策といった何か別なものになってしまうだろう。前述の概念や原理を学習し適用する能力は、共通の人間理性の一部である。われわれは、理性に関心をもっているのであって、たんなる言説に関心をもっているのではない。

にもかかわらず、個人や法人団体が抱く自己理解がそれぞれに異なるということを考慮すれば、また、それらの個人または団体の推論が服すべき制約だけでなく、推論が行われる際の事情もそれぞれに異なるということであるならば、それぞれに対して異なる手続と方法が妥当する。一例を挙げよう。裁判所において証拠を衡量するための規則

――伝聞証拠の扱いに関する規則や、被告人が合理的な疑いを越えて有罪でなければ有罪にしてはならないという規則など――は、裁判所がもつ特別の役割に合わせて構成されたものである。それらの規則は、科学の学界で用いられる証拠規則とは異なる。その上、何が意味のある、あるいは拘束力のある権威として承認されているかということについても、法人団体が異なるのに応じて相違するのである。教義上の争点について討論する教会会議と、教育方針について論議する教授会と、ある核関連施設で生じた事故が公衆に及ぼす損害の評価をめぐって行われる科学学会の研究集会との違いを考えていただきたい。これらの結社がそれぞれに有する公共的理性の基準と方法がどのようなものであるかは、第一に、それぞれの結社の性質(目的と狙い)がどのように理解されているかということ、第二に、各結社がそれぞれの目的を追求する際の事情に部分的に依存している。

民主的社会においては、例えば信者に対する教会の権威にみられるような、非公共的な権威は、各人がそれを自由に認めているものである。教会の権威についていえば、背教や異端は法的な犯罪ではないから、もはや教会の権威を認めることができない者は、国家権力と何ら衝突することなく、信者であることをやめることができる。われわれが抱く宗教的・哲学的・道徳的な包括的見解もまた、それがどのようなものであれ、われわれが自由に受け容れたものである。というのは、良心の自由と思想の自由が与えられているところでは、政治的な言い方をすれば、そのような教説を自分が自分自身に強制したと言ってよいのである。だからといって、私は、先行する各種の忠誠、コミットメントや愛着から独立に、いわば自由な選択行為によって、それを各自が自分に強制したのだと主張しているわけではない。私が言いたいのは、われわれが自由で平等な市民である以上、われわれが各々の包括的見解を肯定するかどうかの選択は、憲法上の諸々の基本的な権利と自由によって定められるわれわれの政治的権能の範囲内にあるものとみなされる、ということなのである(第七節4―5)。

26・5

社会の内部にある各種の結社の場合と対照的に、政府の権力から逃れることは、国家の領土から離れない限りできない。国家権力が民主的社会の全市民からなる団体にふさわしい種類の公共的理性によって導かれるということも、その事実に変更を加えるものではない。しかしながら、通常は、領土を離れ、国籍を離脱することは、非常に重い一歩である。それは、自分が生まれ育った社会と文化から離れることを意味する。しかも、その社会と文化とは、われわれがまさにその言語を用いて言論や思考において、自分を、そして自分の目的・目標・価値観を表現し理解する、そのような社会と文化なのである。その社会と文化はまた、社会的世界のなかで自分が占める場所を見つける際に、われわれがその歴史・慣習・慣行に依存する、そのような社会と文化でもある。大体においてわれわれは、この社会と文化を肯定しており、また、それについて詳細でかつ表現できないほどの知識をもっている。その多くについて、疑問をもったり拒否したりすることさえあるとしても、この事実に変わりはない。

そうだとすれば、国家の権威については、それを自由に受け容れられたものだと言うことはできない。というのは、社会や文化とのつながり、また、その歴史や出身社会階層とのつながりは、幼少期から始まってわれわれの生き方を規定し、また、通常は非常に強いものでもあるので、国外移住の権利(もちろん、適当な留保を付した上でのそれ)[14]があるというだけでは、国家の権威が政治的な意味で自由に受け容れられると言うことはできないからである。この点は、教会の権威の受け容れが政治的な意味で自由であると言うために、良心の自由が保障されていればそれで十分であるのとは異なるところである。[15]にもかかわらず、われわれはやがて、国家内で生活を送るうちに、反省的な思考と筋の通った判断の結果として、われわれの基本的な諸権利と諸自由を定め、他方で、われわれが服する政治権力を実効的に指導し抑える、そのような理想・原理・規準を自由に受け容れるようになるかもしれない。これが、われわれの自由の外的限界というものである。

以上で取り上げた公共的理性と非公共的理性(結社の理性)との比較対照は重要である。

それは、政治的リベラリズムが政治社会を結社とはみていない、ということを示している。それは、まったく逆に、政治社会と結社との区別にあくまでこだわっているのである。社会の内部にある各種の結社は、その構成員に共有された究極目的によって統合された共同体でありうる。実際、それはむしろ、是非とも必要なことである。そうでなければ、社会生活はその意義を失うであろう。

27　第一の基本的比較

27・1

以上の概観(第二三—二六節)で、原初状態の構成に関する手短な説明は終わった。これからは、この第三部の第二の論題、すなわち、正義の二原理を正当化する当事者の推論に入る。その推論は、二つの基本的比較からなっている。[16] これによって、当事者を格差原理の選択に導く諸理由が、当事者を平等な基本的諸自由の原理の選択に導く諸理由から分離される。分配的正義の原理としての格差原理と、不確実性下での決定のための便法としてのマキシミン・ルール(第二八節1で後述する)の間の形式的な類似性にもかかわらず、格差原理の正当化のための推論は、マキシミン・ルールに依拠していない。形式的な類似性のために、往々にして誤解を招いてはいるが。[17]

先へ進もう。われわれは、当事者が選択肢の比較によって推論し、その際、一回につき二つの選択肢を比較すると仮定する。当事者は、正義の二原理をもって推論を開始し、それをリストに載っている他の入手可能な原理と比較する。そのような比較の各回において、諸理由を総合した衡量結果のようなものを考えて、正義の二原理のほうが、その点でより強く支持されるならば、議論は完了し、正義の二原理のほうが採られる。そのような比較のいずれの回においても、二つの選択肢の各々を支持する――多分強い――理由と、それに反対する――多分強い――理由とがそれぞれ幾つかあるだろう。しかし、諸々の理由の衡量結果が、一方の選択肢よりも他方の選択肢をよしとするということが明らかであるかもしれない。明白なことだが、正義の二原理を支持する議論は、判断――諸理由の衡量結果の判断――に依存しており、また、与えられたリストと相関的でもある。われわれは、正義の二原理への合意が達成されるだろうと主張する場合でも、それが完全なリストからの選択であると言うものではないし、また、可能などのようなリストからの選択であっても、そうなるだろうと主張するわけではない。(18) そのような主張は行き過ぎであり、私は、そうした一般的議論を企てているわけではない。

従って、われわれが以下で論じる二つの比較は、正義の二原理の採用にとって決め手になると言ってよいほどの論拠を提出しようと思えば必要になるような議論のほんの一部をなすにすぎない。というのは、正義の二原理は、比較の各段階で異なった仕方で、平均効用原理と比較されるだけであり、それ故、比較が証明するのは、前者が後者に勝るということにすぎないからである。第一原理を支持する推論を与える第一比較は、かなり決定的なものだと思う。それに比べると、格差原理を支持する推論を与える第二比較はそれほど決定的ではない。第二比較は、決め手にはそれほどならない諸考慮を総合した微妙な衡量結果に依拠しているからである。にもかかわらず、このような二つの部分からなる議論の射程が限定されたものだとはいえ、この議論は、さらに他の諸比較において、正義の二原理の理非の解明を続けるにはどうすればよいかを示唆する点で教えるところが多い。

27・2

二つの比較は、以下のような仕方でなされる。民主主義思想の歴史において、二つの対照的な社会観が突出した地位を占めている。第一の社会観は、社会を、自由で平等な者とみなされた市民の間で社会的協働を行うための公正なシステムとみている。第二の社会観は、社会を、その全構成員について集計された最大の善を生み出すように組織された社会システムとみている。その際、善とは、包括的教説によって定義される完全な善とされる。社会契約説の伝統は第一の社会観を敷衍するものであり、功利主義の伝統は第二の社会観の特殊事例である。

これら二つの伝統の間には、基本的な違いがある。社会を社会的協働の公正なシステムとみる見方は、平等の諸観念(基本的な諸権利及び諸自由並びに公正な機会の平等)と互恵性の諸観念(格差原理はその一例である)を含むような形で、その内容を規定することがまったく自然にできる。これと対照的に、社会を最大の善を生み出すために組織化されたものとみる見方は、政治的正義についての最大化主義かつ集計主義の原理を表している。功利主義においては、平等と互恵性に関する諸観念は間接的にのみ、つまり、社会的厚生の集計量を最大化するために通常それが必要になると考えられる限りで、考慮されるにすぎない。前述の二つの比較は、まさにこうした相違点に依拠して行われる。第一比較は、平等に関して、正義の二原理の優位を明らかにし、第二比較は、互恵性ないし相互性に関して、同様の優位を明らかにする。

すでに述べたように、これら二つの比較を通じて正義の二原理の擁護論を提示することによって、平等な基本的諸自由をとくに支持する諸理由が、格差原理をとくに支持する諸理由から切り離される。こうした分離がなされるなら、その結果は、あるいは人が予想したかもしれないものとは多少なりとも異なったものになる。第一比較では、不確実性下での決定ルールであるマキシミン・ルールの指針を援用するのだが、そのような第一比較は、基本的な諸権利と諸自由を支持することに関しかなり決定的なものである。しかし、格差原理を支持することについては、マキシミン・ルールの指針はほとんど関係しない。事実、われわれは第二比較を定式化する際、その指針をまったく使わない。

27・3

第一比較では、一体のものとみなされた正義の二原理が、唯一の正義原理としての平均効用原理と比較される。平均効用原理によれば、基本構造に属する諸制度は、社会構成員の平均厚生――しかも、現在から予見可能な未来に至る間に生じる厚生――を最大化するように編成されるべきものとされる。

第二比較では、前と同じく一体とみなされた正義の二原理が、格差原理に代えて、(一定の社会的ミニマム保障と組み合わされた)平均効用原理をおく、その代替案と比較される。この代替案において、正義の二原理は、これ以外の点では一切変えられていない。従って、第二比較では、格差原理に先行する諸原理はすでに受け容れられており、それ故、当事者たちは、それらの先行する諸原理が基本構造を実効的に規制していると想定される、そのような社会を念頭において、社会的・経済的不平等(市民の全生涯を通じた人生の見込みに関する格差)を規制する原理を選択することになる。このことは、人々がすでに自分を民主的社会の自由で平等な市民とみていることを意味するから、当事者たちは、この点を考慮に入れなければならない。

27・4

第一比較のほうがより基本的である。なぜなら、公正としての正義の狙いは、功利主義、卓越主義及び直観主義（これら三者のうち、われわれの政治的伝統では最初のものがとりわけ支配的であった）のなかに見出される正義の政治的構想に代わる代替案を打ち出し、同時に、現代民主社会の諸制度に、よりふさわしい道徳的基礎を発見することだからである。第一比較で正義の二原理が勝利を収めたなら、この狙いは大部分すでに達成されたことになる。しかし、それが万一負けるようなことがあれば、すべては失われる。第一比較はまた、ブキャナン、ゴティエ、ノージック――前の二人は明示的に契約論者である――といった最近の、われわれがリバタリアンと呼ぶ者たちの見解（第六節註一六参照）に応答する場合にも必須のものである。

平均効用原理との第一比較が重要であるもう一つの理由は、それが、原初状態からの議論の進行の仕方の例証となり、その議論の性質を示すかなり単純な事例を提供するからである。そのような議論を通覧することは、それほど決定的ではない諸理由の衡量結果に依存する第二比較への準備作業にもなる。

28　議論の構造とマキシミン・ルール

28・1

最初に、マキシミン・ルールを定式化しておこう。それはわれわれに次のように命じる。まず、自分に与えられた各選択肢について、その各々から生じうる最悪の結果を同定せよ。次に、その最悪の結果が他のすべての選択肢の最悪の結果よりもましな選択肢を採れ、と。基本構造に適用される正義原理の選択についてこのルールを使うために、われわれは、その正義原理がさまざまな事情のもとで基本構造を実効的に規制しているときに生じうる社会的立場のうちで最悪のもの、これに焦点をあわせる。このことが何を意味するかは、第一比較における原初状態からの議論に眼を向けることによって、もっと明らかになるだろう(19)。

その議論は、次のように記述することができる。

(i)　基本構造に適用される正義原理に合意する際、マキシミン・ルールによって導かれるのが合理的である、そのような諸条件があるとすれば、そのような諸条件のもとでは、平均効用原理よりも、正義の二原理に合意がなされるであろう。

(ii)　それが充足されていれば、基本構造に適用される正義原理に合意する際、マキシミン・ルールによって導かれるのが合理的である、そのような諸条件、とくに三つの条件がある。

(iii)　それら三つの条件は、原初状態において充足されている。

(iv)　それ故、当事者は、平均効用原理よりも正義の二原理に合意するであろう。

前提(i)〜(iii)の各々については、争いがあるかもしれないが、しばらくの間、(i)は受容れることができると仮定しよう。最も多くの説明を要するのは(iii)であり、(ii)もまた付言を必要とする。従って、(ii)から取り上げよう。

28・2

前述(ii)で触れた三つの条件を考察しよう[20]。

(a)　マキシミン・ルールは、それぞれの最悪の結果が実現される、そのような各々の状況がどの程度起こりそうか、つまり、その確率を考慮しないという点に一つの特徴があるから、第一の条件は、当事者が、自分によって代表される人々の根本的利益に影響を及ぼす社会的状況が起こる確率を推定するための信頼できる基礎を一切もっていない、ということである。この条件が完全に充足されるのは、確率の概念が適用されることとすらない場合である。

(b)　マキシミン・ルールは当事者に、選択肢の評価にあたって、起こりうる最悪の結果のみを考慮するよう指示するから、受託者としての当事者にとっては、その最悪の結果が他のすべての選択肢から生じうる最悪の結果よりもましな、そのような選択肢を採ることによって(被代表者に)保証される最低限を越えてどれだけの利得が得られうるかにあまり関心をもたないということ、これが必然的に合理的であることになる。この最悪の諸結果のなかで最善の結果を、「保証水準」と呼ぶことにしよう。従って、第二の条件が充足されるのは、保証水準自体がかなり満足できるものである場合である。この条件が完全に充足されるのは、そのレベルが完全に満足できるものである場合である。

(c) マキシミン・ルールは当事者に、その最悪の結果が保証水準を下回るそのような選択肢を避けるよう指示するから、第三の条件は、最悪の結果が最善である選択肢以外のすべての選択肢それぞれの最悪の結果が、保証水準を相当に下回るということである。それらの結果が保証水準のはるか下にあって、耐えがたく、可能ならば避けなければならないものである場合、第三の条件は完全に充足されている。

28・3

これらの条件について、三点にわたり付言しておこう。第一に、これらの条件のもとでマキシミン・ルールによって導かれることは、自己の利益または(合理的)善の充足を最大化するという周知の原理と両立する。当事者が、その思考を整序するためにマキシミン・ルールを使用することは、この周知の合理性原理に決して違背しない。むしろ、当事者は、問題がきわめて根本的な重要性をもっているとき、原初状態という、他に類をみないとまでは言えないが尋常ならざる状況のもとで、先の合理性原理に従って決定する際に、マキシミン・ルールを指導指針として用いるのだ、と言ったほうがよい。

しかしながら、次のことに注意されたい。マキシミン・ルールによって導かれる議論は、合理的主体がその期待効用を最大化するという考え方と適合するが、それは、そこでいう期待効用が実質的内容をまったく欠いているものと理解されるときに限られる。つまり、それは、期待される快楽だとか、合意可能な意識(シジウィック)だとか、満足だとか、そういうものを意味しないのである。ここで言う期待効用とは、ルールまたは数学的関数によって定まる純粋に形式的な観念なのである。ルールまたは関数は、そのようなものとして、たんに順序または序列を表すものにすぎない。何の順序かと言うと、各選択肢が、主体の根本的利益——今の場合は、自由で平等な者としての市民の利益——の充足に関して、よりよいとかより悪いとか、比較的に判断された結果でてくる順序である(第三一節)。

付言すべき第二点は、マキシミン・ルールが思考を整序する賢明なやり方であるために、前述の三つの条件のすべてが、あるいは、その一つでさえ、完全に充足されている必要はない、ということである。というのは、第三条件が完全に充足されているなら、保証水準が相当に満足できる水準に達しており、また、第一条件が少なくとも部分的に充足されている限り、マキシミン・ルールを働かせるのにそれで十分だからである。だが、第一比較においては、第一条件は、相対的に小さな役割しかもっていない。後にみるように、決定的に重要なのは、第二及び第三条件が高い程度に充足されているということである。

第三に、当事者が原初状態でマキシミン・ルールを使用することは、必要不可欠なことではない。それは、便利な発見装置にすぎないからである。最悪の結果に注目することには、基本構造の設計に関わる場合に、われわれの根本的利益が本当はどのようなものであるのか、それをわれわれに無理やり考えさせるという利点がある。そのような問いは、日常生活において自問することがあるとしても、たびたびそうするような疑問ではない。原初状態の狙いの一部は、それがわれわれに、その問いを問うように、しかも、その問いに確固とした意味を与えるきわめて特殊な状況で問うように強いるということにある。

28・4

次に、原初状態における当事者たちの状況が所与だとすれば、当事者について、どうして第二及び第三条件が高度に充足されていると言えるのか、その理由を考察しよう。

第二条件が充たされているといえるのは、保証水準が相当に満足できる水準にあるからである。その保証水準とは何なのか。それは、(適度に好都合な諸条件が与えられているとして)正義の二原理の完全な充足の結果生じる状況であって、しかも、秩序だったその社会の最も不利な状況にある構成員の状況である。公正としての正義は、正義の二原理と対になった秩序だった社会は、きわめて満足できる政治的・社会的世界であると主張する。われわれは第四部で、この主張の擁護を試みる。保証水準に関するこの基本的な点は、そこでの議論にとって決定的に重要なものである。[21]

第三条件が充足されるのは、われわれが立てる次のような仮定が妥当するときである。すなわち、適度に好都合な諸条件が充たされているときですら、ある人々の基本的な諸権利と諸自由が他の人々または社会全体のより大きな利益のためにさまざまな仕方で制限される、あるいは全面的に否定されさえすることを効用原理が要求または許容する、そのような現実的な社会的状況が存在するという仮定である。そうした状況は、当事者が、自分が代表する人々のために、起こらないよう用心しなければならない可能性の一つである。

功利主義者は、この仮定を疑ってかかるだろう。しかし、その仮定を支持するために、奴隷制や農奴制、抑圧的な宗教的迫害といった甚だしい自由の侵害をもち出す必要はない。代わりに、小さくて弱い少数派の政治的自由と宗教的自由を制限することから相当の大きさの多数派が得る可能性のある社会的利益の差し引き残高を考えてみていただきたい。(22) 平均効用原理は、当事者が受託者として、まったく受け容れがたく耐えがたいとみなすにちがいない、そのようなありうる結果を許容するように思われる。従って、第三条件が高度に充足されているのである。

29 第三条件を強調する議論

29・1

われわれは、第一条件(これは当事者に、確率を無視し、確率の推定に頼らないよう指示する)についてはまだ論じていないが、第二条件と第三条件が両方とも高度に充足されているという事実に基づく、正義の二原理の強い擁護論をすでに手に入れている、ということに注意されたい。その事実は、第一比較において正義の二原理を擁護する最も直截な論拠を提供する。

第一比較において、われわれは第一条件を強調しない。われわれは、それが完全とは言えないまでも、相当程度充足されていると仮定している。われわれがそのように仮定するのはなぜかと言えば、第一条件は確率論上の難問を提起するが、それはできる限り回避したい論点だからである。それ故、われわれは、確率に関する、知識と十分な根拠のある信念は、少なくとも、世界に関する立証された事実または十分な裏づけのある信念に基づかなければならない、と規約することにする。これは、全面的に主観主義的な（あるいはベイジアンの）確率解釈を除いて、あらゆる確率解釈に適合する。それ故、われわれは、当事者は必要な情報を欠いており、従って、選択肢からの選択にあたって、十分な根拠のある確率をもつことができないと主張する。

その要点は以下のようなものである。当事者は、人間心理学と政治社会学に含まれる一般的な常識的事実は知っている。当事者はまた、問題となっている社会が、適度に好都合な条件を具備した正義の環境のなかで現に存在していることも知っている。適度に好都合な条件とは、政治的意志が存在すれば立憲政体が可能になる、そのような条件である。しかしながら、政治的意志が存在するかどうかは、社会の政治的な文化と伝統、社会の宗教的・民族的構成、その他多くのものにかかっている。好都合な条件は、政治的意志が存在しないときでも、存在するかもしれない(23)。それ故、適度に好都合な条件が存在するという知識があるだけでは、当事者は、存在する可能性のあるさまざまな政治的な文化と伝統に関して十分な根拠のある確率分布を特定することはできない。歴史を紐解けば、民主制よりも、貴族制、神権政治、独裁制、階級国家などのほうが数多く登場することがわかる。もちろん、当事者は、こうした特殊な知識をもっていない。いずれにせよ、そのような歴史的事実から、民主制よりも、他の政体のほうが起こりやすいということが推測できるのか。たしかなことだが、そのような思弁は、その問題に関する常識の、あるいは、そう言いたければ非常識の射程をはるかに越えている。マキシミン・ルールの第一条件について、ここでわれわれが主張するのは、第一条件は十分に充たされているから、第二条件と第三条件を強調する第一比較の議論に疑問の余地はないということだけである。

29・2

第二及び第三条件を強調する議論は、本質的に次のようなものである。すなわち、正義の二原理によって規制される秩序だった社会が、全員に平等に基本的な諸権利と諸自由を保証する、高度に満足できる政治社会の一形態である(従って、高度に満足できる保証水準を示している)ということが実際に事実であり、他方で、効用原理が、社会的厚生の集計量増大のために、一部の人々の諸権利及び諸自由の制限もしくは抑圧を、時として許容または要求することがあるとすれば、当事者たちは正義の二原理に合意しなければならない。彼らは、(第一比較において)そのような仕方でのみ、受託者として責任ある仕方で行動することができる。つまり、自分が代表する人格たちの根本的利益を効果的に守ると同時に、実現することがまったく許されない事態が生じる可能性を確実に回避することができる。

この議論は、当事者たちが次のように想定していることに基づいている。すなわち、当事者によって代表される人々が、自由で平等な人格であるための能力と、全生涯にわたって十分に協働する社会構成員であるための能力とをもっているとすれば、そのような人々が、みずからの基本的な諸権利と諸自由を危険にさらすことは、容易に手に入り満足できる他の選択肢がある限り、よもやないだろうという想定である。それらの人々は何のためにそのような危ない橋を渡るのか、その理由を当事者は思いつくことができるのだろうか。彼らは自分の目的を実現するための物質的手段をはるかに多くもつことに賭けてみたいと思っている、とでも言うのだろうか。しかし、当事者は、自由で平等な者とみなされる市民たちの代表者である以上、そのような目的のために市民の基本的な諸権利と諸自由を危険にさらすことはできない。当事者には、そのようにみなされる市民の受託者として責任があるため、そのような市民たちの基本的な諸権利と諸自由を元手にギャンブルをすることが許されない。

29・3

第三条件から出発する議論には、もう一つの考慮も入っている。それを説明しよう。当事者たちは合意を取り結ぶものとみられている。たんに、各当事者が別々に同一の選択をする、ということではない。合意は、誠実になされなければならない。つまり、それを尊重しようとする完全な意図だけでなく、そうすることができるという相当な確信をもって、なされなければならない[24]。われわれが合意することのできる事項からなる集合は、われわれが合理的に選択することのできる事項からなる集合に包含され、しかも、前者は後者よりも小さい。われわれは、やってみようと決意するのと同時に、結果が悪ければ、原状回復のためにできることをしようと完全に意図することができる。

しかし、われわれは、合意をしたなら、その結果を受け容れ、与えた約束に従って、結果とともに生きなければならない。今問題にしている場面では、合意の内容は、永久に(第二のチャンスはない)相互に承認されるべき正義原理であるから、われわれの合意(われわれの代表者がわれわれの教示に基づいて結んだ合意)を尊重することは、その原理を基本構造のための公共的な正義構想としてみずから進んで適用し、全生涯にわたるわれわれの思考と行為において、その合意を肯定することを意味する。

そうだとすれば、明白なことだが、当事者は、コミットメントの緊張と呼んでよいものの重みを考慮しなければならない[25]。当事者は、自分によって代表される人々が、合意された原理を合意の観念が要求する仕方で尊重することが相当程度期待できるかどうか、これを自問しなければならない[26]。さてここで、任意の二つの正義構想を考えてみていただきたい。第一の正義構想が、幾つかの可能な社会的条件のもとで、われわれが受け容れがたい社会的立場を伴う基本構造を許容または要求し、他方、第二の正義構想が、すべての可能な社会的条件のもとで、われわれが、どのような社会的立場になっても、尊重することのできる基本構造を保証するものであるなら、その場合、第二の構想に合意しなければならない。これ以外の合意は、誠実になされないだろうし、コミットメントの緊張からくる制約も破られてしまうだろう。以上で概観した理由のゆえに、正義の二原理が効用原理に勝って選択されなければならない。というのは、前者が、自由で平等な者としての市民たちの根本的利益を保証する唯一の選択肢だからである。[27] 次の点に注意されたい。すなわち、われわれの代表者が万一、効用原理を選択したとしたら、その結果がわれわれにとって悪いものであることが判明したとしても、われわれは、それに背く根拠をもっていないのである。その際われわれは、原初状態がわれわれの代表者を不公正な状況においたからと言い訳することはできない。無知や不意打ちを言い訳にすることもできない。なぜなら、われわれが受け容れることのできない諸制度をもたらす社会的条件が生じる可能性があるということは、当事者が予め知っている、そして、考慮しなければならない結果の一つにすぎないからである。原初状態は、すべての言い訳を排除するように作られている。

29・4

本節を締めくくろう。公正としての正義における人格の構想が所与だとすれば、われわれは、当事者が次の二つのことを想定していると主張する。第一に、市民は、二つの道徳的能力と善に関する確定的で完全な構想とをもつ人格であるから、とりわけ宗教的・哲学的・道徳的な一定の利害関心をもっていること。それ故、第二に、これらの利益の実現が、可能な限り保証されなければならないということ、である。われわれが放棄することのできないものが幾つか存在する。それらは、譲り渡すことができない。平均効用を擁護する者がこの点を絶対に認めないなら、われわれは当面、袋小路に陥ったままである。

本質的なことは、正義の二原理が、コミットメントの緊張を過度にかけない入手可能な満足できる選択肢である、という点である。正義の二原理は、諸々の基本的な権利と自由を保護するだけでなく、それらの自由の行使と享受のために必要な、適当な量の基本善のセットをも提供する。われわれの基本的諸自由を危険にさらさざるをえない状況も実際存在する。しかし、正義の二原理が選択肢にある限り、原初状態は、そのような状況の一つではない。平均効用原理に合意することは、そうした諸権利と諸自由を十分な理由なしに危険にさらしつつ、一層大きな厚生をめざすことを狙いとするものであろう。

30　基本的諸自由の優先性

30・1

いかなる基本的自由も絶対的ではない。なぜなら、個々のケースでは、基本的諸自由が相互に対立することがあり、そのような場合、それぞれの基本的自由から出てくる諸々の請求権は、基本的諸自由からなる一つの整合的な枠組に適合的に統合されるよう調整されなければならないからである。その狙いは、このような調整を、少なくとも、二つの根本的な場面において道徳的能力を適切に発達させ十分に行使することに関わる点で重要度の比較的高い諸自由について、それら相互が通常は両立するような形でなすことにある。優先性をもっているのは、基本的諸自由からなる枠組であるが、それに属する基本的自由の各々が、根本的な重要性をもち、やむをえない場合以外は妥協させられてはならないということでなければ、優先性をもつとは言えないだろう。例証のため、良心の自由を取り上げるが、その際、それに優先性を与える根拠として、当事者がもっている根拠は何かということを念頭において考察していただきたい。

マキシミン・ルールを使用するための第二及び第三条件を強調する第一の議論がもつ説得力は、われわれが市民として自由で平等である能力をもっているということが所与だとすれば、われわれが基本的な諸権利と諸自由を危険にさらすことは、容易に入手でき満足できる選択肢がある限り、ないだろう、という考え方に依存している。当事者は、この考え方にそって推論する。われわれはこのように述べた。従って、当事者に与えられた選択肢のうち、平等な良心の自由を保証する正義構想が一つしかなければ、その構想が選択されるにちがいない。その際、無知のヴェールから出てくる一つの帰結は、当事者は、自分の代表する人格が果たして多数派の宗教的その他の教説を支持するか少数派のそれを支持するかについて、知ったり推定したりするための根拠を一切もっていないということである。その要点は、当事者は、自分の代表する人格が多数派ないし支配的な宗教の信者であり、それ故、少数派の宗教に対して、より少ない自由しか認めなければ、その人格は平等な良心の自由によって確保されるよりもはるかに大きい自由を手に入れることができるかもしれないといった見込みに基づいて、少数派の宗教に対し良心の自由を制限するような危険を冒すことはできないということである。

当事者がもし、そのようなギャンブルをするなら、当事者は、自分が代表する人格の宗教的・哲学的・道徳的な確信を真剣に扱っていない、ということになろう。実際それは、当事者が宗教的信念や哲学的または道徳的な確信の性質を理解していないことの証拠であろう。こうした論評は、論証ではない。それはただ、そのような信念や確信が占める特別の位置と、それらを奉じる人々からすれば、それらは譲り渡すことができないものとみなされているという事実とに注意を促すためのものである。

30・2

正義の第一原理が第二原理になぜ優先するかを説明するために、われわれは、基本的諸自由が、特別の重要性をもつ根本的利益を守るという点に注目する。基本的自由を他の種類の自由から区別するこの特徴は、相互信頼を醸成するための確固たる公共的基礎がない場合、宗教的・哲学的・道徳的な対立が生じ、しかもそれがしばしば抜き差しならぬものになってしまうという事実と結びついている。後に（第三二節）われわれが主張するように、この公共的基礎については、平等な基本的諸自由を一度限りで保障する憲法に基づいてそれを確立するというやり方が最も有効である。基本的諸自由の平等を支持する根拠と同じものは、その優先性もまた支持する。

誰かが、良心の自由が基本的自由であることを否定し、人間がもつすべての利益は通約可能であると主張したとしよう。その場合、通約可能とは、二つの任意の利益について、その各々が与える満足度を所与とすれば、合理的な人が一方の利益のより大きな充足と引き換えに他方の利益のより少ない充足を進んで受け容れる際の交換比率がつねに存在するということを意味する。この考え方を心理学的に説明すれば、すべての利益について、その各々の重みが、各利益の充足が与える快楽または快適な経験の程度及び持続時間に応じて順序づけられるということである。万一、この見解が主張されるなら、われわれは再び明白な袋小路——広い意味での快楽主義の一形態が道理に適ったものであるかどうかに関して、熟慮の上で到達した確信相互が衝突すること——に陥ってしまう。

論争がさらに続けられるかもしれないが[28]、ここではそれを断念する。ただし、次のことだけは言っておきたい。すなわち、もちろんわれわれは、自由の優先性を吟味するために反例を探し、それから生じる優先性の判断が、十分な反省を経た後にも是認できるものであるかどうかを検討することができる、と。そのような方法によって、決め手となる議論が提供されるわけではないが、注意深い探求によっても反例が一つも見つからなければ、自由の優先性はさしあたり完全に道理に適うと考えてよかろう。

31　不確実性への嫌悪に関する異論

31・1

不確実性とリスクの間にしばしば引かれる周知の区別をまず取り上げ、次に、それに関する私の見方に対する異論を述べる。その区別とは、次のようなものである。リスクの場合、確率を推定するための客観的な証拠的基礎がある。そのような基礎としては、例えば、相対頻度、保険数理上の諸表、そして、事物（または状態）に含まれる、結果に影響を及ぼす各種の傾向の相対強度がある。不確実性については、そのような客観的基礎はない。そのような基礎があるとしても、きわめて直観的で大まかなものにすぎない。(29)

原初状態の当事者の状況の特徴の一つは、可能な社会的・歴史的状態が実際に生じる確率についても、当事者の代表する人格が特定の包括的教説（とその善の構想）を支持する確率についても、それを推定するための信頼できる基礎を当事者がもっていないという点にある。この特徴は、既述の原初状態の構成の結果である。そうした規約を正当化するには、まだ言わなければならないことが多く残っているが、いずれにせよわれわれは、当事者はリスクというより不確実性に直面していると考える。

31・2

前述の異論とは、次のようなものである。すなわち、思考の整序のためにマキシミン・ルールを使う当事者に関する既述の説明では、当事者が非合理に、あるいは異常と言ってよいほどに不確実性を嫌悪するものとして描かれている。当事者が、本来そうでなければならないように、合理的なものとして正しく記述されるならば、正義の二原理は採択されないであろう。これに対する私の応答を次に述べよう。すなわち、二つの基本的比較のいずれにおいても、われわれは、不確実性に対する当事者の態度は、当事者が何を自分の代表する市民たちの根本的利益とみなしているか、これに依存すると仮定している。原初状態を規定する諸条件が所与だとすれば、その態度は、当事者の目的に左右される。その際、当事者の目的は、自分が代表する市民のために、基本的な諸権利及び諸自由、公正な機会、並びに、代表される市民がそれらの権利と自由を行使し、公正な機会を利用するために少なくとも十分な量の汎用的な物質的手段(所得及び富という基本善)の分け前、これらのものを確保することにある。

従って、当事者がみずからの直面する不確実性をどうみなすかは、自由で平等とみなされた市民たちの根本的な(適切に順序づけられた)利益とニーズにかかっている。当事者が、マキシミン・ルールによって思考を整序するというやり方で慎重に事を進めるとしても、あるいは、それが不確実性を異常に嫌悪しているようにみえるとしても、それは、当事者が不確実性を異常に嫌悪させる特殊な心理によって動かされているからではない。むしろそれは、そのように思考することが、基本的な諸権利と諸自由を保障する公共的な正義構想を打ち立てることの圧倒的な重要性を勘案すれば、受託者としての、従って、市民のもつ(未知の)確定的で完全な善に対して責任を負う者としての当事者にとって合理的だからである。当事者が守らなければならない利益のもつ根本的という性質と、原初状態がもつ尋常ならざる特質、これらこそが、マキシミン・ルールを便法として使用することを支えているのであり、また、第二及び第三条件を強調することにつながるのである。

31・3

当事者が守らなければならない利益の性質に関するこうした説明は、次のような今一つの異論に通じるかもしれない。その異論とはすなわち、第三条件からの議論は、その外見にもかかわらず、結局のところ功利主義的な議論ではないか、というものである。この考えの背後にある推論については、図2の説明文で触れている。問題は今や、公正としての正義が、その推論が言うように、功利主義的かどうか、ということである。[30]

そんなことはない、と私は考える。なぜかと言うと、当事者は、ある種の効用関数(私はそのような呼び方をするのに吝《やぶさ》かでない)を使用しているが、それは、公正としての正義を編成するために用いられる理想的な規範的諸構想、すなわち、公正な協働システムとしての社会という観念、自由で平等な者としての市民という観念、二つの道徳的能力によって特徴づけられる市民という観念等々を反映するように構成された効用関数だからである。この構成された効用関数は、そのような人格として構想された市民のニーズや要求――根本的な利益――に基づいているのであって、人々が実際にもっている選好や利益に基づいているのではない。

従って、功利主義者への応答は、公正としての正義は、効用関数の考え方が公正とし功利主義者は，以下のように推論すると言われる．当事者たちがマキシミン・ルールを使うということは，各自が代表する人格たちの全体効用曲線の形状が大体同じであり，しかも，それが正義の二原理に従う秩序だった社会における保証水準に対応する点で比較的鋭く屈曲しているということを当事者たちが知っていることに基づく．敷衍しよう．図中の点Gに対応する屈曲点より右では，全員の効用曲線は突然平坦に近くなる．このことは，市民の代表者として当事者がその保証水準を越える結果にそれほど関心をもたない理由を説明する．それ故，マキシミン・ルール使用の第二条件が充たされていることになる．屈曲点より左では，全員の効用曲線は急勾配で下降する．それ故，マキシミン・ルール使用の第三条件もまた充たされていることになる．このことは，当事者が，平等な基本的諸自由を保証しない選択肢を拒否しなければならない理由を説明する．従って，第一比較――すなわちAとGの比較――においては，正義の二原理に合意しなければならない．

このことから明らかなことだが，当事者の目的が，自分が代表する人格の根本的利益の確保から，社会の全構成員について合計した平均効用の最大化に変わったとしても，当事者たちはなお，正義の二原理に合意するだろう．もちろん，少数の人々に対して基本的な諸権利ないし諸自由を制限または否認することにより生じる損失が，多数派にもたらすより大きな利益合計によって埋め合わされることも時にはある．そのようなことは，ここで仮定された好都合な条件下でも，多分無数のケースで起こりうるだろう．しかし，第一に，自己利益的ないし集団利益的傾向が政治的生活の至るところで非常に広くみられるということ，第二に，正確な個人間比較を行って，社会の総効用を算定することが非常に難しいということを所与とすれば，当事者たちは，正義の政治的構想の諸目的にとって，その単純さと実際的適用可能性を考慮して正義の二原理を採択する非常に強い理由がある，ということで意見が一致する．

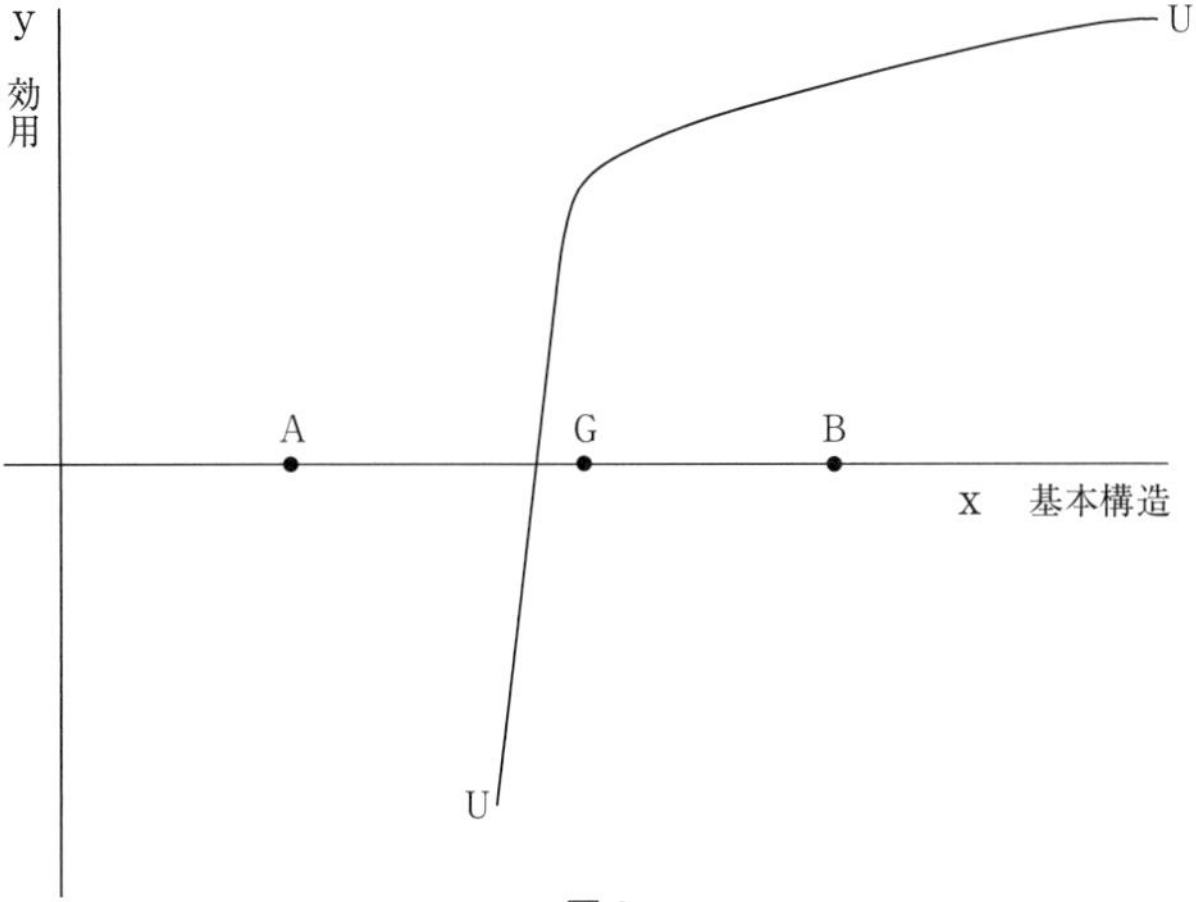

図 2

G＝適度に好都合な条件下で正義の二原理に従う秩序だった社会
A＝適度に好都合な条件下にある可能な功利主義的社会であって，平均効用原理によって許される限りで，平等な基本的諸自由に制限を課す社会
B＝A とは異なる適度に好都合な条件下にある可能な功利主義的社会であって，平等な基本的諸自由に制限を課さない社会
G, A, B＝最悪の状態にある集団の境遇であって，それぞれ，UU 曲線によって与えられる効用をもつ
UU＝構成された効用関数から導かれる，すべての市民について大体同じ効用曲線

効用は，y 軸にそって測られる．x 軸上には，さまざまな基本構造が，正義の二原理の充足度に応じて並べられている．これらの基本構造はつねに，適度に好都合な条件下にあると仮定する．

ての正義を定式化するために使えることを否定しない、というものである。実際私は、どのような正義構想も、適当に修正された効用関数の最大化として表現することが可能であると考える。たしかなことだが、功利主義的見解と非功利主義的見解との論争は、どうでもいい形式的問題をめぐるものではないのだ。そのような効用関数は、われわれの規範的諸仮定のもつ一定の基本的特質を記号化する数学的表現にすぎない。その種の表現が存在するということは、公正としての正義の内容について何も意味しないし、功利主義の伝統において効用の実質的観念が意味するものでもない。

他方、功利主義者がもし、公正としての正義に含まれる諸観念と諸原理を是認する方法を、みずからの視点の内部から見つけることができるのであれば、われわれはそれを喜ぶべきである。というのは、彼らがそうするということは、公正としての正義という構想に関する重なり合うコンセンサスに彼らが参与することができるということを意味するからである。従って、以上の論評は、包括的教説としての功利主義を批判することを意図していない。公正としての正義は、政治的構想であるから、そのような批判を回避できるときはいつでも回避する。にもかかわらず、われわれは、すでに述べた理由の故に、断固主張しなければならない。公正としての正義そのものは功利主義的ではない、と。

31・4

ハウとローマー[31]が提出した、教えられるところの多い主張について付言したい。それは、やや技術的な主張ではあるが、十分に明白な主張だと思う。彼らは、原初状態を、特定の値の〔全体〕提携解消諸利得をもつゲームとしてモデル化した上で、格差原理が次のようなゲーム[32]のコアに入っていると主張する。すなわち、そのゲームにおいては、〔全体〕提携〔全員が参加する提携〕は、新たなくじ引きにおいて、より大きな利得が任意の提携の参加者全員に保証されない限り、無知のヴェールが引き上げられた後も解消されない[33]。彼らは、原初状態をこのように理解し、それを極端なリスク回避（ＥＲＡ）ゲームとみている。これはリスク中立的（ＲＮ）ゲームと区別されるが、後者では、もう一度くじ引きをやることによって参加者が得る期待利得が上がるならば、〔全体〕提携は解消される。ＲＮゲームにはコアがない。つまり、中位所得未満の所得の人々は、やがて解消される〔全体〕提携を形成する。なぜなら、彼らは、新たなくじ引きにおいて、改善される（中位利得を受け取る）ことをつねに期待するからである。ハウとローマーは、極端なリスク回避が正義の二原理の採択にとって本質的であると結論している。彼らは、いかなる提携によっても新たなくじ引きが欲せられないのは、誰もリスクを進んで取らないからにすぎないと考えている。

これに対して応答しよう。第二九節でみたように、原初状態の構成により当事者は、自分が代表する人々の基本的なニーズと要求、すなわち根本的利益に注目するよう強いられており、コミットメントの緊張がある以上、当事者は、そうした根本的利益を確保する原理を採らざるをえない。すでに注意したように、そのようにすることにおいて、当事者は、合理的に行動しているのであって、異常にリスク回避的に行動しているわけではない。原初状態の構成を所与とすれば、当事者は、コアのなかにある諸原理を採択するよう導かれ、それらの原理が基本構造について充たされるとき、それらの原理は、ハウとローマーの言う意味で安定した──いかなる提携も全体提携の解消を欲しない──社会を実現する。その理由は、全員の根本的利益がすでに考慮されているからである。ところが、効用原理は、このことを保証しないので不安定なのである。

従って、安定性は第一に、市民たちの根本的利益を保証する原理が選択肢のなかにあるということから、第二に、当事者がそのような利益を何よりも確保するよう動機づけられているということから生じる。全員の根本的利益が充足されているとき、われわれは安定性を手に入れる。このような次第で、安定性は、原初状態の構成の帰結にほかならない。これを理由の安定性と呼んでよかろう。それは、当事者を動機づけるものに一部依存している。だが、理由の安定性は、第五部で後述する二種類の安定性とは種類の異なるものである。

31・5

私は、第一比較に関する以上の説明に含まれる多くの点が、大いに異論の余地があるものであることを付言したい。そのようなものとしては、次のようなものがある。第一に、確率や不確実性嫌悪の基礎について私が立てた仮定。第二に、正義の環境において、適度に好都合な条件下ですら、効用原理が、基本的諸権利及び諸自由の抑圧とは言えないまでも、少なくともその制限を要求するような状況があるという主張。第三に、譲渡不可能なものがあるという考え方、すなわち、少なくとも当事者の視点からみれば、市民がもつ二つの道徳的能力の行使と結びついたわれわれの根本的利益は、他の利益に優先するということ。

32　平等な基本的諸自由再訪

32・1

第一比較を完成させるために、効用原理に対して正義の二原理を擁護する第二の議論を付け加えておく。この議論は、マキシミン・ルール使用の第二条件、すなわち、保証水準が保証された社会が高度に満足できる社会的世界であるということ、と結びついている。その一つの理由は、立憲政体において平等な基本的諸自由が中心的な役割をもっているということにあるから、それらの自由の特徴を——それについては第一三節でも触れたが、それに加えてここでも——以下の議論の準備作業として概観しておこう。

一つには、それらの自由は、互いに衝突せざるをえない。それ故、それらを定める制度的諸ルールが相互に調整され、各々の自由が諸自由からなる整合的な枠組に適合的に統合されなければならない。自由の優先性(第一原理の第二原理に対する優先性)は、ある基本的自由は、他の一つ以上の基本的自由のために制限または否認される場合を除いて、制限または否認されてはならないということ、従ってまた、社会全体の社会的・経済的利益の合計の純増と理解された公共善の増加のために制限または否認されては決してならないということを意味する。

すでに述べたように、思想の自由と良心の自由、あるいは、政治的自由と法の支配の保障といった基本的自由のどれ一つとして絶対的なものはない。というのは、互いに衝突するときには制限されるからである。最終的に調整された枠組において、基本的自由の各々が同等に提供される(このことが何を意味するにせよ)ことが要求されているわけでもない。むしろ、これらの自由がどのように調整されるにせよ、その最終的枠組こそがすべての市民に平等に保証されるべきなのである。

32・2

基本的諸自由の調整については、その制限(restriction)と規制(regulation)とを区別する必要がある。それら諸自由が、一つの枠組への統合のためたんに規制されている――規制されざるをえないのだが――だけでは、基本的諸自由の優先性が侵されていることにはならない。各々の基本的自由の「中心的適用範囲」と呼んでよいものが確保されている限り、正義の二原理は充足されている。

例えば、自由な討論を取り上げれば、順番を定めるルールが、それを規制するために不可欠である。すべての人が同時に発言することはできないし、それぞれ異なる目的のために、同一の公共施設を同時に利用することもできない。基本的諸自由を制度化する際には、相互に異なる利益を実現するときと同様、時間、空間その他について、社会的な組織化と計画が必要となる。その際必要となる規制を、言論内容に対する制限――例えば、さまざまな宗教的・哲学的・道徳的・政治的教説を公に主張することの禁止、基本構造とその社会政策が正義に適っているかどうかに関連する一般的ないし特殊的事実について疑問を提起することの禁止――と取り違えてはならない。

32・3

基本的諸自由は、その優先性との関連で特別な地位をもっているので、本当に必須の自由だけを、それに入れるべきである。われわれは、正義の二原理から出てくる、これとは別の要請からして、基本的自由に入らない諸自由については、それを法によって制限しようとする側に証明責任があると考えるので、そのような諸自由の法による制限は特段の理由がない限り許されないという一般的推定によって、それらの諸自由も、満足できる程度に認められるはずである。基本的自由が数多くある場合、それらの内容を特定して、各々の中心的適用範囲を確保する一つの整合的枠組へとまとめ上げることは、あまりに厄介な作業となるだろう。そのためには、どのようなケースが本当に根本的な事例に該当するのかを問題にしたり、個々の権利や自由の重要度を判定する基準を導入したりする必要が出てくる。それ以外に、われわれが求めている種類の基本的諸自由からなる完全に適切な枠組を特定する方法がないからである。

『正義論』の重大な欠陥の一つは、基本的諸自由に関するそこでの説明が、相互に異なり対立する二つの基準を提案しているにもかかわらず、いずれも満足できる基準ではないという点にある。一つの基準は、諸自由からなる最も広範な枠組を達成するということを、基本的諸自由を特定する際の目標とするというものである(『正義論』初版、第三二節二〇三頁、『正義論』第三七節二〇一頁、第三九節二二〇頁)。もう一つの基準は、平等で合理的な代表的市民の視点をとった上で、その市民の――四段階系列の各段階で既知とされたものとしての――合理的利益に照らして諸自由の枠組を特定せよというものである(『正義論』第三二節一七九頁、第三九節二一七頁)。しかし(ハートが主張したように)[34]、基本的諸自由の広範さという観念が役立つのは、最小限の重要性しかない事例においてだけであるし、他方で、市民の合理的利益については、それが求められた役割を果たすために十分なだけの説明が『正義論』ではなされていない。何が、よりよい基準だろうか。

32・4

ここで、次のような基準を提案したい。すなわち、基本的諸自由とその優先性は、われわれが二つの根本的場面としてすでに言及した局面において(第一三節4)、市民が二つの道徳的能力を適切に発達させ、十分かつ事情に通じた仕方で行使するために必須の社会的諸条件を、すべての市民に平等に保障するべきである。それら二つの場面を、ここでもっと詳しく説明しておこう。[35]

(a) 第一の根本的場面は、正義感覚の能力と結びついており、また、基本構造とその社会政策への正義原理の適用に関わる。平等な政治的諸自由と思想の自由は、市民がその正義感覚の十分かつ効果的な行使を通じて、正義原理を基本構造とその社会政策に自由で事情に通じた仕方で適用できるような機会を保障するべきものである。このすべては、公共的理性の自由な使用を可能にするために必要である(第二六節)。

(b) 第二の根本的場面は、善の(完全な)構想(通常これは、宗教的・哲学的・道徳的な包括的教説と結びついている)を形成するための能力と結びついており、また、そのような構想を全生涯にわたって形成し修正し、合理的に追求する際の、市民の実践理性の能力の行使に関わる。良心の自由と結社の自由は、この能力と、それと対をなす実践的な推論及び判断の能力とが自由で事情に通じた仕方で行使されるような機会を保障すべきものである。

(c) 右の(a)及び(b)で言及した諸々の権利・自由を支える、それら以外の基本的諸自由——人格の自由及び(身体的・心理的)完全性、並びに法の支配の項目に入る諸権利及び諸自由——は、(a)及び(b)で言及したような基本的諸自由が適切に保障されるために必要なものであるから、前述の二つの根本的場面と結びつけて考えることができる。二つの根本的場面の特徴は、第一に、それらの場面が、道理に適った合理的な者というだけでなく、自由で平等な者ともみなされた市民の根本的利益の実現と結びついていること、第二に、それらの場面で正義原理が適用される諸制度が広い適用範囲をもち、また、基本的という性格をもっているということにある。

32・5

基本的諸自由に関する以上の区分を所与として、個々の自由の重要性は、次のように説明される。自由の重要度は、それが二つの根本的場面の一つ(または両方)において道徳的能力を十分かつ事情に通じた仕方で行使するためにどの程度必須であるか、あるいは、そのような仕方での道徳的能力の行使を保護するためにどれほど必要な制度的手段であるかに左右される。より重要な基本的自由が、個々の基本的自由の中心的な適用範囲を絞り込む。基本的諸自由が相互に衝突する場合は、より重要な自由を各自由の中心的適用範囲の内部に取り込む仕方を探すことになる。

幾つかのわかりやすい例を考えてみよう。第一に、言論・出版・討論の自由への権利の重みは、この基準によって判断されるべきである。ある種の言論は、特別に保護されるものではないし、別の種類の言論は、犯罪――例えば、名誉毀損やいわゆる喧嘩言葉(これが犯罪になるのは一定の状況に限られるが)――になることもある。政治的言論でさえ、急迫不法な実力行使への煽動となる場合には、もはや基本的自由として保護されない。

これらの種類の言論が犯罪である理由は、それを慎重に検討する必要があるだろうし、また一般に、事例ごとに異なるであろう。私人に対する名誉毀損は(政治家その他の公人に対する名誉毀損と対照的に)、基本構造を判断し規制するための公共的理性の自由な使用にとって、まったく重要性をもっていない。しかも、そのような種類の言論は、私法上の不法行為でもある。急迫不法な実力行使への煽動は、演説者の全般的な政治的見解がどのようなものであれ、民主的な政治的手続を破壊するようなものであって、公共的討論の秩序に関するルールによって許されるようなものではない。革命的で煽動的ですらある教説の唱導が完全に保護されている——そうであるべきだが——限り、言論の内容に対する制限は一切なく、あるのはただ、時間と場所、そして、言論を表明する手段に対する規制だけである。

32・6

基本的権利の一つに、個人的な財産を保有し排他的に使用する権利がある。この権利の一つの根拠は、個人的な独立と自尊の感覚とが両方とも道徳的能力の適切な発達と行使にとって必須であるがゆえに、それらのために十分なだけの物質的基礎を与えるということにある。この権利をもち、それを効果的に行使できるということは、自尊の社会的基盤の一つである。[36] 従って、この権利は、一般的な権利である。すなわち、すべての市民が、その根本的な利益のゆえにもつ権利である。次の二つのより広い財産権の構想は、基本的なものとはされない。すなわち、

(i) 天然資源と生産手段一般における私有財産権——その取得と遺贈の権利も含む——。

(ii) 生産手段と天然資源——これらは両方とも、私的にではなく社会的に所有されるべきものとされる——の支配に参加する平等な権利を含むような財産権。

これらの広い財産権の構想をわれわれが使用しないのはなぜかというと、それらは、

道徳的能力の適切な発達と十分な行使にとって必要なものではなく、従って、自尊のために必須の社会的基盤でもないからである。しかしながら、それらの広い構想が正当化されることもあるかもしれない。それは、現存の歴史的・社会的条件次第である。財産権の立ち入った内容規定は、基本的な諸権利と諸自由が保証されていると仮定して、立法段階でなされることになる。[37] 公正としての正義は公共的な政治的構想として、社会主義を含め、さまざまな財産形態に賛成または反対する主義主張を比較衡量するための共有された基礎を提供すべきものである。それ故、公正としての正義は、生産手段における私有財産の問題について、基本的権利に関わる根本的なレベルでの判断を予めすることを避けようと努めるのである。多分そうしてはじめて、この重要問題に関する討論が、重なり合うコンセンサスを獲得することのできる正義の政治的構想の内部で、後に続くことができるだろう。

33　第二条件を強調する議論

33・1　第二九節では、マキシミン・ルールによって導かれる、正義の二原理を擁護する第一の議論を検討した。その議論は、(平均)効用原理が許す可能性のある基本的諸自由の制限または否認に焦点を合わせた上で、既述の第三条件を強調した。以下では、マキシミン・ルール使用の第二条件——すなわち、保証水準が高度に満足できるものでなければならないということ——を強調する、正義の二原理を擁護する第二の議論を概観する。正義の二原理によって達成される水準が高度に満足できる、多分、実際上到達可能な最善の水準に近いのはなぜかという問いを立てた場合、それに対する答えの一部は、正義の二原理は、平等な基本的諸自由を保障する点で、従って、安定した立憲政体にとって必要不可欠な三条件を充たす点で、(平均)効用原理よりも効果的である、というものである。[38]

第一の必要条件は、多元性の事実を所与として、基本的な諸権利と諸自由を一度限りというやり方で固定し、それらに特別の優先性を与えるということである。これによって、これらの保障が政党の政治課題からはずされることになる。それはまた、それらの保障を社会的利益の計算を越えたところにおくことにもなり、従って、相互尊重という足場の上に立って、社会的協働の条項を明確で確固とした形で確保することにもなる。正義の二原理は、こうした条件を充たしている。

これと対照的に、効用原理がするように、社会的利益の計算を基本的な諸権利と諸自由の特定とつねに関連させることは、それらの自由の地位と内容を不確定のままにすることになる。それは、それらの自由を時と所に応じて変化する状況に依存させることになり、政治的論争への賭金を非常に高くする結果、公共生活の不安定性と敵対性を危険なまでに増大させる。どの信仰に良心の自由が与えられるべきか、どの集団に投票権が与えられるべきかといった問題を政治課題からはずすことに抵抗する心情がどのような結果をもたらすか、考えていただきたい。そのような心情は、穏当な多元性という事実によって特徴づけられる社会に潜在する深い分裂を永続させる。それは、後の状況が有利に展開することが判明すれば、今よりも有利な立場を獲得するために古き敵対関係をいつでも復活させる用意があるという心情の一端を示すものであろう。これと対照的に、基本的諸自由を保障し、それらの優先性をより効果的に確保することは、市民間の宥和という仕事を果たし、平等を基礎とする相互承認を約束するものである。

33・2

安定した立憲政体の第二の必要条件は、その政治的構想が、公共的理性の共有された基礎、しかも、それにとどまらず可能ならば、明確な基礎を定めなければならないということである。その際、公共的理性の共有された明確な基礎とは、それ自身を独立に取り上げても、十分信頼できると公衆から認められうるようなものを指している。ところで、公知性の条件は、すでに述べたように、政治的な正及び正義の原理が、公共的理性の必須の部分であることを意味する（第二五―二六節）。それ故、ここでの考えは、正義の二原理は、効用原理が提出するものよりも、より明確でより信頼できる公共的理性の基礎を定めるということである。というのは、効用原理の適用に伴う精緻な理論的計算が決定的なものだと公共的に認められるとすれば、それが多くの恣意的仮定に依存するきわめて複雑な計算であるが故に、原理の適用がきわめて暫定的で不確実なものになるのは必定だからである。このことを理解するために、それを基本構造に適用する際の諸困難について考えてみていただきたい。

その上、効用原理は、政治的には使い物にならないことが判明するだろう。というのは、効用原理を万一適用する場合、人々は、互いの議論に対してきわめて深い不信感を抱きそうだからである。それらの複雑な議論が前提としている情報を入手することは不可能でないまでも、しばしば困難であるし、客観的で一致した評価に達する際にしばしば重大な諸問題が現れる。さらに、われわれが自分の議論を提出する際、それは誠実なものであって利己的なものではないと考えているとしても、自分の議論が勝った場合に、敗者となった人々がどう考えるか、われわれはそれを道理に適った仕方で予測して、考慮しなければならない。政治的判断を支える議論は、可能ならば、ただ健全であるだけでなく、健全だと公衆から認められうるようなものであったほうがよい。

正義は、なされなければならないだけでなく、なされたと思われなければならない、という格言は、法だけでなく、公共的理性にもあてはまる。以上の点で、正義の二原理

（これは、人々の社会的境遇の客観的特質によって定義される基本善指数を備えている）は、効用原理に勝ると思われる。問題はたんに、何が真であるか、何が真だとわれわれが考えるかではなく、しばしば政治的に意見を異にする平等な市民たちが、判断の重荷、とくに政治的判断の複雑性に直面するときでさえ、どのようなものならば、それを真だと、あるいは道理に適ったものだと互いに納得すると、道理に適った仕方でわれわれが期待できるかなのである。

33・3

安定した立憲政体の第三の必要条件は、その基本構造が、政治的生活に関する協働的徳性の涵養を促進するものでなければならないということである。そのような徳としては、道理に適っていることや公正感覚、妥協の精神や互譲の精神などがある。これらの徳が、全員が平等と相互尊重に基づいて公正なものとして公に受け容れることのできる条件で、他の人々と是非協働したいとは言わないまでも、そうすることに前向きな気持ちを下支えしているのである。正義の二原理は、それらの徳を涵養する。それは、第一に、社会の分裂を惹き起こす恐れのきわめて高い争点――それに関する不確実性が広がれば、社会的協働の基礎が掘り崩されるにちがいない、そのような争点――を政治課題からはずすことを通じて、第二に、自由な公共的理性の適度に明確な基礎を定めることを通じてである。

正義の二原理は、自由で平等な人格としての市民という理想が、公知性の条件の充足によって、それらの原理と、それらが基本構造において実現されていることとが市民の共通の認識になることを通して公共生活に組み入れられるとき、前述の政治的諸徳性の涵養をさらに促進する。こうした組み入れは、道理に適った道徳心理学(第五部で論じる)と相まって、正義に適った諸制度が確立され、長期にわたってうまく機能するとき、協働的な政治的諸徳性が促進され、保持されることを含意する。そうしたプロセスにとって決定的に重要なことは、正義の二原理が互恵性の観念を表現しているという点である。だが、効用原理は、その観念を欠いているのである。ここで注目していただきたいことだが、基本構造が正義の二原理を充たすということを市民が公に認識しているとき、そうした公共的認識そのものが、市民間の相互信頼一般を促進するだけでなく、自発的で実り豊かな社会的協働にとって必要な態度と心の習性の発達をも促進する。これは、公知性の条件が重要な役割をもつ、以前に述べたのとは異なる、もう一つの場面である。

33・4

政治生活に関わる協働的徳性の一つに、公共的な市民としての義務を尊重する性向がある(第二六節3)。それは、憲法の必須事項に関わる事例では、また、そうでなくても、憲法の必須事項に隣接し、政治的な分裂につながるような事例では、政治的価値に訴えるよう指示する。中絶は、後者の恰好の事例である。それが憲法の必須事項であるかどうかははっきりしないかもしれないが、憲法の必須事項に近接し、深刻な対立の原因となりうるものであることは確かである。われわれがもし、公共的理性の考え方を受け容れるのなら、われわれは、この問題が解決される仕方、または、解決に近いものを示唆するような政治的価値を特定するよう努めるべきである。ここで私が思いつくのは、次のような諸価値である。すなわち、公共的な法が人命に対して、それにふさわしい尊重を示していること。公共的な法が社会の長期的自己再生産を支える諸制度を適切に規制していること。公共的な法が女性の十全な平等を保障していること。そして、公共的な法が、例えば神学的その他の包括的教説によって判決を下すことの禁止といった、公共的理性そのものの要求に従っていること。そこでの狙いは、これらの価値を、公共的理性の限界内にある政治的価値として定式化することにある。

公共的な市民としての義務は、次のような考え方と軌を一にしている。すなわち、憲法の必須事項に関する政治的討論は、共有された政治的価値に基づいて達成される自由な合意をめざすべきであり、これと同じことが、憲法の必須事項に隣接する他の問題についても、とくにそれが社会の分裂を惹き起こす問題であるときにはあてはまる。正義に適った戦争が、正義に適った平和をめざし、それ故、正義に適った平和の達成を一層困難にするような兵器の使用を制限するのと同様に、われわれが政治的討論における自由な合意をめざすとき、われわれは、他の人々も受け容れることができる議論を使用するべきだし、また、そのような理由に訴えるべきである。しかし、多くの政治的論争は戦争の特徴を示している。論争の一方は、部隊を召集して、敵を威圧する。そうなると、論敵は勢力を増強するか、それができなければ退却するほかない。このような事態のなかに人は、気骨があるということは、堅固な確信をもち、それを他人に対し挑戦的に宣言する用意があることだ——生きることは対決することだ——という思想を見出すかもしれない。

公共的理性の考え方は、そうした思想が見逃しているものが、道理に適っていることや公正感覚、妥協の精神や公共的な市民としての義務を尊重する意志といった、協働的な政治的徳性を公共生活において実現する社会によって達成される偉大な諸価値であることを明らかにする。それらの徳が社会に広範に広がり、その社会の正義の政治的構想を支えているとき、それらの徳は、大きな公共善となる。それらは、社会の政治的資本に属する。「資本」という言葉がここではふさわしい。なぜなら、それらの徳は、長い間にゆっくりと形成されたものであり、また、現存の政治的・社会的諸制度(これらもゆっくりと形成されたものであるが)に依存するだけでなく、市民たちの経験全体や彼らがもつ過去に関する知識にも依存するからである。また、資本と同様、それらの徳も、いわば減価しうるから、現時点でそれらの徳に従った行動をすることによって、それらを再確認することを通じて不断に更新されなければならない。

33・5

本節の結論を述べよう。正義の二原理を支持する第二の議論は、第一の議論と異なり、市民の個人的善(われわれの基本的な諸権利と諸自由の許しがたい否認または制限を避ける必要)に焦点を合わせるものではない。その焦点はむしろ、正義の二原理によって実現される公共的政治文化のもつ性質と、そのような文化が公共生活の道徳的質と市民の政治的な性格に与える望ましい効果とにある。原初状態の当事者は、実際のところ、一定種類の社会的世界を作ろうとしているのである。当事者たちは、社会的世界を歴史によって与えられたものとみなすのではなく、どのようなものになるかが、少なくとも部分的には、自分たち自身にかかっているものとみなしているのである。彼らのみるところ、最善の合意とは、第一に、全員に背景的正義を保障し、第二に、相互尊重に基づく市民間の協働の精神を育成し、第三に、市民たちの忠誠に完全に値するさまざまな(許容される)生き方が可能になるのに十分なだけの社会的空間を、その合意の範囲内で認める、そのような合意である。(39)

ここには、ベンサムの個別結果の原理に対するミルの異論(40)と同型のものがみられる。

ミルの考えでは、根本的なのは、個々の法律を一つひとつ取り上げた場合に、それらの法律から生じる結果(もちろん、それが重要でないとは言わないが)ではなく、全体としての、一つの体系としての、社会の主要な諸制度である。しかも、それらの制度は、法秩序によって規定され、他方で、そのようにして規定された諸制度が促進する国民性(ミルの用語)の種類によっても規定される。ミルの関心は、進歩する存在としての人間の恒久的利益と一致するように効用の観念を定義し、そのことを通して効用原理を、人間的善に適った社会的世界を保証するものにすることにあった。これと類似の推論が、正義の二原理を擁護する第二の議論の特徴となっている。すなわち、正義の二原理を実現した秩序だった社会が高度に満足できる社会的世界であるのはなぜかというと、その社会が、諸々の基本的な権利と自由を一度限りという仕方で固定されたものとみなすことを通じて、社会的協働に資する政治的諸徳を支える、そのような政治的性格を育成するからである。

34　第二の基本的比較——序論

34・1　これで、第一の基本的比較の概観は終わった。それは、(唯一の正義原理としての)平均効用原理よりも、(一体のものとしての)正義の二原理のほうを支持する推論だった。この比較の結果、公正としての正義の最も根本的な目標が達成されたのではあるが、格差原理にたいした支持が与えられたわけではない。それが示しているのは、せいぜい、われわれの基本的諸自由を利用するためにわれわれが必要とする一般的な汎用的手段を、この原理が十分に確保してくれるということにすぎない。しかし、その点では他の原理のほうが格差原理よりも優れているかもしれないのである。

この問題を考究するために、今からは、第二の基本的比較を論じることにしよう。ここでは、一体のものとみなされた正義の二原理が、一点だけを除いてこれらの原理とまったく同じであるような代替案と比較される。適正な社会的ミニマム保障と組み合わされた平均効用原理が格差原理と入れ替えられるのである。ミニマムが含まれなければならないが、それというのも、当事者たちはつねにその種の保険を強く求めるだろうからである。つまり問題は、どれほどのミニマムが適切なのかである。この案では、基本構造は、第一に、平等な基本的諸自由(それらの公正な価値を含む)や機会の公正な平等の保障と矛盾せず、第二に、適正な社会的ミニマムの維持と矛盾しないで、平均効用を最大化するように取り決められるべきことになる。この混合構想を、制限つき効用原理と呼ぶことにする。[41]

34・2

第二比較が基本的だと言うのは次の理由のためである。すなわち、効用原理が格別に重要な役割を担う正義構想のうちで、制限つき効用原理が、正義の二原理に対する最も強力なライバルにみえるだろうからである。この比較をしてもなお正義の二原理のほうが支持されることになるなら、他の形態の制限つき効用原理もまた退けられると思えるだろう。そうした原理のもつ役割は、より基本的な原理によって許容される限界内で社会政策を規制する下位規範の役割ということになるだろう。

いずれの選択肢も最悪の可能性から護ってくれるから、つまり、基本的諸自由や機会の公正な平等の否認や制限から保護するのみならず、効用原理に社会的ミニマムが付加されると、より深刻な福利の減少からも護ってくれるのだから、マキシミン・ルールの第三条件はもはや充足されていない、ということに注意されたい。また、マキシミン・ルールの第一条件には何ら重みをおきたくないから、確率に関する論拠は完全に除外する。われわれは、より有利な状況にある集団とより不利な状況にある集団という二つの集団が社会にあると仮定し、その上で、いずれの集団も制限つき効用原理よりも格差原理のほうに賛成するだろうということを示そうと努める。要するに、マキシミン・ルールの第二条件が完全に充たされているか、ほぼ十分に充たされているために、正義の二原理を支持する独立した論拠を提供できると論じよう。

35　公知性に属する諸根拠

35・1

われわれが検討する諸根拠は、公知性、互恵性及び安定性の観念に属しており、検討の順序もこの通りである。では、公知性から始めよう。先に述べたように(第二五節1)、公知性は、正義原理が市民たちによって肯定されており、基本構造を実効的に規制しているということが市民一般に公に承認されていることがもつ――政治的・社会的・心理的――諸結果に照らして正義原理を評価するよう、当事者たちに求める。この要請に基づいて格差原理を支持する諸根拠を概観するに先立って、秩序だった社会が達成しうる公知性の三つのレベルを区別しておこう。

(i)第一のレベルは、市民による正義原理の相互承認と、基本構造の諸制度がこれらの原理を実際に充たしているという公共的知識(ないしは道理に適った信念)とが一緒になったものである(第三節)。

(ii)第二のレベルは、原初状態の当事者たちがそうした原理を選択する基礎となる諸々の一般的事実の、市民たちによる相互承認である。これらの一般的事実を当事者たちに入手させることによって、われわれは、市民たちの基本的諸制度とこれらの作動の仕方に関する道理に適った平均的市民たちの常識となっている知識や信念を、原初状態のなかにモデル化するのである（第二六節）。

(iii) 第三のレベルは、公正としての正義の、それ自体の観点から行われる完全な正当化の相互承認である。つまり、市民たちは、この見解を練り上げているあなたや私と同じほど完全に、その正当化を知っているのである。もちろん、市民たちがそこまで反省を進めることはありそうにもないが、それでも、彼らがそう望むなら、彼らが考察するべき完全な正当化が公共的文化のなかで手に入るのである。[42] もちろん、諸々の包括的教説の重なり合うコンセンサスが存在する場合には、通常、市民たちはその政治的構想を肯定するための彼ら自身の更なる根拠をもっているだろうが、この事実もまた公に知られている。

35・2

完全な公知性という条件が充たされている秩序だった社会、つまり三つのレベルすべてが達成されているような社会が、（マルクスの言う虚偽意識の意味で理解された）イデオロギーなき社会となっていることが望ましい。しかし、この社会がそうあるには多くのことが必要とされる。例えば、（第二のレベルの）一般的事実は適切な理由から市民たちによって信じられているのでなければならず、彼らの信念は、イデオロギー意識の二つの形態である幻想や妄想であってはならない。[43] われわれが当事者たちに帰する信念は、われわれがそう呼んだように、常識となっている信念や、異論のない場合の科学の信念なのだから、そうした信念のほとんどが適切な理由から受容されているまずまずの見込みがある。

ともあれ、社会がイデオロギー意識を克服しようと努める一つの方法は、思想の自由や良心の自由を保障する諸制度を肯定することである。というのは、もし幻想や妄想を明るみに出すものがあるとすれば、合理的探求と熟慮された反省こそが、長期的にみてそうした傾向をもつからである。完全な公知性があってもイデオロギーの不在は保証されはしないが、それで多くのものが得られているのである。つまり、人々は自分たちの基本的諸制度が充たしている政治的正義の諸原理を知っているのであり、また、もしわれわれが公正としての正義を肯定しているなら、人々にはその諸原理を肯定する道理に適った諸根拠があるのである。そしてまた、彼らの諸制度が正義に適っているならば、それは、さもなければ、社会における自分の役割を引き受けたり社会の諸制度が実効的で安定しているために彼らが必要としたかもしれない、自分たちの社会についての誤った信念(妄想)を減らしてくれるだろう。

35・3

われわれの目的にとって、公知性条件の一つの重要な帰結は、それが正義の政治的構想に教育的役割を付与するということである（第一六節2）。われわれは、常識的な政治社会学の一般的事実として、秩序だった社会で育つ人々は、その公共的文化や、それに含まれている人格や社会の構想から、市民としての自己理解をかなりの部分形成するだろうと想定する。公正としての正義はそうした文化に属する基礎的な直観的諸観念から組み立てられるのだから、この役割は公正としての正義にとって中心的なものである。

目下の文脈でこの点が重要なのは、第二比較においては、二つの選択肢の共通の内容として、公正としての正義で用いられる市民の構想と社会の構想が含まれているからである。従って、争点となるのは、（狭義の）分配的正義の最も適切な原理であり、また、格差原理と制限つき効用原理のいずれが、自由で平等な者としての市民という構想と、そのようにみなされた市民間の公正な協働システムとしての社会という構想とにとって、よりふさわしいのかということである。そうした協働システムとしての社会という観念は何らかの相互利益の観念を含んでいるから、公知性条件によって導入される教育的役割は、選択肢の共通の内容が互恵性の諸根拠のための足場を提供するということを意味する。

36　互恵性に属する諸根拠

36・1　すでに述べたように、格差原理が互恵性の観念を含んでいるという事実が、格差原理を制限つき効用原理から区別する。後者は、平等もしくは互恵性に向かう内在的傾向をもっていない総量最大化原理であり、そのような傾向はすべて、所与の状況にこの原理を適用した結果に左右されるが、ケースごとに結果は異なるのである。二つの基本的比較はこの事実を利用する。つまり、既述のように、第一比較は平等(平等な基本的諸自由)について、正義の二原理のほうの利点を明らかにし、第二比較は互恵性についてそうするのである。

問題を単純化するために、より有利な状況にある集団と、より不利な状況にある集団という二つの集団しか社会には存在しないと仮定し、また、所得と富の不平等だけに着目することにしよう。格差原理は、その最も単純な形態では、こうした不平等を規制する。原初状態の当事者たちは、対称的に配置されており、また、採択される原理は自由で平等な者とみなされた市民たちに適用されることになるということを(二つの選択肢に共通の内容から)知っているから、彼らは所得と富の平等な分割(これらの基本善を指数化した等しい人生の見込み)を出発点とみなす。次いで、当事者たちはこう問う。平等な分割から離れるための適切な理由があるだろうか。もしそうなら、どのようにして生じるどのような不平等が受容できるだろうか、と。

36・2

正義の政治的構想は、社会の編成や経済的効率性の要請を考慮に入れなければならない。所得と富における不平等が効果的に働いて、平等分割から出発して全員の状態を改善するならば、当事者たちはそうした不平等を受け容れることだろう。これは格差原理を示唆している。すなわち、平等分割を基準点として、より多く獲得する人々は、より少なく獲得する人々にとって、とりわけ最も少なく獲得する人々にとって受容できるような条件で、より多くを獲得するのでなければならないということを示唆する。するると、われわれは、平等な分割を出発点にすえて、互恵性の観念と合わせて考えることによって、格差原理を手に入れる。この原理は(最も効率的な)OP曲線上の頂点を選択するのであり、すでにみたように、この点は、平等を表し平等分割を維持する直線である四五度線に最も近接する効率点である(一二二頁、図1参照)。格差原理に含まれている互恵性の観念は、効率性の要求と平等の要求の間の自然な焦点を選ぶのである。(44)

36・3

当事者たちが格差原理に到達しうる一つの仕方を理解するために、図1を考察しよう。区間ODでは全員が利益を獲得し、そして点Dが最初の（パレート）効率点であるから、彼らは原点Oから点Dに移行することに合意したと考えよう。

点Dまでくると、当事者たちは、OP曲線の右下に向かって傾斜する部分にあって、点Dより右側にある点Bへと点Dから移るべきかどうかを問う。点Bは、（所得と富に準拠する限りでの）平均効用が（諸制約に服して）最大化されるベンサム点である。点Dと点Bを結び、さらに最も有利な状況にある人々の効用が最大化される点F（封建点）までを結ぶ曲線上の点も、効率的な点ではあるが、この区間での移動は、他の集団の指数を低下させることによってのみ、ある集団の指数を高めることができる。右上の方向に移行することで誰もが利益を得る区間ODとは対照的に、区間DFは対立が起こる部分である。

格差原理は、点Dにとどまり、対立区間には入らないことへの合意を表している。点Dが、次のような互恵性条件を充たしている、（最も高い）OP曲線上の唯一の点なのである。その条件とは、どの点においても、暮らし向きのよりよい人々は、その点で暮らし向きのより悪い人々の犠牲の上に暮らし向きがよりよくあってはならないというものである。当事者たちは、自由で平等な者としての市民を代表しており、そのため、平等分割を適切な出発点とみなすのだから、これが(唯一のものではないが)一つの適切な互恵性条件なのだ、と言っておこう。われわれは、他にそうした条件が存在しないということを示したわけではない。しかし、それがどのようなものかを思い描くのは難しい。

36・4

以上をまとめよう。格差原理は、平等分割から出発して、より有利な状況にある人々は、どの点においても、暮らし向きがより悪い人々の犠牲の上で暮らし向きがよりよくあってはならないという考えを表現している。格差原理は基本構造に適用されるものだから、それに含まれる互恵性のより深い観念は、社会的諸制度は、最も恵まれない人々を含む誰の利益にもなるような場合を除いては、生まれつきの才能、初期の社会的地位、人生の途上で出合う幸運や不運といった偶然的諸事情を利用してはならないというものである。これは、そのような避けられない偶然事についての、自由で平等とみなされた市民間の公正な企てを表している。

第二一節で述べたことを思い出していただきたい。すなわち、(生まれつきの才能の分配において道徳的には値しない位置を占めている)より才能に恵まれた人々が——彼らはその分配における自分の幸運な位置によってすでに優遇されているのだが——なお一層の利益を追求するように奨励されるのは、すべての人の利益に貢献するような仕方で、とりわけ(これもまた道徳的に値しないものなのだが、生まれつきの才能の分配において それほど幸運な位置を占めていない)最も才能に恵まれていない人々の善に貢献するような仕方で、自分の才能に磨きをかけ、それを使用する限りでのことである。この互恵性の観念は、生まれつきの才能の分配を共同資産とみなすという考えに含まれている。これと同一ではないが類似した考察が、社会的地位や運不運といった偶然事にもあてはまる。

37　安定性に属する諸根拠

37・1

安定性の観念は次のようにして導入することができる。すなわち、安定的であるためには、正義の政治的構想は、それ自体の支えを生み出さなければならず、またそれに導かれた諸制度は、第五部でさらに論じるように、少なくとも適度に好都合な条件のもとでは、おのずから従われるものでなければならない。これは、この構想が実現されている秩序だった社会で育つ人々は、通常、彼らを導いてその政治的構想をそれ自体のために支持させる、そのような思考様式や判断様式並びに諸々の性向や感情を発達させるということを意味する。それ自体のために支持するとは、政治的構想の諸々の理想や原理が適切な理由を特定しているとみなされるということである。市民たちは、現存の諸制度を正義に適うものとして受け容れており、自分の現在の社会的地位や将来見込まれる社会的地位を知ったとしても、社会的協働の条項に違反したり、これを取り決め直したりしたいという願望を通常は一切もっていないのである。

ここでわれわれは、もし誰もが、あるいは実のところ多くの人々が、自己利益や集団利益に従って純粋に戦略的ないしゲーム理論的な流儀でつねに行為するならば、政治的・社会的協働は直ちに崩壊してしまうだろうと想定している。民主的政体では、安定した社会的協働は、ほとんどの市民が政治秩序を正統だとして受容しているか、ともかく深刻に正統性を欠いてはいないものとして受容しており、それ故、進んで政治秩序に従うという事実をあてにしているのである。

37・2

公正としての正義を充たす秩序だった社会においては、最も不満を抱きそうな人々は最も有利な状況にある人々であるようにみえる。それ故、彼らのほうが協働の条項に背いたり、その取り決め直しを迫ったりしそうである。というのも、彼らが所得と富の分配を対立区間(点Dから点Fまで)へ移行させることができればそれだけ、彼らはより多くの利益を得るからである。そうだとすれば、なぜ彼らはたえず取り決め直しを迫らないのだろうか。

もちろん、もしわれわれが、どちらかの集団にとって(所得と富で測られた)利得が可能なときはいつでも離脱したり取り決め直す傾向が生じると想定するなら、こうした傾向をすべてなくすることができるいかなる分配原理も存在しない。どの効率点においても、ある集団が他の集団を犠牲にして、よりうまく立ち回ることができるのであり、そうした傾向が存在できなくなるのは、対立区間がまったくなく、まるでエデンの園でのように、OP曲線が右上がりに無限に上昇するとした場合だけであろう。安定性を確保するためには、政治的構想は、目下の協働の条項を取り決め直したりそれに違背したいという願望を相殺するか、さもなければ沈黙させる別の理由を提供しなければならない。従って、より有利な状況にある人々が一層の所得と富を獲得することがあるにしても、こうした考慮は別の理由によって凌駕されるのである。

37・3

そのような三つの理由を挙げよう。まず第一に、公共的な政治的構想のもつ教育的役割の効果がある(第三五節3)。だから、われわれは、社会のすべての構成員が、彼らの諸制度の基本構造において、また基本構造を通じて、相互に利益となる社会的協働に携わる、そのような自由で平等な市民だと自分をみていると想定する。こうした自己理解を前提すると、彼らは、そうした基本構造に適用される分配原理が互恵性の適切な観念を含んでいるべきだと考える。もし(先の第三六節で)加えた考察が、格差原理がそのような観念を含んでいるということを示しているとすれば、誰もが、それを受け容れるべきこの理由をもっているのである。

われわれはまた、誰もがもつこの理由に加えて、より有利な状況にある人々は、基本構造に適用された場合の格差原理に含意されている、より深い互恵性の観念を心にとめるから、こうした人々には第二の理由があると想定する。互恵性のより深い観念とは、格差原理には、(第一六節の)三つの偶然事がすべての人の利益になる仕方でのみ利用されることを確保する傾向があるということである。ここでの要点は、より有利な状況にある人々は、例えば生まれつきの才能の分配における幸運な立場によってすでに自分が利益を受けていると考えており、また、彼らが他人の状態を改善するような仕方で自分の状態を改善する限りでのみ、自分の状態を改善する機会を提供してくれる(より不利な状況にある人々によって肯定された)基本構造によって自分が一層の利益を受けていると考えている、ということである。

第三の理由は、安定した立憲政体であるための三つの必要条件と関係している。(第三三節での)これらの必要条件の吟味は、いかにして諸々の基本的な権利と自由が、相互信頼や協働的な諸徳性を促進する公共的政治文化を、諸制度を通じて形作るかを示している。格差原理にも同じ効果がある。というのも、主要な三つの種類の偶然事が社会全般の善を増進するような仕方でのみ扱われる傾向があるということや、また、交渉上の相対的地位のたえざる変動が自己利益や集団利益に基づいた目的のために利用されないだろうということが、いったん公に理解されたなら、相互信頼と協働的徳性がなおのこと促進されるからである。

さらに、格差原理は対立区間に入らないという合意を表現しているから、そして、権威と責任ある地位を占めるより有利な状況にある人々は対立区間に入るために有利な立場にいるのであるから、彼らが格差原理を公に肯定するということは、自分が互恵性の適切な観念を受容していることを、可能な最も明快な仕方で、より不利な状況にある人々に伝えることになる。(45) このようにして、より有利な状況にある人々はまた、正義の二原理によって促進されるその政治的諸徳性を備えた公共的文化、つまり、自己利益や集団利益による終わりなき取引交渉の無駄を抑え、社会調和と公民的友愛を実現する何らかの希望を提供する、そのような文化が大いに重要だと自分が承認していることを表明しているのである。

38　制限つき効用原理に反対する諸根拠

38・1

制限つき効用原理の第一の難点はその不確定性に関わるものである。つまり、対立区間のうち、どこがベンサム点なのだろうか、あるいはそもそも、ある効用原理によって特定される(ナッシュ点のような)他の点はどこだろうか。[46] それを同定するためには実行可能で公共的な個人間比較尺度が必要であり、さらにそれは、可能ならばすべての人によって適度にあてになると承認されるべきものである。このような点を考慮して、われわれは人々の状況の客観的特徴に基づいた基本善(財)の観念を導入したのである。

この点での効用原理の諸困難はかなりのものである。不確実性が紛争と不信感を増長しそうだが、それは不明確で曖昧な原理がそれらを増長させるのとほぼ同じ理由のためである(第三三節2)。

38・2

第二に、効用原理は、より有利な状況にある人々にとっての(効用で測った)より大きな利得のために、(同様に効用で測った)より少ない経済的・社会的利得をその全生涯にわたって受け容れるように、より不利な状況にある人々に求める。その点で、効用原理は、格差原理がより有利な状況にある人々に求めるよりも多くのことを、より不利な状況にある人々に要求する。実際、より不利な状況にある人々にそれを求めることは、きわめて大きな要求であるように思われるだろう。心理的負担はどうしても大きくなり、不安定性をもたらしてしまうかもしれない。というのも、互恵性の原理として格差原理は、他の人々がわれわれのために(あるいはわれわれに対して)なすことに対して同じように応えるというわれわれの性向をあてにしているが、一方、効用原理は、共感の性向、あるいはこう言ったほうがよいが、他の人々の利益や関心と同一化するわれわれの能力という、ずっと弱い性向により大きな重みをおいているからである。

もちろん、より有利な状況にある人々は、正義に適った基本構造に従わないことがあるかもしれない。しかし、そうなるとしても、それは彼らに対する要求が大きいからではなく、彼らは権威と政治権力をもった地位にある頻度がより高いために、どんな正義原理にでも違背する誘惑により強く駆り立てられるからである。そうだとすると、効用の最大化を装って対立区間に入るべきでない理由がなおさらある。格差原理によって許容される不平等でさえ、安定性にとってすでに大きすぎるということもありうる。

38・3

最後に、制限つき効用原理は社会的ミニマムの観念を含んではいる。[47] しかし、このミニマムはどのようにして確定されるのだろうか。このミニマムが何を提供すべきかについて指針を与えてくれる、何らかのミニマムの構想が必要である。どのような構想に従うかによって、異なる種類の制限つき効用原理があるだろう。しかし、幾つかのミニマムの構想は、この原理と両立しない。例えば、現代社会を運営するにあたり避けられない不平等を必要なものとして斟酌しつつ、社会的生産物の平等な分け前に近似するものとして定義された社会的配当としてのミニマムという、周知の構想がそうである。効用原理は、公正としての正義と同じく、この構想を拒否する。

制限つき効用原理に適合するミニマムの構想とは次のようなものである。以前に(第二九節3で)述べたことだが、当事者たちはコミットメントの緊張を考慮に入れなければならない。それというのも、誠意をもって合意を取り結ぶためには、彼らは、それぞれが代表する人格がその合意を尊重することができるだろうと相当に確信していなければならないからである。だからこう訊ねよう。平等な基本的諸自由の原理と機会の公正な平等の原理がすでに採択されているとして、コミットメントの緊張が過大にならないことを確保するのに必要な最小のミニマムとはどのようなものだろうか。すでに述べたように、こうした緊張が過大であるのは、われわれ自身を自由で平等な者とみなした場合に、われわれが（そのミニマムを伴なう）正義原理を基本構造のための正義の公共的構想として肯定することがもはやできないときである。

ここでの「肯定する」の意味は、コミットメントの緊張がわれわれにとって過大に思える場合にわれわれが示す、二つの反応の仕方を挙げることによって与えることができる。第一の反応の仕方では、われわれは不機嫌で憤慨するようになり、機会があれば、自分の状況に抗議して暴力的な行動をとる用意ができている。この場合、最も不利な状況にある人々は辛辣であり、彼らは社会の正義構想を拒絶し、自分が抑圧されているとみなす。第二の反応の仕方はもっと穏やかなものである。つまり、われわれは政治社会から離れてゆき、われわれの社会的世界のなかに退却する。われわれはのけ者にされていると感じ、孤立して世をすねてしまい、自分の思考と行動において生涯にわたって正義原理を肯定することができない。われわれは敵意を抱いていたり反抗的であったりするわけではないが、それらの原理はわれわれの原理ではなく、われわれの道徳的感受性を魅了することができないのである。

効用原理を支持する人は、コミットメントの緊張が大きすぎるのは、社会的資源のわれわれの分け前が、われわれがほどほどの人間的生活を送り、われわれの社会で市民の不可欠のニーズとみなされているものを充足するのを許さない場合だけであると言うかもしれない。この考えは、われわれが人間であること――われわれに共通の人間的ニーズ――の故に何人にも少なくともそれほどだけは帰属するというものであり、その根拠はたんに、不安の諸原因を取り除くのが政治的にみて賢明であるということだけではない。しかし、コミットメントの緊張からの論拠では、それ以上は必要ではないと功利主義者は主張する。いったん正義の二原理が第一比較で勝ち抜いたら、無知のヴェールは、それに付随する不確実性をもつので、そうした不可欠のニーズをカバーするミニマムよりも高いミニマムを要求しない、と。

38・4

このミニマムの構想は、それが示唆する指針が、非常にはっきりしたミニマムを特定しておらず、どのみち社会の富の水準に部分的に依存するだろうという意味で、曖昧である。しかし、この構想そのものは、公正としての正義におけるミニマムの構想とは別個のものである。それというのも、格差原理は、諸々の社会政策全体と相まって、最も不利な状況にある人々の人生の見込みを長期的に最大化するようなミニマムを求めるからである。(第四部でこの詳細の幾らかに立ち戻ろう。)

もちろん、これらの二つの構想によって特定される社会的ミニマムが実際にはそれほど隔たってはいない可能性もある。人間であるが故に人格に帰されるものと、(格差原理によって調整された他の諸々の社会政策が与えられた場合に)自由で平等な市民としての人格に帰されるものとは、ほぼ同じかもしれない。しかし、この問題はしばらくわきにおいておいて、主たる問題を問うことにしよう。すなわち、ほどほどの生活にとって不可欠のニーズだけをカバーするような社会的ミニマムは、コミットメントの緊張が過大にならないことを保証してくれるだろうか。

制限つき効用原理におけるミニマムは、そうした緊張が第一の仕方で過大になるのを防ぐだろうということは認めよう。最も不利な状況にある人々は、彼らが社会の正義構想を拒絶し、自分の状況を改善するために暴力に訴える用意があるほどには、自分の状況が悲惨だとか自分のニーズが充たされていないという思いをしないだろう。しかし、コミットメントの緊張が第二の仕方で過大になるのを防ぐには、これで十分だろうか。そのためには、最も不利な状況にある人々が、自分は政治社会の一部だと感じ、その理想や原理を備えた公共的文化が自分自身にとって意義あるものだとみなすことを必要とする。

私は、第四部で、ほどほどの人間生活にとって不可欠なニーズをカバーするものとしてのミニマムという構想は、資本主義的福祉国家に適した構想だと示唆する。それは、コミットメントの緊張が、先に言及した第一の仕方で破られるのを防ぐためには十分である。けれども、コミットメントの緊張が第二の仕方で破られないことを確保するには不十分であるように思われる。その上、自由で平等な者としての市民間の公正な協働システムとしての社会という観念を真剣に取り上げる場合――第一比較の結果は、われわれがそうした場面を扱っているということを意味している――、われわれは政治社会の別の構想の実現を希望する。最も不利な状況にある人々の状況でさえも、いったん彼らが社会の理想や原理を理解し、他の人々によって達成されるより大きな利益がいかに自分の善に貢献するかを認めたなら、彼らが公共生活に引き込まれ、自分をその完全な構成員だとみなす妨げとはならないものであることを、われわれは希望しているのである。

この目的のために、格差原理は、それが規制する他の諸々の社会政策と相まって、互恵性の観念から引き出される社会的ミニマムを特定する。これは、少なくともほどほどの生活に不可欠の基礎的ニーズをカバーするが、おそらくもっと多くのものをカバーする。われわれは、市民たちが自分を自由で平等な者とみなし、社会を長期にわたる公正な社会的協働システムだと考えると想定する。彼らはまた、人生の見込みにおける経済的・社会的不平等を、つまり、自分の生まれ落ちた社会階級、生まれつきの才能、及び人生の行路を通じての好運によって影響を受ける不平等を規制するものとして、分配的正義を考える。

そういうわけで、こう言おう。すなわち、もし自分自身と自分の社会をそのように眺める人々が、彼らの公共的世界から撤退するべきでなく、むしろ自分がその完全な構成員なのだと考えるべきなら、社会的ミニマムは、それが人間の不可欠のニーズを越えてどんなものを供給するにせよ、そのように受けとめられた政治社会にふさわしい互恵性の観念から引き出されるものでなければならない。人間に不可欠のニーズしかカバーしない社会的ミニマムは、資本主義的福祉国家の要求には似つかわしいかもしれないが、公正としての正義の諸原理を実現する、第四部で財産私有型民主制と呼ぶものにとっては、それでは十分ではないのである。

39　平等についてのコメント

39・1　公正としての正義は平等主義的な見解であるが、それはどのような意味でそうなのだろうか。多くの種類の平等があり、平等に関心をもつための多くの理由がある。そこで、経済的・社会的不平等を規制するための理由の幾つかを検討してみよう(48)。

(a)　一つの理由は、特別な事情がないとして、社会の一部もしくは多くの人々にはたっぷり供給されているのに、その一方で、多くの人々が、あるいは少数の人々であっても、彼らが飢餓や治療可能な病気は言うまでもなく、窮乏生活に苦しんでいるのは、間違っているようにみえるということである。切迫したニーズや欲求が充たされていないのに、それほど差し迫ってはいない他の人々のニーズや欲求が充足されているのである。

しかし、ここでわれわれを悩ませているのは、所得と富の不平等そのものではないかもしれない。それよりも、われわれは、本物の稀少性の状態にあるのでなければ、誰もが少なくとも基礎的ニーズを十分に充たせるだけはもって然るべきだと考えているのかもしれない。

(b) 経済的不平等と社会的不平等を制御する二番目の理由は、社会のある部分がそれ以外の部分を支配するのを防ぐことにある。そうした二種類の不平等が大きいと、これらが政治的不平等を支えてしまう傾向がある。ミルが述べたように、政治権力の基礎は(教育を受けた)知性、財産、及び団結力であるが、彼が団結力ということで意味したのは、自分の政治的利益を追求するために協力する能力である。(49) この力は、少数の者が、国家機構に対する彼らの統制力のおかげで、経済全体における彼らの支配的な立場を確保するような法と所有のシステムを制定するのを許してしまう。この支配が、悪しきものであり、多くの人々の暮らしを、さもなければ彼らの暮らしがそうありえたほどには善くないものにしてしまうものだと経験されるその限りでは、われわれはやはりまた、経済的不平等や社会的不平等のもたらす効果に関心をもっているのである。

(c) 三番目の理由は、不平等そのものに伴う悪と一層近い関係をもっている。重大な政治的不平等や経済的不平等は、低い地位にある人々が自他双方によって劣ったものとみなされるのを促すような社会的地位の不平等としばしば結びついている。これは、一方の側に服従と追従の態度の蔓延を、他方の側に支配欲と傲慢を惹き起こすかもしれない。社会的不平等や経済的不平等のこうした効果は深刻な害悪となりえ、それらがもたらす態度は大きな悪徳でありうる。(50)しかし、そうした不平等はそれ自体として、悪ないしは正義に反するものなのだろうか。

不平等がそれ自体として悪ないしは正義に反するものであることに近づくのは、地位体系のなかでは誰もが最高位に就くことができるわけではないという点においてである。地位は、ときに言われるように、立場の上下関係に依存する善である。高い地位は、その下方にある他の諸々の立場を前提しており、だから、もしわれわれが自分自身により高い地位を求めるなら、実はわれわれは、他人がより低い地位におかれることを必然的に伴なう体系を支持していることになる。だからまた、われわれは、より高い地位をもつ人々は通常、社会全般の善にとって埋合わせとなる利益を生み出す適切な仕方で、彼らの立場を勝ち取ったり成し遂げたりしているのだと考えたがる。生まれだとか、ジェンダーや人種によって押しつけられる固定した地位はとくに憎むべきものである。

(d)社会が公正な手続を用いているときはいつでも、不平等はそれ自体で悪であったり正義に反するものでありうる。二つの例として、公正な市場、つまり開かれていて競争的に働く市場と、公正な政治選挙がある。これらのケースでは、一定の平等ないしはほどよく抑えられた不平等が、経済的正義や政治的正義の条件である。独占とそれに類似したものは避けられるべきであるが、それはたんに、それらのもつ悪しき効果、とくに非効率性のためばかりではなく、特別な正当化理由がない限り、それらは市場を不公正にしてしまうからでもある。ほとんど同じことが、政治における裕福な少数の者の支配によって影響を受けた選挙にもあてはまる。

39・2

不平等がそれ自体として正義に反するものである最後の二つの仕方は、ルソーの解決法を示唆しており、公正としての正義では(手直しを加えて)これにならっている。すなわち、政治社会における基本的な地位は、平等な市民たる地位、つまり誰もが自由で平等な人格としてもつ地位であるべきなのである。[51] われわれが、基本構造が依拠している諸々の公正な手続への公正なアクセスをもつべきなのは、平等な市民としてである。すると、平等の観念は、最高のレベルでそれ自体として重要性をもつ。つまり、政治社会そのものが、自由で平等な者とみなされた人格間の長期にわたる公正な社会的協働システムととらえられるのか、それとも何か別の仕方でとらえられるのかというところに、平等の観念が入り込んでくるのである。他の諸々の不平等の正当化が理解されるべきなのは、平等な市民の視点からなのである。

以上のすべてから、われわれは、公正としての正義の諸原理によって秩序づけられた社会においては、最も高いレベルで、また最も基本的な点で市民は平等なのだと言うことができる。市民がお互いを対等者として承認し理解しているという意味で、平等は最も高いレベルで現れている。市民たちが、彼らがそうであるもの――つまり市民――であるということは、彼らが対等者として関係し合っていることを含んでおり、そして、彼らが対等者として関係し合っていることは、彼らがそうであるものの一部であるとともに、彼らが他の人々によってそうだと承認されているものの一部でもある。市民たちを社会的につなぐ絆は、彼らの平等な関係が求める諸条件を保つことへの市民たちの公共的な政治的コミットメントなのである。

この最高レベルでの平等な関係は、人生の見込みに関わる場合には、ほどほどの人間生活に不可欠の人間的ニーズしかカバーしない社会的ミニマムよりも、互恵性の観念に基づいた社会的ミニマムのほうに軍配を上げる。ここでわれわれは、いかに社会的ミニマムの適切な概念が公共的政治文化の内容に依存しており、これが今度は、政治社会そのものがその正義の政治的構想によって理解されるその仕方にいかに依存しているかがわかる。適切なミニマムの概念は、特定のいかなる社会的世界からも離れて心理学的に(あるいは生物学的に)理解された人間本性の基礎的ニーズによって与えられるものではない。むしろそれは、公正としての正義を組み立てる土台となる、人格と社会の基礎的な直観的観念に依存しているのである。

40 結語

40・1

以上で、二つの基本的な比較の概観を終えるが、これらの比較は正義の二原理を支持する議論の第一の部分に属している(第二五節5)。第五部で公正としての正義を充たす秩序だった社会の安定性の問題を論じるとき、われわれはさらにこの議論の第二の部分を取り上げなければならない。

それでも、われわれは、格差原理が頻繁にはっきりと是認されているわけではないということを認めるべきである。それどころか、格差原理は、現時点でのわれわれの公共的政治文化においてほとんど支持されていないということが判明するかもしれない。にもかかわらず、格差原理を考究してみる価値があると私は信じている。つまり、格差原理は、多くの望ましい特徴を備えており、正義の政治的構想のための互恵性の観念を単純な仕方で定式化しているのである。私の考えでは、いったんわれわれが社会を、ある世代から次世代へと続く自由で平等な市民間の公正な社会的協働システムだとみるなら、何らかの形で、この観念が民主的平等にとって不可欠なのである。

第二の基本的比較のこれまでの説明から明らかなように、諸理由の衡量結果によって格差原理が支持されると私はみているとはいえ、この結果が第一比較の場合ほどには明白ではないし決定的でもないのは確かである。ここでの議論は、重要な点で、公共的政治文化の一定の諸特徴(例えば政治文化が相互信頼と協働という政治的諸徳性を涵養するその仕方)のもつ大きな意義に依拠しており、より大きな公共善についての単純明快な考慮に依拠してはいない。われわれは、自由で平等な者としての市民たちの関係にふさわしい互恵性の観念を明確化しようと努める。この観念は、適度に正義に適ったあらゆる民主的社会の政治的約束事であって、いかなる政党も通常あえてあからさまに背いたりしない約束事とより合致している。その約束事とは、つまり、市民として誰もがそうした社会の政策から利益を得るべきだというものである。

40・2

方法について最後のコメントを一つしておこう。第二三節4で触れたように、われわれは原初状態における当事者たちの推論を次のように描き出そうと努めるべきである。すなわち、たとえわれわれの推論はかなり直観的なものであってその理想にはほど遠いと認めるにしても、彼らの推論が完全に演繹的であって、その名が示唆するあらゆる厳密性をもった一種の道徳幾何学だと示すように、当事者の推論を描き出そうと努めるべきなのである。

方法についてこう述べることは、慎重に理解してもらわないと誤解を招きうる。その考え方の要点は、必要な心理状態(信念・利害関心・特殊な態度)を含め、原初状態からの議論のために必要なすべての前提が、われわれが原初状態に与えた記述のなかに含まれているということである。正義の二原理の選択が、原初状態の記述ではっきりと述べられた諸前提に基づいており、更なる心理的その他の想定に基づいてはいないということを示すことが、われわれの目標なのである。そうでないと、原初状態はわれわれの諸前提とのつながりを保てず、どの前提をわれわれは正当化しなければならないのかが、わからなくなってしまう。

しかしながら、厳密な演繹的推論という理想は完全には到達することができないものである。それには、少なくとも二つの理由がある。第一の理由は、原初状態において訴えることのできる無限に多くの考慮すべき事柄があり、選択肢となっている正義構想のそれぞれは、幾つかの考慮によっては支持されるが別の考慮には支持されないということである。われわれが考慮可能な事項のリストを閉じることができないならば(われわれにはそれはできない)、すべての考慮すべき事柄を数え上げたら衡量結果が結局どのようになるだろうかは不確かなままである。われわれにできる最善のことは、これらが最も重要な考慮事項なのだと述べて、われわれがまだ検討していない考慮事項がこれらの理由の衡量結果をひっくり返すことはないだろうと信頼することでしかない。

厳密な演繹的推論の理想が完全には到達できない第二の理由は、諸理由の比較衡量そのものが、たとえ十分な情報に基づき、理由づけに導かれた判断ではあっても、やはり判断に依拠しているということである。もちろん、われわれは、われわれがどのように諸理由を比較衡量するかを描くために無差別曲線を引いてみることができる。[52] しかし、無差別曲線は一つの表現にすぎない。つまりそれは、それが描く衡量結果を更なる理由で根拠づけるものではなく、すでに下されていると前提された諸判断の結果を描写(表現)しているにすぎないのである。

40・3

最善に仕上げられた政治的構想でも、こうした限界を克服することはできない。だが、そうした限界は、われわれの実践理性の本性の内にあるものなのだから欠陥ではない。政治哲学においては、他の分野と同様に、われわれは、どの考慮事項がより重要で、どれがそれほど重要でないのかとか、理由のリストをいつ実際に閉じるべきなのかについて、判断に依拠しなければならない。判断が全員一致の場合ですら、われわれは、自分たちの理由をそれ以上詳しく説明することができないかもしれない。大小さまざまな点を寄せ集め、そして、他の諸々の観念がその内部で適合するとみなすことができる、そのような一つの基礎的な編成観念によって、それらの点を一つの明瞭な見解へと形成してゆくことによって、われわれは道理に適った政治的構想をゆっくり築き上げようと努めるのである。

そのような構想がその目的に役立つかどうかは、それがより関連の深い諸々の考慮事項をどれほどよく同定しており、また、より重要な個々のケースで、とりわけ憲法の必須事項や分配的正義の基本的諸問題に関わる場面で、そうした考慮事項をわれわれが比較衡量するのをその構想がどれほどよく助けてくれるかによってのみ決定することができる。もしある構想が、よく反省してみると(これが考察のどの瞬間でもつねに最後の拠りどころである)、われわれの理解を明瞭にしてくれていて、われわれの諸々の熟慮された確信をより整合的なものにしており、民主的諸制度の基本的諸原理を肯定する人々が深く抱いている良心的な確信の間の隔たりを狭めているように思われるなら、この構想の実践的目的は達成されているのである。

第四部　正義に適った基本構造の諸制度

41　財産私有型民主制――序論

41・1

われわれは、二つの基本的比較で与えられる、正義の二原理の最初の擁護論を完了した(第二七―三三節、第三四―四〇節)。次に、私は、これらの原理をその基本的諸制度において実現する秩序だった民主的政体の主要な諸特徴だと思われるものを概観したい。私は、長期にわたる背景的正義の確保をめざす一群の政策の輪郭を描くことにする。けれども、それらの制度が実際に背景的正義を確保することになるだろうということを示そうとはしない。これには社会理論の探究が必要だろうが、目下これに手をつけることはできない。ここでの議論や指摘は大まかで直観的なものである。

こうした困難な事柄を論じる一つの理由は、正義の二原理によって表現される主要な政治的諸価値のすべてを実現する財産私有型民主制(1)と、そのようなものではない資本主義的福祉国家との区別をはっきりさせることにある(2)。われわれは、そのような民主制が資本主義に代わる選択肢となるものだと考える(3)。われわれの概観は簡単なものであり、触れる問題のほとんどはかなり争いのあるものである。そうした問題とは、例えば、選挙や政治キャンペーンの公的助成とか、さまざまな種類の財産所有と課税に関する問題である。こうした入り組んだ問題を十分に扱うことはできず、私の所見は例示的であってかなり試論的なものである。

こうした事柄を吟味してみるもう一つの理由は、社会は、ある世代から次世代へとわたる自由で平等な市民間の公正な協働システムであるという観念(第一二節2)をわれわれが真剣に取り上げるとき、必要になるように思われる種類の背景的諸制度をより詳しくスケッチするためである。また、正義の二原理の制度的内容を、大雑把で手早い仕方でにすぎないが、描き出すことも重要である。われわれが暫定的であってもこれらの原理を支持することができるためには、まずこれをやる必要がある。それというのも、生じる個々のケースで諸々の理想や第一諸原理がもつ含意をわれわれが受け容れるということを、反省的均衡の観念が含んでいるからである。もっぱら政治的構想の内容だけから——その諸々の原理や理想から——、この構想がわれわれにとって道理に適っているか否かを判断することはできない。その実際的な含意を考え抜いてみる際のわれわれの気持ちや態度から、政治的構想の原理や理想を手直しして取り込まれなければならない考慮事項がはっきりするかもしれないし、それだけでなく、われわれの感情によってわれわれが政治的構想を実行するのを妨げられるということがわかるかもしれない。よく反省してみると、われわれはその構想ではやってゆくことができないかもしれないのである。

41・2

社会システムとみなされ、それぞれの政治的・経済的・社会的諸制度を完備した五つの種類の政体を区別しよう。すなわち、(a)自由放任型資本主義、(b)福祉国家型資本主義、(c)指令経済を伴なう国家社会主義、(d)財産私有型民主制、そして最後に、(e)リベラルな(民主的)社会主義である。

どの政体についても四つの問題が自然に出てくる。一つは正しさ(right)の問題である。つまり、政体の諸制度が正しくて正義に適っているかという問題である。もう一つは設計の問題、すなわち、ある政体の公然の目標や目的を実現するようにその政体の諸制度を効果的に設計することができるかという問題である。これは第三の問題を暗示するのだが、それはつまり、当該政体の基本構造によって形成される、市民たちの抱きそうな利害関心や目的に照らしてみて、彼らが、正義に適った諸制度や、さまざまな職務や地位にある彼らに適用される諸ルールに従うとあてにしてよいかという問題である。[4] 腐敗の問題はこの問題の一つの側面である。最後に、職務や地位に割り当てられた任務が、それを占める見込みのある人々にとって端的に難しすぎはしないだろうかという、適性能力の問題がある。

もちろん、われわれが望むのは、正義に適った基本的諸制度であって、これを支えるのに必要な目的や利害関心を効果的に促進する、効果的に設計された基本的諸制度である。その上さらに、人々は彼らにとって困難すぎたり彼らの力を超えた任務を突きつけられるべきではない。取り決めは完全に実行可能ないしは実践可能なものでなければならない。多くの保守的な思想は、先に挙げた四つの問題のうち、後の三つに焦点をあて、いわゆる福祉国家の非実効性や福祉国家が浪費と腐敗に向かう諸傾向を批判してきた。しかし、ここで主として着目するのは最初の正しさと正義の問題であり、他の問題はわきにおいておく。われわれは、次のように問うことにする。仮に政体と基本構造を効果的かつ実行可能な仕方で維持することができるとして、どの種類の政体と基本構造が正しく正義に適うだろうか。これは、直面しなければならない他の諸問題がまだあるということを認めるものである。

41・3

ある政体がその理想的な制度記述に従って作動しているとき、五つの政体のうちのどれが正義の二原理を充たすだろうか。

政体の理想的制度記述ということで私が意味しているのは、政体がうまく作動している場合の、つまり、その公共的な目標や設計原理に従って作動している場合の政体の作動の仕方の記述である。ここでは、もしある政体が一定の政治的諸価値をめざしてはおらず、それらの価値を実現する意図で作成されたいかなる制度的取り決めも備えていないなら、それらの価値が実現されることはないだろうと仮定しておく。しかし、政体が一定の諸価値を実現するようはっきりと設計された諸制度を含んではいても、それでも政体はそれらの価値を実現することができない、ということもありうる。政体の基本構造が、その理想的記述とはひどく異なった仕方で政体を作動させるような社会的利害を生み出してしまうかもしれないからである。

例えば、われわれは機会の公正な平等を実現するように公然と設計された基本構造を記述することができるけれども、それが生み出す社会的利害のためにその実現が不可能になってしまうかもしれない。政体の理想的記述は、その政治社会学を捨象する。つまり、その公共的諸目標の達成にあたっての政体の実効性を規定する政治的・経済的・社会的諸要素の説明を捨象しているのである。しかしながら、もしある政体が一定の政治的諸価値を実現しようと努めないなら、その政体が実際にそれらの価値を実現することはないだろうと仮定してさしつかえないように思われる。

41・4
この仮定を認めると、最初の三つの種類の政体、つまり第四一節2における(a)から(c)

までの政体の理想的記述からして、これらはそれぞれ、少なくとも一つの仕方で正義の二原理に違背することがわかる。

(a) 自由放任型資本主義(自然的自由のシステム(『正義論』第一二節))は、形式的平等だけを保障しており、平等な政治的諸自由の公正な価値と機会の公正な平等の双方を拒絶している。それがめざしているのは、かなり低い社会的ミニマムによる制約しか受けない経済的効率性と成長である(メリトクラシーについては『正義論』第一七節九一―九二頁)。

(b) 福祉国家型資本主義もまた、政治的諸自由の公正な価値を拒んでおり、機会の平等には幾らかの配慮を払うものの、その達成に必要な政策が採られていない。福祉国家型資本主義は不動産(生産用資産と天然資源)の所有における非常に大きな不平等を許容するため、経済及び政治生活の多くの支配は少数の者の手中にある。また、「福祉国家型資本主義」という名称が示唆するように、福祉支給はかなり気前よく、基礎的ニーズ(第三八節)をカバーするまずまずの社会的ミニマムを保障しうるにしても、経済的・社会的不平等を規制すべき互恵性原理は認められてはいない。

(c) 一党体制により管理される指令経済をもつ国家社会主義は平等な基本的諸権利と諸自由を侵害しており、これらの自由の公正な価値の侵害は言うまでもない。指令経済とは、中央で採択された一般的経済計画によって導かれ、(配給割当装置として以外には)民主的手続とか市場を相対的にみてほとんど利用しない経済である。

以上から、先の(d)と(e)、すなわち財産私有型民主制とリベラルな社会主義が残る。つまり、これらの理想的記述は、正義の二原理を充たすよう設計された取り決めを含んでいるのである。

42 政体間の幾つかの基本的対比

42・1

財産私有型民主制とリベラルな社会主義政体のどちらも、民主的政治の憲法枠組を設定し、基本的諸自由に加えて政治的諸自由の公正な価値と機会の公正な平等をも保障しており、格差原理によってではないにしても相互性の原理によって経済的・社会的不平等を規制する。

社会主義のもとでは、生産手段は社会によって所有されるとはいえ、政治権力が複数の民主的政党に共有されるのと同じように、経済的権力も諸企業に分散している――例えばある企業の管理と経営が、そこで働く労働者たちの手に直接握られてはいないまでも、管理者と経営者がそこの労働者たちによって選出される場合のように――、とわれわれは想定する。国家社会主義の指令経済とは対照的に、リベラルな社会主義のもとでの企業は、自由で競争的に働く市場システムのなかでその活動を営む。職業選択の自由も保障されている。

42・2

正義の二原理の内容を例示するために、財産私有型民主制とリベラルな社会主義政体のいずれかに決める必要はない。どちらの場合でも、その諸制度が記述されたように作動していれば、正義原理は実現されうる。正義の第一原理は、個人的な私有財産への権利を含んでいるが、これは生産用資産における私有財産権とは異なる(第三二節6)。

財産私有型民主制とリベラルな社会主義政体との間で実際にどちらかに決めなければならないときは、われわれは、社会の歴史的状況、社会の政治思想や政治的実践の伝統、及びその他の多くのものに留意する。公正としての正義はこれらの政体の間で決着をつけるわけではないが、どうしたらその決定に道理に適った取り組みをすることができるかについて指針を提示しようと努める。

42・3

財産私有型民主制と福祉国家型資本主義の対比のほうがもっと綿密な検討に値する。なぜなら、両者とも生産用資産における私有財産を許容するからである。このため、両者はほとんど同じだと考えたくなるかもしれない。だが同じではないのである。(5)

一つの大きな相違はこうである。すなわち、財産私有型民主制の背景的諸制度は、富と資本の所有を分散させ、そうすることで、社会の小さな部分が経済を支配したり、また間接的に政治生活までも支配してしまうのを防ぐように働く。対照的に、福祉国家型資本主義は、小さな階層が生産手段をほぼ独占するのを許容する。

財産私有型民主制はこれを回避するが、それは、いわば各期の終わりに、さほどもたざる人々に所得を再分配することによってではなく、むしろ、各期のはじめに、生産用資産と人的資本（つまり教育と訓練された技能）の広くゆき渡った所有を確保すること、しかも、これらすべてを機会の公正な平等を背景にして確保することによってである。その狙いは、ただたんに不測の事故や不運のために敗北した人々を手助けすることではなく（手助けしなければならないのではあるが）、むしろ、適正な程度の社会的・経済的平等を足場にして自分自身のことは自分で何とかできる立場にすべての市民をおくということである。

最も不利な状況にある人々とは、万事がうまくいったとしてもなお不幸で運の悪い人々ではなく――われわれの慈悲や同情の対象ではないし、ましてや哀れみの対象でもなく――、自由で平等な市民たる人々の間の政治的正義の問題としては、他の何人とも並んで互恵性の働きに参与している人々である。彼らの支配する資源はそれほど多くないとしても、彼らは、相互の利益となり誰の自尊とも両立するものだとしてすべての人によって承認された、そのような条項に従って自分の分担役割を十分に果たしているのである。

42・4

ここで、長期的な背景調整という目標についてまったく異なる二つの見方があるということに注意していただきたい。福祉国家型資本主義においては、その目標は、何人も、基礎的ニーズが充足されるほどほどの最低限度の生活水準を下回るべきではなく、誰もが、例えば失業補償や医療扶助といった、不慮の事故や不運に対する一定の保護を受けるべきだということである。所得の再分配がこの目的に役立つのは、各期の終わりに援助を必要としている人々を同定することができるときである。しかし、背景的正義が欠けており、所得や富における不平等があると、その構成員の多くが慢性的に福祉に依存するような、挫折し意気消沈した下層階級が育つかもしれない。この下層階級は、放ったらかしにされていると感じ、公共的政治文化に参加しない。

他方、財産私有型民主制では、自由で平等な者とみなされた市民間の公正な協働システムとしての社会という観念を基本的諸制度において実現することが目標なのである。これを行うためには、基本的諸制度は、最初から、市民たちが平等の足場で十分に協働する社会構成員であるために十分な生産手段を広く市民たちの手に握らせなければならないのであり、少数の人々だけのものにしてしまってはならない。こうした手段には物的資本と並んで人的資本も含まれる。つまり、知識と諸制度の理解、教育を受けた諸能力、そして訓練された技能である。このようにしてのみ、基本構造は、ある世代から次世代へとわたる純粋な背景的手続的正義を実現することができるのである。

われわれは、こうした条件のもとでは下層階級が存在しないだろうと期待する。あるいは、もしそうした小規模な階級が存在したとしても、それは、われわれが、いかにして変えることができるのかわからなかったり、おそらく同定したり理解することすらできないような社会的諸条件の結果なのだと期待する。社会がこうした袋小路に直面するとき、すでに社会は、自由で平等な者としてのその市民たちの間での、公正な協働システムとしての社会という観念を少なくとも真剣に取り上げているのである。

43　公正としての正義における善の諸観念

43・1

以下では、財産私有型民主制という政体に注目して、その基本構造が、どのようにして正義の二原理に適うよう努めるのかを指摘する。しかしながら、こうしたより制度的な諸問題を取り上げるに先立って、政治的構想としての公正としての正義におけるさまざまな善の観念を概観しておくべきである。[6] そうすることは、財産私有型民主制の重要な諸側面を特徴づけるのに役立つだろう。

さて、正の優先性は、公正としての正義が、純粋に道具的なものだけに限られないとしても、非常に希薄な善の観念しか用いることができないということを含意しているようにみえるかもしれない。しかしその反対である。すなわち、正(the right)と善(the good)は相補的なものであって、政治的構想を含むいかなる正義構想も両方を必要としており、正の優先性はこれを否定するものではない。正と善が相補的だということは次のように反省してみることで例証される。すなわち、正義に適った諸制度や政治的な諸徳性が、市民たちが自分の完全な忠誠に値するものとして肯定することのできる(包括的教説と結びついた)善の構想をただ許容するだけでなく支えもするのでないとしたら、そうした制度や徳性はいかなる目的にも役立たないだろうし、意味がなくなってしまうだろう。政治的正義の構想は、熱心な支持を得ることのできる諸々の生き方のためのいわば十分な空間をそれ自身のうちに含んでいなければならないのである。その構想にそれができないならば、それは支持を欠き不安定なものだろう。一言で表現すると、正が限界を定め、善が意味を与えるのである。

そうだとすると、公正としての正義においては、正の優先性の一般的な意味は、許容される善の諸観念が、政治的構想としての公正としての正義の枠内にぴったり収まらなければならないということなのである。多元性の事実を所与とすると、次のことを仮定できるにちがいない。すなわち、(1)用いられる善の諸観念は自由で平等な者とみなされた市民たちによって一般的に共有されているか、共有されることができるだろうということ、及び、(2)それらの観念はいかなる特定の完全に(あるいは部分的に)包括的な教説も前提してはいないということである。

これらの制約が受容されているので、公正としての正義はリベラルな正統性原理を充たすことができるということを忘れないでいただきたい。リベラルな正統性原理とは、憲法の必須事項や基本的正義の諸問題に関わる場合は、一つの集合体としての自由で平等な市民たちの権力である強制的な政治権力は、彼らの自由な公共的理性でもってすべての人に対して正当化できるものでなければならないというものである。

43・2

全部合わせると、公正としての正義には六つの善の観念が登場する。

(i) 最初のものは合理性としての善(goodness)の観念であり、これはいかなる正義の政治的構想によっても何らかの形で当然のものとされている。この観念においては、市民が少なくとも直観的な人生計画を抱いており、それに照らして、全生涯にわたって自分の善の構想を合理的に追求すべく、自分にとってより重要な活動を按配したり自分のさまざまな資源を配分すると考えられている。この観念においては、人間的な存在と、基礎的な人間的ニーズや目的の充足達成とが善きものであり、また合理性が政治と社会の組織化の基本原理の一つだと想定されている。

(ii) 第二の観念は基本善の観念である(第一七節)。これは、政治的構想としての公正としての正義の諸目標に合致するよう設計されている。すなわち、それは、自由で平等な人格としての市民たちの地位という政治的構想に従って市民の(選好・欲求・究極目的と対比される)ニーズを特定する。

(iii) 第三の善の観念は、(それぞれが一つの包括的教説と結びついている)許容される(完全な)善の構想という観念である(第一七節4)。ときとして正の優先性がこれとの関連でもち出される。すなわち、正の優先性は、その一般的意味と対比される特殊な意味では、その追求が正義原理と――公正としての正義にあってはわれわれが論じてきた正義の二原理と――両立する善の構想のみが許容されるということを意味している。

(iv) 第四の善の観念は、政治的徳性の観念である(第三三節3)。こうした徳性が民主的政体の善き市民の理想を特定する。これは政治的理想ではあるが、特定の包括的教説を何ら前提しておらず、それ故、それは、道徳的価値の(部分的な)構想ではあるとしても、正の優先性の二つの意味のどちらとも矛盾せず、正義の政治的構想に組み込むことができるものである。

更なる二つの善の観念がある。その一つは、(v)正義の二原理によって秩序だてられた社会の政治的善という観念である。もう一つは、(vi)諸々の社会連合の社会連合としての、そのような社会の善という観念である。[7] 秩序だった社会の政治的善については第五部で考察する。だがここでは、先行する四つの善の観念がどのように公正としての正義の内部でうまく適合するかを示すにあたって、われわれは、それらの観念が順番に組み上げられているという事実に依拠していたということに注目していただきたい。(人格の政治的構想、人間生活の一般的諸事実、及び合理的人生計画の標準的な構造と組み合わさった)合理性としての善の観念から出発して、われわれは基本善を手にする。いったんこうした基本善を用いて、原初状態における当事者たちの目標を特定したら、原初状態からの議論が正義の二原理を与えてくれる。許容される(完全な)善の構想は、その追求がこれらの原理と両立する構想なのである。次いで、政治的徳性が、正義に適った基本構造を長期的に確保するにあたり重要な市民の道徳的性格の諸特質として特定される。

43・3

これらの善の観念に照らして、公民的ヒューマニズムと古典的共和主義という二つの伝統的見解を眺めてみよう。ところで、公正としての正義は、古典的共和主義とは完全に両立するが、公民的ヒューマニズムは退ける。説明しよう。公民的ヒューマニズムは、その強い意味では、(定義上)アリストテレス主義の一形態である。すなわち、その考えでは、われわれは社会的存在であって、政治的存在ですらあり、その本質的特性が最も完全に達成されるのは、政治生活への広範で積極的な参加の存在する民主的社会においてである。こうした参加が奨励されるのは、たんに基本的諸自由の保護にとって必要でありうるものとしてではなく、そうした参加がわれわれの(完全な)善の格別のありかだからである。[8] このため、公民的ヒューマニズムは、包括的な哲学的教説となり、そうである以上、正義の政治的構想としての公正としての正義とは両立しない。

第三二節で述べたように、平等な基本的諸自由が同等に提供される必要はないし、またどの自由も同じ理由で価値を認められるわけでもない。公正としての正義は、平等な政治的諸自由(古代人の自由)は、例えば思想の自由や良心の自由(近代人の自由)ほど内在的な価値を概してもっていないとみる(コンスタンやバーリンに代表される)リベラリズムの伝統の系譜に賛同する。このことが意味するのは、とりわけ、現代の民主的社会では公共生活に継続的かつ積極的に参加することは、一般に、たいていの市民の(完全な)善の構想のなかでそれほど大きな位置を占めてはおらず、それどころか、そのほうが道理に適ったことかもしれないということである。現代の民主的社会では、政治は、都市国家アテネにおいて生粋の男性市民にとってそうであったほどには人生の中心ではないのである。[9]

たとえ政治的諸自由が他の基本的諸自由を保護し維持するために不可欠な制度的手段であるにすぎないとしても、政治的諸自由は依然として基本的なものに数えることができる。政治的により弱い集団やマイノリティが選挙権を否定され、公職や政党政治から排除されているなら、彼らは自分の諸々の基本的な権利と自由を、否定されはしないまでも制限されそうである。基本的諸自由のいかなる十分適切な枠組にも政治的諸自由を含めるためには、このことだけで十分な理由となるのである。たいていの人にとって政治的諸自由は道具的なものにすぎないと主張しているのではない。われわれはただ、基本的自由のすべてが同じ理由で価値を付与されたり基本的なものとみなされたりするわけではないということを斟酌したいだけである。

43・4

（ここで定義したような）公民的ヒューマニズムを、自分の善を達成するためには社会のなかで生きなければならないという自明の理と取り違えないでいただきたい[10]。むしろ、公民的ヒューマニズムは、唯一ではなくとも主たる人間の善を、アテネやフィレンツェを手本にして、しばしば都市国家と歴史的に結びついた形で、われわれが政治生活に携わることだと定めているのである[11]。

（ここで定義された意味での）公民的ヒューマニズムを拒絶しても、政治生活に携わることを通じて市民によって達成される善が人間生活の偉大な善の一つだということを否定することにはならない。だが、政治生活への参画を自分の完全な善の一部にするその度合いは、われわれが個人として決めるべきものであり、また人によって異なるのが道理である。

もちろん、ミルやトクヴィルが強調したように、政治生活の善を補っているのは、ヘーゲルの言う意味で[12]、市民社会を一緒になって構成するさまざまな(非政治的)結社において達成される善である。市民が結社の善のためにする要求は、正義原理とこれが保障する自由や機会に優越するものではなく、つねにこれらを尊重しなければならない。このことは、いかなる結社の構成員であることも、少なくとも次の意味で自発的であるということを意味する。すなわち、宗教的伝統の場合そうであるように、結社に生まれ落ちた場合でさえ、市民には政府の強制権力によって妨害されずに結社を離脱する権利があるという意味で自発的なのである。さらに、いかなる結社も社会の全員で構成されるわけではない。

43・5

他方、古典的共和主義とは、非政治的な生活の諸自由(近代人の自由)を含む民主的な諸自由の安全は、立憲政体の維持にとって必要とされる政治的諸徳性を備えた市民たちの積極的な参加を必要とする、という見解である[13](第三三節)。その考え方はこうである。すなわち、政治的正義と公共善への関心によって相当程度動機づけられた活発で事情に通じた市民の総体による民主政治への幅広い参加がもし存在しなければ、最善に設計された政治的諸制度ですら、ついには、他のほとんどすべてのことを度外視して、権力や軍事的栄光を渇望したり狭隘な階級的利益や経済的利益を追い求めたりする人々の手に落ちてしまうだろう。自由で平等な市民であり続けたければ、われわれは私的生活へ総退却するわけにはいかないのである。

そのように理解された古典的共和主義と、コンスタンやバーリンに代表されるリベラリズムとの間には根本的な対立は存在しない。というのも、問題は、基本的諸自由の安全のためにはどれほど市民の政治への関与が必要とされるのか、また必要な参加はいかにすれば最もよく達成されるのかということになるからである。ここでは、競合する政治的諸価値の比較衡量に関し相違があるかもしれない。だが、それは重要な点で政治社会学と制度設計の問題である。古典的共和主義は包括的教説を含まないのだから、それはまた政治的リベラリズムと完全に両立し、その一形態としての公正としての正義とも両立する。

さらに、次のことをつけ加えておかなければならない。すなわち、公正としての正義は、自分の善が重要な点で政治生活にあると考えたり、それどころか、自分の才能や目標からしてそう考えるべき人がいること、従って、彼らにとっては政治生活が完全な善の中心部分であること、これを(コンスタンやバーリンが否定しないのと同じように)否定するものではない。このような人々がいることは社会の善に資するのであり、それは、人々が相異なり補い合う才能を発達させ、相互の利益となる協働の企てに携わることが社会全体の利益になるのと同様である。分業の観念は(正しく理解されたなら)他のところでと同様にここでもあてはまる(14)。

44　立憲民主制対手続的民主制

44・1

これまで私は、財産私有型民主制を立憲政体として記述してきたのであって、手続的民主制と呼べるものとしてではない。立憲政体とは、法や制定法規が、例えば正義の第一原理に含まれるもののような一定の基本的な諸権利及び諸自由と首尾一貫していなければならないとする政体である。実際、そうした諸自由を明記しており、裁判所によって立法への憲法上の制約として解釈される権利章典を備えた(必ずしも成文ではないが)憲法が存在する。

対照的に、手続的民主制とは、立法に対するいかなる憲法上の制約もなく、適切な手続、つまり法を同定する一組のルールが遵守されていさえすれば、過半数(ないしその他の相対多数)が定めるものが何であれ法だとする民主制である。[15] こうしたルールが、必要とされる民主的手続を特定するのではあるが、こうした手続そのものは立法内容に対していかなる制限も課さない。手続は、立法府が例えば、一定の集団に平等な政治的権利を認めないとか、あるいは思想や言論の自由を制限したりするのを禁じない。あるいはまた、こうした政治的諸権利は民主制の意味に含まれるのだと主張されたとしても、非政治的な思想・言論の自由を否定したり、良心の自由とか、人身保護令状のような法の支配に含まれる多くの自由を否定したりする立法に対して、いかなる禁止も存在しないのである。

44・2

手続的民主制よりも立憲政体のほうを支持して何かを語ることができるだろうか。それとも、どちらが好ましいかという問いは、ひとえに政治社会学の問題であり、だから、政治思想と政治的実践の固有の伝統をもった特定の人民の歴史的状況を所与とすると、どちらのほうが正義に適った立法に帰着する可能性が高いかという問題なのだろうか。一方で、人民が真に民主的な精神をもっていれば、権利章典を備えた憲法は不要であると考える人もいれば、他方で、人民が民主的でないのなら、そうした憲法があっても人民を民主的にすることはできないと考える人もいる。しかしこの後者の見解は、政治的構想の一定の特徴が、この構想を実現する基本的諸制度の政治社会学に重要な影響を与える可能性があることを看過している。もっと正確に言うと、人格と社会に関する基礎的観念を備えた公正としての正義のような正義の政治的構想がもつ教育的役割によって、そうした社会学がいかに影響を受けうるかを考慮に入れなければならないのである。

第三五節では、公知性条件とわれわれが呼んだものの三つのレベルに触れ、三つのレベルすべてが秩序だった社会で達成されているとき政治的構想は教育的役割をもつと述べた。そのような社会で成長する人々は、公共的政治文化から、またそれに暗に含まれている人格と社会の構想から、かなりの部分、市民としての自己理解を形成するだろう。彼らは自分が一定の基本的な諸権利と諸自由をもつとみなすだろうが、こうした自由は、彼らが自分自身について要求できるだけでなく、他の人々についても尊重しなければならないものである。こうすることは、平等な市民たる地位を分けもつ者としての彼らの自己理解に属する。

そうだとすると、立憲政体の政治社会学は手続的民主制のそれとは異なることになると考えられるだろう。立憲政体では、人格と社会の構想は、憲法という公的憲章においてより完全に明確化されており、それが保障する諸々の基本的な権利や自由とよりはっきり結びつけられている。市民たちは、公共的政治文化とこの文化における憲法上の基本的諸価値の解釈伝統とについて一つの理解を獲得する。彼らがこれを獲得するのは、これらの価値が、重要な憲法判例で裁判官によってどのように解釈され、政党によってどのように再確認されているかに注意を払うことによってである。もし争いのある司法的決定――そうしたものはどうしても生じる――が熟議による政治的討論を呼び起こし、この過程で決定の理非をめぐって憲法上の原理に依って道理に適った論議がなされるなら、こうした争いのある決定ですら、市民たちを政治的論争に引き込むことによって、決定的な教育的役割を果たすかもしれない。[16] われわれは、基本的な政治的諸価値を自分の力で明確化し、だからまた、憲法の必須事項が問題になっている場合に考慮すべき理由はどのようなものかについての一つの構想を形成するよう導かれる。

このような原理の公共的フォーラム[17]が、何らかの形態の違憲審査制度を備えた立憲政体の際立った特徴の一つである。もちろん、これには固有の危険性もある。すなわち、裁判所がその任務に失敗してしまい、容易に改めることのできないあまりにも多くの道理に反した決定を下すかもしれない。立法者は、立法が取り扱うべき事柄のあまりに多くを裁判所に委ねてしまうかもしれない。ここで人民の歴史的な諸条件が重要な関連をもってくるけれども、これが問題の核心に影響を及ぼすわけではない。それはつまり、立憲政体において政治的構想の教育的役割がより大きくなれば、これが手続的民主制よりも立憲政体のほうを支持する方向に、その政治社会学を変容させるかもしれないということである。

44・3

要点を次のように展開できる。J・S・ミルの哲学を考えてみよう。ミルの見解の統一性は少数の心理学上の原理に依拠しており、そのなかには、尊厳の原理、個性の原理、並びに、他の人々と協調して生きる願望の増大という原理が含まれている。ミルは、彼の功利の構想を、進歩向上する存在としての人類の恒久的な利害関心と結びつける。彼の考えでは、近代世界の諸条件のもとでは、彼の正義の原理と自由の原理に従うことが、そうした恒久的な利害関心を実現するための、最善の方法ではなくても、一つの実効的な方法だとみるのがもっともなことだとされる。

しかし、もしこれらの心理学原理が妥当しないとすれば、あるいは、他の心理的影響との関係で十分に強力なものではないとするなら、どうなるのだろうか。常識知と日常の経験からすると、ミルの諸原理はわれわれの本性についての楽観的にすぎる見解と思われるかもしれない。立憲政体にふさわしい正義の政治的構想の教育的役割の背後にある考えとは、政治的な制度や手続のなかに埋め込まれることによって、この構想それ自身が社会の公共的文化における一つの重要な道徳的力となりうるというものである。そうした埋め込みはさまざまな仕方で行われる。例えば、立法を制約する諸々の基本的権利と自由を憲法に組み入れることによってとか、それらの自由の憲法上の効力を最初に司法部に解釈させることによって行われるのである。つまり、裁判所の決定は当該の事件を拘束し、また先例として他の政府部門による然るべき尊重に値するけれども、裁判所の決定そのものは、一般的な政治的ルールとしての拘束力をもっているわけではない(18)。裁判所の決定は、後に正統にも、原理の公共的フォーラムにおいて市民や政党によって問題化されるかもしれない。これを詳細に説明するためには、司法審査の適切な射程と限界の説明を必要とするが、ここでこれに立ち入ることはできない(19)。

とはいえ要点は明らかである。すなわち、立憲政体を支える政治的構想は、ミルの功利の構想ほど一般的である必要はないし、また、その内容をより明確にするために、ミルの構想がしたように、かなり限定された人間心理学に頼る必要もない。むしろ、公正としての正義のように、政治的構想は、人格と社会の基礎的構想によって表現され、またこれらの構想が一定の正義原理をもたらすように展開されるその仕方によって表現されるような、はるかに明確な規範的内容をもちうるのである。すると、これらの基礎的な構想や原理が埋め込まれている公共的政治文化において、基本構造は手続的民主制のそれとは異なる政治社会学をもっていると、われわれは推測する。すなわち、これらの構想は、正義原理の側で実効的な政治的影響力を作りだすという重要な教育的役割を獲得しうるのである。立憲政体のほうが、そうした原理と、自由な公共的理性の理想や熟議民主主義の理想を実現する見込みがありそうだろう。第五部でみるように、こう言えるための更なる理由は、これらの原理や理想が部分的にすぎなくても実現されていると き、政治社会の善という観念もまた部分的に実現されており、また市民たちによってそうだと経験されるということである。

45　平等な政治的諸自由の公正な価値

45・1

さて、市民たちが公共生活に参加するのを可能にする平等な政治的諸自由の公正な価値の話題に移ろう。こうした自由の公正な価値という観念は次のような問題に答える試みのなかで導入される。すなわち、近代民主主義国家における平等な諸自由は実際には形式的なものにすぎないという、しばしばラディカルな民主主義者や社会主義者によって(そしてマルクスによって)唱えられる周知の異議をどのようにして論駁するかという問題である。この異議はこう続く。市民の諸々の基本的な権利と自由が実際に平等であるようにみえるかもしれない――誰もが投票権や公職に立候補したり政党政治に携わる権利などをもってはいる――が、背景的制度における社会的・経済的不平等は概してとても大きいため、より大きな富や地位をもつ人々が通常は政治権力を支配し、彼らの利益を増進する立法や社会政策を定めることになる[20]、と。

この問題を論じるために、基本的諸自由と基本的諸自由の価値とを次のように区別しよう。すなわち、これらの自由はすべての市民にとって同一であり(同じように特定されており)、ある自由の量がより少ないのをいかに埋め合わせるべきかという問題は生じない。しかし、基本的諸自由の価値つまり有用性は、基本善の指数によって評価されるものであり、誰にとっても同じわけではない(『正義論』第三二節一七九頁)。格差原理は、最も不利な状況にある人々が手に入れることのできる指数を最大化することで、すべての人に享受される平等な諸自由の彼らにとっての価値を最大化する。だが、ある人々は他の人々よりも多くの所得や富をもっており、だから、彼らの目的を実現するための、より多くの汎用的な物質的手段をもっている。

45・2

平等な諸自由とその価値とのこうした区別は一つの定義にすぎない。この区別は重要な問題を何ら解決しないし、現代の民主的社会では政治的諸自由は実際には形式的なものにすぎないかもしれないという異議に応えるものでもない。この異議を論駁するために、公正としての正義は政治的諸自由をある特別な仕方で扱う。正義の第一原理のなかに、平等な政治的諸自由が、しかもこうした自由のみがその公正な価値を保証されるべきだという但書を含めるのである(『正義論』第三六節一九七頁以下)。説明しよう。

(i) この保証は、市民の経済的ないし社会的地位が何であれ、すべての市民にとっての政治的諸自由の価値が、誰もが公職に就いたり選挙結果に影響を与えたりなどする公正な機会をもつという意味で、十分に平等でなければならないということを意味する。公正な機会のこの観念は、第二原理における機会の公正な平等の観念に類似している。

(ii) 正義原理が原初状態で採択されるとき、第一原理はこの但書を含んでおり、当事者たちはこのことを考慮に入れて彼らの推論を行うものと理解されている。政治的諸自由の公正な価値の要請は、基本善の使用と並んで、正義の二原理の意味の一部なのである。

45・3

ここで、この公正な価値が政治的諸制度において最もよく実現されるのはいかにしてかを検討することはできない。私はたんに、これを実現する実施可能な制度的方法で、他の基本的諸自由の中心的適用範囲と両立するものが存在すると仮定しておく。そうした目的に向けた改革には、選挙の公的助成やキャンペーンへの寄附の制限、公共のメディアへのより対等なアクセスの確保、それにまた、言論の自由や報道の自由の一定の規制(だが言論内容に影響を与える制限ではない)といったものが含まれることになりそうである。ここでは、等しく重要な基本的諸自由の間の衝突が生じうるため、何らかの調整をする必要があるかもしれない。

こうした調整は言論の自由や報道の自由を侵害するとの理由だけで、これを拒むことはできない。これらの自由は、その公正な価値を保証された政治的諸自由と同じく、絶対的なものではない[21]。これらの基本的自由の調整に際しての一つの目標は、財産私有型民主制においては私的な経済的・社会的権力の大きな集中から、リベラルな社会主義政体においては政府の統制と官僚の権力から、立法者や政党が独立していられるようにすることである。これは、熟議民主主義の諸条件を促進し、公共的理性の行使のための舞台を設定することであり、(第四四節でみたように)公正としての正義はこの目標を公民的共和主義と共有する[22]。これらはいずれも重要な問題であり、立憲民主制の繁栄はこれらの問題に実行可能な解答を見出すことにかかっているのである。

45・4

政治的諸自由の公正な価値の保証がもつ二つの特徴に注意していただきたい。

(a) まず第一に、この保証は、明確な政治的目的に資するべく設計された公共的装置——つまり、政治過程を規律し、政治的権威をもつ地位への参入を制御する憲法上のルールや手続によって特定される公共的装置——の利用への公正でおおむね平等なアクセスを各市民に確保する。こうしたルールや手続は、できる限り正義に適った立法をもたらすように組み立てられた、公正な過程でなければならない[23]。公共的装置としての政治過程への公正で平等なアクセスという観念によって、各市民の妥当な請求権は一定の標準的限度内に抑えられる。

(b) 第二に、この公共的装置はいわば限られた空間をもっている。政治的諸自由の公正な価値の保証がなければ、より大きな財力をもった人々が結託して、それほど財力をもたない人々を排除してしまう。格差原理はこれを防ぐのに十分でない、と推測できる。いわば、公共的な政治フォーラムの空間が限られているために、他の基本的諸自由の有用性よりも政治的諸自由の有用性のほうが、市民の社会的地位や経済的手段による影響をはるかにこうむることになってしまう。それ故、政治的諸自由にとっての公正な価値という要求を追加したのである。

46　その他の基本的諸自由の公正な価値の否認

46・1

政治的諸自由の公正な価値という観念は、もう一つの問題を惹起する。つまり、なぜすべての基本的諸自由に公正な価値を確保しないのかという問題である。すべての基本的諸自由に公正な価値を広く保証せよというこの提案は、平等の観念を、正義の二原理よりさらに先にまで推し進めるものである。私の考えでは、この広い保証の考えは非合理的であるか、余計であるか、あるいは社会に分裂を惹き起こすものである。というのも、この考えがどのように理解されうるかを考えていただきたい。

(a) もしこの保証が、所得と富が平等に分配されるべきだということを意味するなら、それは非合理的である。つまり、それは、社会がその編成上の要請や効率性の要請に応えることを許さない。もしこの保証が意味するのが、基本的諸自由の平等な価値という理想を表現するために一定のレベルの所得と富が何人にも確保されるべきだということなら、格差原理が与えられている限り、それは余計なことである。

(b) もしより広い保証が、例えば宗教上の利害関心のような市民の人生計画にとって中心的なものとみなされる一定の利害関心の内容に応じて所得と富が分配されるべきだということを意味するなら、それは社会に分裂を惹き起こすものである。例を用いて説明しよう。ある人々は、巡礼に出かけたり、壮麗な大聖堂や寺院を建設することを自分の宗教上の義務に数えるかもしれない。すると、宗教的自由の平等な価値を保証することとは、社会がこのような市民に社会的資源を振り向けるべきであり、自分の宗教的義務についての理解がずっとわずかの物質的条件しか求めないような他の人々に向けるべきでないということを意味するだろう。後者のいわば宗教的ニーズはより少ないのである。

すべての基本的自由の(このように理解された)平等な価値の維持に努めることは、きっと、内戦とまでいかなくとも深刻な宗教論争に至るだろうことは明らかだと思われる。

46・2

私の信じるところでは、政治的構想が、社会的資源への市民の基本的請求権(格差原理が適用される請求権)を、彼らの善の完全な構想に属する確定的な究極目的や忠誠に依存させるときには、今述べたのとつねに同じような結果になる。(24) 穏当な多元性の事実を所与とすると、社会的統合の基礎を正義の公共的構想におくのが最善であり、私が提出したその構想は、自由で平等な者とみなされた市民の客観的ニーズについての見解に根ざす善の部分的構想の観点から、社会的資源への市民の要求を判断する。ここから基本善の観念が導かれる。少なくとも憲法の必須事項や、われわれの基本的諸自由を利用する公正な機会にとって必要とされる汎用的手段に関しては、公正としての正義は、人々の相異なる通約不可能な善の構想から出てくるさまざまな欲求や目標に基づく要求を排除するのである。

そうすることで、公正としての正義は、憲法の必須事項に関する諸問題や分配的正義の基本的諸問題がそれでもって解決されるべき政治的諸価値の集合から、一定の卓越主義的な諸価値を除外する。公正としての正義はまた、もっぱら、その研究や実践が思考・想像力・感性の一定の偉大な卓越性を実現するという根拠だけで、純粋科学――例えば数学や理論物理学――、哲学、あるいは絵画や音楽といった芸術に、社会が多くの公的資源を割り当てることができるという見解に疑問を付す。これらの研究が卓越性を実現するのは疑いないが[25]、政治的諸価値を引き合いに出して、それらを支援するための公的基金の使用を正当化するほうがはるかによい。なるほど、芸術・文化・科学の何らかの公的支援や、美術館や公演への助成は公共的政治文化にとって決定的に重要ではある。つまり、社会がその社会とその歴史についてもつ感覚や、その政治的諸伝統の自覚にとって重要なのである。けれども、数学や科学の推進のために社会的生産物の大きな部分を費やすには、例えば公衆衛生や環境保護にとっての期待便益とか、あるいは(正当化された)国防の必要にとっての期待便益による、市民全般の善の増進に基礎があることが必要である。

卓越主義的諸価値がこのように従属的位置にあることが、政治的リベラリズムとその公共的理性の観念の深刻な難点だと考える者もいるだろう。しかしながら、私はこの問題をここで立ち入って論じないでおく。こうした排除が適用されるのは憲法の必須事項の諸問題と正義の基本的諸問題についてだということをいったん理解したなら、この従属的な位置は受容できるものだと私は考える。卓越主義の考えは、幾人かの人々は、彼らのより大きな才能のために卓越主義的諸価値を実現するより高尚な活動に携わることができるのだから、特別な請求権をもつというものである。例えば立法者が検討しなければならない適切に限界づけられた諸問題や一定の政策問題については、いかなる形でも卓越主義的価値に訴えることはまったくできないということにはならない[26]。主たる狙いは、憲法の必須事項と基本的な正義問題を解決するためにはそうした価値には訴えないことへの誠実なコミットメントがあって然るべきだということである。まず最初に根本的な正義が達成されなければならないのである。しかる後に、民主的な選挙民は、もし彼らがそう選択するなら、芸術や科学における大事業に多くの資源を捧げてもかまわない。

47　政治的リベラリズムと包括的リベラリズム——一つの対比

47・1

リベラリズムが一定の生き方に対して敵対的であり、他の生き方を優遇するように偏向しているとか、あるいは、リベラリズムは自律や個性の価値を優遇し、共同体の価値や結社への忠誠の価値に反対しているということが、リベラリズムに対する古くからの反対論である。これに返答するにあたり、まず次のことに気づいてほしい。すなわち、いかなる道理に適った政治的構想の諸原理も、許容される包括的見解に制約を課さなければならず、こうした原理が求める基本的諸制度は不可避的に、幾つかの生き方を促進し、他の生き方を妨害したり、あるいは完全に排除さえする。

そうだとすると、本当の問題は、(ある政治的構想によって求められる)基本構造が一定の包括的諸教説やこれらと結びついた諸価値をどのように促進したり妨害したりするのか、そして、こうしたことが起こるその仕方が正義に適ったものかどうかに関わる。この問題を考察することで、少なくとも憲法の必須事項に関しては、国家はどのような包括的見解であれ、その優遇を意図して何も行ってはならないということの意味が説明されることになるだろう。(27) この点で、政治的リベラリズムと包括的リベラリズムの違いは明らかであり、根本的なものである。(28)

47・2

包括的教説が妨害される仕方は、少なくとも二つある。すなわち、一つには、包括的教説とこれに結びついた生き方が正義原理と真っ向から対立するかもしれない。もう一つには、それらが許容されるものではあっても、正義に適った立憲政体の政治的・社会的条件下では信奉者を獲得できないかもしれない。最初のケースは、例えば古代アテネとか南北戦争以前の南部における奴隷制のように、人種的、民族的あるいは卓越主義的といった根拠で一定の人々の抑圧や格下げを求める善の構想によって例示される。第二のケースの具体例は、一定の形態の宗教であるかもしれない。ある特定の宗教とこれに属する善の構想について、それが存続できるのは、それが国家機構を支配しており、実効性のある不寛容を実践することができるときだけだとしよう。すると、政治的リベラリズムが理想とする秩序だった社会では、この宗教は存在しなくなるだろう。そうしたケースがあるのは疑いないし、またそのような教説が生き永らえるかもしれないとしても、それはつねに社会の比較的小さな部分でのことだろう。

問題はこうである。すなわち、もし正義に適ったある立憲政体において、善に関する幾つかの構想は廃れ、他の構想はかろうじて生き残るにすぎないということならば、このこと自体が、その政体の正義の政治的構想がそれらの間で中立的ではないということを含意するのだろうか。「中立的」という言葉の含む意味を考えたら、おそらくそれは中立的ではない。そして、これがこの用語の難点である。しかし、重要な問題は、間違いなく次のことである。すなわち、その政治的構想がこれらの包括的見解に不利なように恣意的に偏向しているのかどうか、あるいは逆にこう言ったほうがよいが、それらの見解を自分の善の構想としているか、将来そうするかもしれない人々にとって、その政治的構想は正義に適っているのか、それとも反しているのかということである。更なる説明がなければ、その政治的構想が彼らに対して不正義であるようには思われないだろう。というのも、政治的正義のどのような見解であっても、それがその社会的影響力を通じて、幾つかの教説を他の教説よりも優遇するということは避けられないからである。いかなる社会もそれ自身の内部にあらゆる生き方を含むことはできない。なるほどわれわれは、社会的世界の、とくにわれわれの社会的世界のいわば限られた空間を嘆き悲しむかもしれず、また、われわれの文化と社会構造の不可避的な結果の幾つかを悔やむかもしれない。アイザイア・バーリンが長らく主張してきたように(それが彼の基本的テーマの一つであった)、損失のない社会的世界は存在しない。つまり、一定の根本的な諸価値を特別な仕方で実現する幾つかの生き方を排除してしまうことのないような、いかなる社会的世界も存在しないのである。当該の社会的世界の文化や諸制度の本性が、幾つかの生き方とは相性が悪すぎたのだということが後からわかる。[29] しかし、こうした不可避的な排除を恣意的な偏向や不正義と取り違えてはならない。

47・3

反対論は、さらに進んで、こう考えるにちがいない。すなわち、政治的リベラリズムの理想とする秩序だった社会は、諸々の許容可能な生き方が維持され、何世代にもわたって信奉者を獲得する公正な機会をもつ、そのような正義に適った基本構造を、現存する状況——穏当な多元性の事実を含む状況——が許すような仕方で、打ち立てることはできない、と。しかし、もしある包括的な善の構想が、よく知られた平等な基本的諸自由や相互寛容を確保している社会で存続することができないのなら、自由で平等な者とみなされた市民間の協働の公正なシステムとしての社会という観念によってはっきり表現されるような民主的諸価値と衝突しない形で、その善の構想を保護する方法は存在しないのである。このことは、その構想に対応する生き方が他の歴史的条件のもとでなら存続できるかとか、その消滅が悔やまれるべきことなのかという問題を惹起するが、もちろんこれを解決するものではない(30)。

歴史的経験が示しているように、多くの生き方が民主的社会における長期的な存続と信奉者の獲得というテストにパスしているのであり、しかも、人数が成功の尺度でないとするなら(なぜ人数が成功の尺度であるべきなのだろうか)、多くの生き方がこのテストをパスするのに等しく成功しているのである。つまり、固有の伝統や生き方をもつ異なった集団が、それぞれに異なる包括的見解をそれぞれの忠誠に十分値するものと考えている。かくして、政治的リベラリズムが一定の構想に不利となり他の構想に有利となるように恣意的に偏向しているか否かは、穏当な多元性の事実と現代世界のその他の歴史的条件を所与とすると、政治的リベラリズムの諸原理を諸制度において実現することが、さまざまな善の構想がそのうちで肯定され追求されうる公正な背景的諸条件を特定していることになるか否かにかかっている。政治的リベラリズムが一定の包括的な構想の不利になるような正義に反する偏向をしていると言えるのは、例えば個人主義的な構想のみがリベラルな社会で存続できるとか、あるいはそうした構想が非常に優勢なために宗教の価値や共同体の価値を肯定する結社が繁栄できない場合や、そしてさらに、こうした結果に通じる諸条件そのものが正義に反する場合だけなのである。

47・4

一つの例でこの点がはっきりするかもしれない。さまざまな宗派が、現代世界の文化に反対しており、そうした外部からの異質な影響から離れて自分たちの共同生活を送りたいと望んでいる。さてここで、彼らの子供の教育と国家が課すことのできる要求をめぐって一つの問題が生じる。カントのリベラリズムやミルのリベラリズムなら、生活のすべてではないにしてもその多くを統べるべき理想として、自律の価値や個性の価値を涵養することをもくろむ要求まで出すかもしれない。しかし、政治的リベラリズムは、これとは異なる目標をもっており、求めるものがはるかに少ない。政治的リベラリズムは、子供の教育のなかに、自分の憲法上の権利や市民的権利に関する知識といったものが含まれることを求めるだろう。これによって、例えば、子供たちは、自分の社会には良心の自由が存在し、背教は法律上の犯罪ではないとわかるが、これはすべて、子供たちが成人したときに彼らが宗教組織の構成員であり続けていることが、たんに自分の基本的諸権利についての無知や、自分の宗派内でだけ罪とみなされているにすぎない罪に対する処罰の恐怖に基づいているのではない、ということを確保するためである。また、子供の教育は、子供たちが十分に協働する社会構成員となる準備を整え、彼らが自活するのを可能にすべきである。それはまた、子供たちが社会のなかの彼ら以外の人々と彼らとの関係において社会的協働の公正な条項を尊重したいと欲するように、政治的諸徳性を涵養するべきである。

ここで、これらの仕方で政治的構想を理解するよう子供たちに求めることは、意図的にではないにしても実際には、子供たちに包括的リベラリズムの構想を教え込むことになる、と反論されるかもしれない。いったん前者を知ってしまえば、われわれは自分から進んで後者を採るようになるかもしれないという理由からだけでも、政治的リベラリズムの教育は包括的リベラリズムの教育に帰着するかもしれない。人によっては、こうしたことが実際に起こりうるということは認めなければならない。また、政治的リベラリズムの諸価値とカントやミルの包括的リベラリズム(31)の諸価値との間に、何らかの類似性があることも確かである。しかし、この反論に応える唯一可能な方法は、私が明確にしてきたような政治的リベラリズムと包括的リベラリズムの間で、その射程と一般性の双方に関し大きな違いがあるということを説明することである。子供の教育に対する道理に適った要求から生じる不可避的な諸帰結については、遺憾の念をしばしば伴ないつつも、それを受け容れざるをえないだろう。しかしながら私は、政治的リベラリズムの説明がここで取り上げた反論に対する十分な返答を提供することを希望したい。

政治的リベラリズムは一定の生き方には敵対的で、他の生き方には都合よく偏向するという誤りを犯しているという異議に応えるにあたっては、次のことが根本的に重要である。すなわち、公正としての正義は、すでに述べた要求を越えて、自律のリベラリズムや個性のリベラリズムに固有の諸々の徳性や価値を、ましてや、他のいかなる包括的教説に固有の徳性や価値を涵養しようとするものではない。というのも、そうなると公正としての正義は、政治的リベラリズムの一形態ではなくなってしまうからである。公正としての正義は、自分の宗教の命じるところに従って現代世界から身を引きたいと願う人々が、正義の政治的構想の諸原理を認めて、その人格と社会の政治的理想を評価しさえするならば、彼らの要求をできる限り尊重する。ここで、われわれはもっぱら政治的構想の枠内で子供の教育の問題に答えようと努めている、ということに注意していただきたい。子供の教育への国家の関心は、将来の市民としての子供たちの役割にある。だから、国家の関心は、子供たちが公共的文化を理解し、その諸制度に参加する能力を取得するといった不可欠のこと、彼らが全生涯にわたって経済的に独立し自活する社会構成員であること、そして、彼らが政治的諸徳性を発達させることにある。しかもこれらすべては、政治的視点の内部からそう考えられているのである。

48　人頭税と自由の優先性についての覚書

48・1

人頭税について簡単に述べておけば、自由の優先性が明らかになるとともに、格差原理が生まれつきの才能の分配を共同資産とみなすことへの合意を表現しているということの意味を明らかにする助けとなるだろう[32]（第二一節）。

マルクスが、共産主義社会の最終段階で充たされるだろうと考えて、引き合いに出した教えを想起していただきたい。すなわち、「各人からその能力に応じて、各人にその必要に応じて[33]」という教えである。これを正義の教えだと考えるなら、ひとたび社会が生まれつきの才能に人頭税（一括税）を課し、より才能に恵まれた者により高い税を納めるよう求めれば、格差原理はこの教えを充たすことができると思われるかもしれない。このようなやり方で、人々の人生の見込みにおける所得と富の不平等が、除去されはしないまでも、大幅に縮減されるだろう、と。

この提案に対しては、二つの決定的な反論がある。第一の反論は、実際上のものにすぎないと思われるかもしれないが、意外に深くまで切り込んでいくものだ。第一の反論はこうである。そのような強制的な税を正当化することができるとわれわれが確信をもてるほど正確な、(実現された才能と対比されるものとしての)生まれつきの才能を測るための尺度が存在しないかもしれない。加えて、ひとたび設けられたなら、この税が公知のものとなる結果、人々は自分の才能を隠しておく強いインセンティブや、課税される年齢を過ぎるまで自分の才能を実現しない強いインセンティブをもつことになるだろう。それに、課税されるのは何歳のときだろうか、という問題もある。

さらに、われわれが(第一六節2で)みたように、知力や(歌ったり踊ったりする)さまざまな自然的能力のような生まれつきの才能は、容量の変わらない固定資産ではない。そうした才能はそれだけでは潜在的なものにすぎず、その実際の現実化は社会的諸条件に依存しており、これには、才能の訓練・奨励・承認に直接関わる社会の姿勢が含まれる。生まれつきの才能を測るために使える尺度といったものは、理論上でさえ、問題外であるように思われる。

48・2

しかしながら、われわれの目的にとって重要な難点は、人頭税が自由の優先性に反してしまうだろうということである。人頭税は、より能力のある人々を、求められた期間に彼らが税金を納め切ることができるほど稼ぎのよい仕事にむりやり従事させることになり、正義原理の許す範囲内で自分の人生を営む彼らの自由に干渉することになってしまうだろう。彼らは、例えば自分の宗教を実践するのに大きな困難をきたすかもしれず、また、価値があっても報酬の低い職業や仕事に就くゆとりがなくなるかもしれない。

要点ははっきりしており、ここから、生まれつきの才能は自分のものであって社会のものではないということの更なる一側面が出てくる。すなわち、われわれは、われわれの才能が授けてくれるかもしれない利益を平等化するために人頭税に服することはできない。それはわれわれの基本的諸自由を侵害することになってしまう。格差原理は、幸運にも才能に恵まれているがために、より能力のある人々に罰を科すものではない。むしろ、格差原理が語るのはこういうことである。すなわち、そうした幸運から一層の利益を得るためには、われわれは自分の才能を訓練し教育しなければならず、さほどもたざる人々の利益に貢献する社会的に有益な仕方で自分の才能を働かせなければならないということなのである。(34)

49　財産私有型民主制の経済制度

49・1

第一五—一六節で、正義の第一主題として基本構造に焦点を合わせるさまざまな理由に言及した。ここでそれらをおさらいする必要はないが、一つの主要な理由を思い起こそう。つまり、もし基本構造が、比較的単純明快な公共的正義原理によって実効的に規制され、そのために背景的正義を長期的に維持することができるならば、市民や結社が、自分たちのことは自分たちで引き受けることのできる立場におかれていて、適切な程度の平等を確保する社会的条件のもとで相互に公正な合意を取り結ぶことができる限りでは、おそらくたいていのことは市民や結社自身に任せることができる、という理由である。基本構造は、市民の自由と独立を守らなければならず、また、社会的地位と富をめぐる不平等の増大や、政治的影響力を行使したり、手に入る機会を利用したりする能力に関する不平等の増大に長い目でみて帰着するような諸傾向をたえず和らげなければならない。このことは、現在世代にはその継承者たちの要求をどこまで尊重する義務があるのかという問題を惹起する。[35] この問題に取り組むのが正義に適う貯蓄原理である。

49・2

格差原理と正義に適う貯蓄原理(『正義論』第四四節)との関係は次のようなものである。正義に適う貯蓄原理が世代間で適用されるのに対して、格差原理は世代内で適用される。実質貯蓄が求められるのは正義の理由のためだけである。すなわち、正義に適った基本構造を確立し長期にわたって保持するのに必要とされる諸条件を可能にするためだけである。いったんこうした条件に到達し、正義に適う諸制度が確立されてしまえば、純実質貯蓄はゼロになるかもしれない。もし社会が正義以外の理由で貯蓄をしたいと望むなら、もちろん社会はそうしてかまわない。だが、これは別の問題である。

格差原理の特徴の一つとして、この原理は、所得と富で測った最も不利な状況にある人々の期待をどこまでも最大化するために、何世代にもわたる継続的な経済成長を要求するものではないということがある。すでに述べたように(第一八節3)、そのようなものは、道理に適った正義構想ではないだろう。われわれが、(実質)資本蓄積がなされなくなる、正義に適った定常状態にある社会というミルの観念[36]を排除したいと思っていないことは確かである。財産私有型民主制はこの可能性を考慮に入れて然るべきである。すでにみたように、格差原理が本当に求めているのは次のことである。すなわち、適当な間隔で区切られた各期間において、社会的生産物の生産から得られる所得と富に関する格差が、より有利な状況にある人々の正統な期待が減少する場合は、より不利な状況にある人々の正統な期待もまた減少するようになっているということである。つまり、社会がOP曲線の上昇する部分かその頂点にあるということである[37]。(このように定義された)許容可能な不平等は、先の条件を充たしており、また、正義に適う基本構造が長期的に支えられ再生産されている定常的均衡状態での社会的生産物と両立する。

49・3

正義に適う貯蓄原理の採択について言うと、われわれは次のように話を進める。原初状態を現時点で誰でも参入できる状態とみる解釈を維持するためには(第二五節2)、貯蓄の問題は、同時代人としての市民の間で適用される制約によって処理されなければならない。社会は長期にわたる世代間の公正な協働システムであるべきなのだから、貯蓄に適用される原理が必要になる。だが、すべての世代の間での(仮説的で非歴史的な)直接的な合意を思い描いてはならないから、われわれは次のように考える。すなわち、当事者たちは、先行するすべての世代がその貯蓄原理に従ってきていてほしいと考えなければならないということを条件として、貯蓄原理に合意すべきである。当事者たちは、すべての先行世代が同一のスケジュール(38)に従ってきたとすれば、社会の進展に応じた富の各水準でどれほど多くを(社会的生産物のうちのどれほどの割合を)貯蓄する用意が自分たちにあるかを自問しなければならない。

すると、正しい原理は、どの世代であれその構成員が(従ってすべての世代の構成員が)、どこまで時間をさかのぼっても先行する世代が従ってきたことを欲するだろうような原理として採択するであろう、そのような原理である。どの世代も諸々の世代のなかでの自分の位置を知らないのだから、これは、現在世代も含め後続のすべての世代がその原理に従わなければならないということを含意している。このようにして、われわれは、他の世代に対するわれわれの義務を根拠づける貯蓄原理に到達するのであり、この原理が、われわれの先行者たちに対する正統な苦情とわれわれの継承者たちについての正統な期待を支える。(39)

49・4

貯蓄原理が採択されると、以下で述べるように、経済的・社会的な背景的正義を長期的に維持しうる課税の種類の幾つかが示唆される(『正義論』第四三節二四五―二四九頁)。まず最初に遺贈と相続について考察しよう。われわれは、遺贈を規制し相続を制限するという発想をミル(や他の論者たち)から借りてくることにする。こうした規制や制限を行うためには、遺産そのものを税の対象にする必要はないし、遺贈により与えられる総量を制限する必要もない。むしろ、累進課税の原理が受取人の側で適用される。相続したり贈与や寄附を受ける人々は、受領した価額や受取人の性質に応じて税を納める。個人と一定の種類の事業体(例えば教育機関や美術館)とでは、税率が異なりうる。目的は、不動産と生産用資産の広範で一層平等な分散を促進することにあるのである。

第二に、累進課税原理が富や所得に適用されるのは、財源を増やす(資源を政府に投下する)目的のためではなく、もっぱら、例えば政治的諸自由の公正な価値に反するとか機会の公正な平等に反するといった、背景的正義に反すると判断される富の蓄積を防ぐためかもしれない。累進的な所得課税がまったく必要ない可能性もある。

第三に、所得課税が完全に回避されて、その代わりに比例的な消費税、つまり固定限界率で消費にかけられる税が採用されるかもしれない。人々は、（ホッブズにまでさかのぼる考えであるが）生産にどれほど貢献したかに応じてではなく、生産された財やサービスをどれほど使用したかに応じて課税されることになる。このような比例税は、通常の課税免除のすべてに対応することができる。一定の所得を越える消費総額にのみ課税することによって、この税は、適切な社会的ミニマムに配慮するように調節することができる。

すると、このミニマムを上げ下げしたり、課税の固定限界率を調節することによって、格差原理が大まかに充たされるかもしれない。社会は、格差原理を厳密に充たすことはできないにしても、その近似的充足ないし誠実な充足を公共的にめざすかもしれない。いずれにせよ、細部にわたる完全な調整は可能ではない。先に挙げた諸政策は、もっぱら課税の種類に関わるものであり、だから、個人や結社の決定や個々の取引に対する政府による直接の干渉を求めるものではない。

49・5

格差原理についてときおり提起される二つの懸念について付言しておこう。第一の懸念は、格差原理が、あらゆる政策問題について、それが最も不利な状況にある人々の見込みにどんな影響を及ぼすかを考慮するようわれわれに求めるのではないかというものである。格差原理が本当にこれを要求すると誤解されたため、多くの人にとってこの原理は反対すべきものに思われてきた。明らかに、この難点は、基本構造に適用できるいかなる原理に対しても向けられるかもしれない。うまい返答はこうである。すなわち、いったん諸政策の総体が与えられたなら、格差原理に適うように調整することのできる少数の道具——道具と言ってよいと思うが——を選ぶことによってやっていくべきである。先に指摘したように、(政治的諸自由の公正な価値を伴なう)平等な基本的諸自由、機会の公正な平等などが与えられたなら、格差原理はおそらく、比例的な所得税が免除される所得水準を上下に調節することによって大まかに充たすことができる。ここでは、この水準が道具として使われているのである。こうすることで、あらゆる政策問題について格差原理を考慮しなくてもすむ。

第二の懸念は、格差原理を充足すべきことを社会の憲法のなかで明確に規定すべきか否かというものである。そうすべきではないように思われる。というのは、そうすると格差原理を裁判所が解釈し強制すべき憲法の必須事項にしてしまうという危険があり、この任務は裁判所がうまく果たせるものではないからである。格差原理が充たされているかどうかは、経済がどう動くかについての十分な理解を必要としており、この原理が充たされていないことはしばしば明らかであるかもしれないとしても、正確に決めるのはきわめて難しいことである。とはいえ、格差原理への十分な合意が存在しているならば、この原理は、(合衆国憲法の場合のように)法的効力を欠いた前文のなかで、社会の政治的希求の一つとして取り入れられるかもしれない。

憲法の必須事項となるべきものは、第三八節3―4で明確にしたように、少なくとも基礎的な人間的ニーズをカバーする社会的ミニマムの確保である。というのも、そうしたミニマムが保証されていない場合は、格差原理が相当甚だしく違背されていることはかなり明らかだからである。これは、憲法の必須事項の実現またはその欠如はかなり明白なものであるべきである、あるいは少なくとも、裁判所が相当な判定能力をもっているはずの、衆目に開かれた事柄であるべきである、という必須条件に適っている。(40)

50 基本制度としての家族

50・1

家族に関する以下のコメントの目標は控え目なものである。すなわち、以下では、なぜ正義原理が家族に適用されるのかを指摘するにすぎず、正義原理が何を求めるのかについて何ら詳しく示すものではない。予め言っておくが、家族は基本構造の一部であり、その理由は、ある世代から次世代へと、社会とその文化の整然とした生産と再生産を確立することが基本構造の不可欠な役割の一つであるということである。政治社会はつねに、無限に長期にわたる協働の企てとみなされており、社会の業務を清算して社会が解散されることになる未来の時点があるといった発想は、われわれの社会の構想と無縁なものだということを思い起こしていただきたい。再生産労働は社会的に必要な労働である。このことを受け容れると、家族の役割にとって不可欠なのは、道理に適いかつ実効的な仕方で、子供を育て面倒をみて、彼らが道徳的に発達し教育を受けてより広い文化に参入していくのを確保する取り決めである。[41] 市民は、正義感覚をもち、正義に適った政治的・社会的諸制度を支える政治的諸徳性をもたなければならない。加えて、家族は、持続する社会を維持するために適正な人数を供給するという点でも、そうした諸制度を支える役割を果たさなければならない。それでも、ここまでの話では、家族が、こうした任務を実効的に果たすように取り決められており、また他の政治的諸価値と齟齬をきたすものでない限りは、正義の政治的構想によっては、（一夫一婦制、異性愛その他の）いかなる特定の家族形態も求められていないのである。[42]

これらの必要性が、機会の公正な平等を達成する努力を含め、基本構造のすべての取り決めを制限する。家族は、機会の公正な平等が達成されうるその仕方に制約を課すのであり、正義の二原理はそうした制約を考慮に入れるように努めるものとされている。

ここでは格差原理が重要である。というのも、格差原理が充たされているときには、機会のより少ない人々も、家族や他の社会的諸条件が課す制約を一層たやすく受け容れることができるからである。[43] ここでこうした複雑な事柄を追求することはできないが、子供の間は、年長者(普通は両親)が一定の道徳的・社会的権威をもつ小規模の親密な集団のなかで育つと仮定しておく。[44]

50・2

正義原理は家族には適用されず、それ故、正義原理は女性やその子供に平等な正義を確保できないと考えられるかもしれない。[45] これは誤解である。この誤解は次のようにして生じてくるのかもしれない。正義の第一主題は、社会の主要な諸制度が長期的な社会的協働の一つの統一されたシステムへと編成されたものと理解された社会の基本構造である。政治的正義の諸原理はこの構造に直接適用されるものだが、この構造内の多くの結社の内部生活には直接には適用されないことになっており、結社には家族も含まれている。すると、もし正義原理が家族の内部生活に直接に適用されないのなら、いかにして正義原理は、平等な正義を夫と並んで妻に確保することができるだろうかと問われるかもしれない。

先にこの問題に触れはしたけれども(第四節2)、一層の議論が必要である。教会と大学、職業団体と学会、会社と労働組合とを問わず、すべての結社についてほぼ同じ問題が生じるということに注意されたい。家族はこの点で特異なものではない。例を挙げて示そう。正義の二原理が(他のリベラルな原理と同じく)教会の運営が民主的であることを求めないのは明らかである。司教や枢機卿は選挙で選ばれる必要はないし、教会の職位に付随する利益が格差原理を充たす必要もない。これによって、いかに政治的正義の諸原理が教会の内部生活に直接には適用されないか、またそうした原理が直接適用されるべきだということがいかに望ましくないか、あるいはいかに良心の自由や結社の自由と相容れないかが例示される。

他方で、政治的正義の諸原理は、教会の運営に関係する一定の不可欠の制約を現に課している。すでにみたように(第四節2)、正義原理の求めるところにより、公共的な法は異端や背教を犯罪とは認めず、教会の構成員はいつでも自由に自分の信仰を離れることができるから、教会は実効性のある不寛容を実践することはできない。従って、正義原理は、教会の内部生活に直接には適用されないものの、あらゆる教会や結社が服する制約によって、その構成員の諸々の権利と自由を実は保護しているのである。

だからといって、すべてではないにせよほとんどの結社や集団とか、さまざまな種類の個人間の関係に直接適用される適切な正義構想が存在することを否定しているわけではない。けれども、こうした正義構想は政治的な構想ではない。それぞれのケースで何が適切な構想なのかは、政治的構想とは別個の付加的な問題であって、当の結社、集団あるいは関係の性質と役割を所与として、個々の場合ごとに新たに検討されるべきものである。

50・3

さて、再び家族を考察しよう。ここでも基本方針は同じである。すなわち、政治的原理は、家族の内部生活に直接には適用されないけれども、制度としての家族に対しては不可欠の制約を課し、その全構成員の基本的な諸権利及び諸自由と公正な機会を保障する。政治的原理がこれを行うのは、すでに述べたように、家族の構成員である平等な市民の基本的な諸々の請求権を特定することによってである。家族は、基本構造の一部である以上、これらの自由を侵害することはできない。妻は夫と等しく市民なのだから、妻は夫と同じあらゆる基本的な諸権利及び諸自由と公正な機会をもつのであり、そして、他の正義原理の的確な適用と相まって、妻たちの平等と独立を確保するにはこれで十分であるべきなのである。

要点を別の仕方で述べると、われわれは、人々が市民としてもつ視点と、家族の構成員やその他の結社の構成員としてもつ視点とを区別する。(46) われわれには、市民としては、正義の政治的原理によって特定される制約を結社に課すべき理由があるのだが、その一方で、結社の構成員としては、当該結社にふさわしい自由で繁栄する内部生活のための余地を残しておくように、そうした制約を制限する理由がある。ここでもまた、異なる種類の原理の間での分業が必要だとわかる。われわれは、正義の政治的原理が家族の内部生活に直接適用されるのを望まないだろう。われわれが親として、政治的原理に則って自分の子供を処遇するように求められるというのは、まず賢明ではない。そうした原理はここでは場違いなのである。なるほど親は、自分の子供それぞれとの関係で、正義（ないしは公正）と適正な尊重についての何らかの構想に従うべきではあるが、一定の限界内では、(47)これは政治的原理が指図するべきことではない。もちろん、子供の虐待や遺棄その他の多くのものの禁止は、制約として、家族法のきわめて重要な部分だろう。しかし、どこかの点で、社会は、親の自然な愛情と善意を信頼しなければならないのである。(48)

女性の平等に基づいた先の考察に加えて、正義原理はまた、社会の将来の市民であり、そうしたものとして請求権をもつ子供たちのためにも家族に制約を課す。すでに述べたように、女性が、自分の子供を養い育て面倒をみるという仕事の不相応な負担を背負ってきており、また背負い続けているということは、女性に対する長きにわたる歴史的な一つの不正義である。離婚法によって女性が一層不利な立場に置かれるなら、この重荷は女性をひどく危うい状態にしてしまう。(49)これらの不正義は、女性ばかりかその子供にも苛酷にのしかかっており、また、存続可能な民主的政体の将来の市民に求められる政治的諸徳性を獲得する子供たちの能力を掘り崩してしまいがちである[50]。ミルは、彼の時代の家族は男性による専制のための学校だと考えた。すなわち、家族が民主制と両立することのできない思考習慣と感じ方やふるまい方を教え込んでいると考えたのである[51]。もしそうなら、それを改革するために、民主制を命じる正義原理に訴えることができるのは明白である。

50・4

従って、政治的リベラリズムが、基本構造に適用される政治的正義と、その構造内のさまざまな結社に適用される他の正義構想とを区別するとき、政治的リベラリズムは、政治的領域と非政治的領域を、それぞれがもっぱらそれ固有の原理によって統べられる、いわば、別個で関連のない二つの空間とみなしているわけではないのである。たとえ基本構造だけが正義の第一主題ではあっても、それにもかかわらず、正義原理は家族や他のあらゆる結社に、不可欠の制約を加える。家族その他の結社の成人の構成員は、まず第一に、平等な市民である。つまり、それが彼らの基本的な地位なのである。彼らが関わり合いになるいかなる制度や結社も、市民としての彼らの諸権利を侵害することはできない。

すると、いわゆる領域《ドメイン》、あるいは生活領域は、正義原理から離れてすでに与えられているものではない。一つの領域とは、空間や場所の一種ではなくて、むしろ、政治的正義の諸原理が直接的には基本構造に、間接的にはその内部の諸々の結社に適用されるその仕方の結果ないし結末にすぎないのである。市民の平等な基本的諸自由や公正な機会を定めた原理は、つねに、すべてのいわゆる領域の至るところで妥当する。女性の平等な諸権利や将来の市民としてのその子供たちの請求権は不可譲のものであって、女性や子供がどこにいようとこれらの人々を保護する。そして、われわれがみたように、そうした諸々の権利と自由を制限するジェンダーによる区別は排除される（第一八節4—6）。だから、政治的なものや公共的なものの領域と非政治的で私的なものの領域は、正義構想とその諸原理の内容と適用からそれぞれの形ができ上がるのである。もし、いわゆる私的領域というものが、正義を免れていると主張される空間のことであるならば、そのようなものは存在しない。

50・5

もっと一般的に言うと、財産私有型民主制は女性の完全な平等をめざすものであるから、これを達成するための仕組みを含んでいなければならない。もし、女性の不平等の主たる原因ではなくとも一つの基本的な原因が、伝統的な家族内分業において、子供を養い育て世話をする負担が女性により多くかかっているということにあるのなら、女性の負担を男性と等しくするか、負担に対して女性に埋合せをする方策が講じられる必要がある。特定の歴史的条件のもとでこれを行う最善の方法は、政治哲学が決めるべきことではない。けれども、現在よくある一つの提案は次のものである。すなわち、法は、規範あるいは指針として、妻の育児労働を(依然として一般的であるように妻がこの重荷を背負っている場合)、婚姻中に彼女の夫が稼ぐ所得の平等な分け前に与る権原を彼女に与えるものの一つに数えるべきである。もし離婚ということになれば、妻は、婚姻中に生じた家族資産の価値の増加分に対して平等な分け前をもつべきである(52)。

この規範からのいかなる逸脱も、明快な特別の正当化を必要とするだろう。夫が家族を捨て、彼の稼得能力をもち去ってしまい、妻子を以前よりもはるかに不利な状況に取り残すことは、目に余ることに思われる。自活するよう強いられた妻子の経済状態はしばしば不安定である。こうしたことを許容する社会は女性を気にかけておらず、ましてや女性の平等や、社会の未来であるその子供たちのことさえ気にかけていない。本当のところ、これがそもそも政治社会だと言えるだろうか(53)。

50・6

オーキンは、『正義論』についての、共感していないわけではないが批判的な議論において、家族やジェンダー構造をもつ社会諸制度に対する潜在的な批判がこの書物のなかに暗に含まれている、と述べている。彼女の考えでは、この批判は、第一に、原初状態の当事者たちは自分たちが代表する人々の性別を知らないという事実から、第二に、家族とジェンダーシステムが、基本構造の一部として、その諸原理による吟味を受けることになるという事実から展開することができる(54)。

オーキンは正しい、と私は考えたい。決定的な問題は、正確には何がジェンダー構造をもつ諸制度に含まれるのかということなのかもしれない。そうした制度はどのように線引きされるのだろうか。もし、ジェンダーシステムとは、女性の平等な諸々の基本的な自由と機会や、将来の市民としてのその子供たちのそうした自由と機会に悪影響を与えるいかなる社会的仕組みをも含むとわれわれが言うとすれば、その場合、このシステムが正義原理による批判を免れないのは確かである。すると問題は、正義原理の実現がジェンダーシステムの欠陥を修復するのに十分かということになる。これは、部分的には、社会理論、人間心理学、その他の多くのものによって決まる。それは正義構想だけでは決めることができないものであり、私はここで、その問題についてさらに考察しようとは思わない。

正義の政治的構想に含まれる公共的理性に属する少数の価値だけにしか私が訴えてこなかったと述べておくことで締めくくろう。これらの価値に含まれているのは、女性の平等、将来の市民としての子供の平等、そして最後に、ある世代から次世代へとわたる社会とその文化の整然とした生産と再生産の確保における家族の価値、だからまた、正義に適った民主的社会においては、そうした諸制度を支える諸々の姿勢や徳性を陶冶し奨励するにあたっての家族の価値である。他の場面では、これら以外の政治的諸価値に訴えることができる。

51　基本善(財)の指数の柔軟性

51・1

基本善(財)の指数の実際の用いられ方と、こうした指数が与える柔軟性とを例証するために、そのような指数に対してセンが提起している異論を幾らか詳しく検討しよう。その異論とは、この指数ではどうしても柔軟性がなさすぎて公正でなくなってしまうというものである。[55] このことを論じれば、個人間比較は、センが個人の「基本的潜在能力」と呼ぶものの尺度に少なくとも部分的に基づかなければならないという彼の重要な考えと、基本善とのつながりを示すことによって、基本善の観念がはっきりするだろう。

センの異論は二つの論拠に依拠している。第一の論拠は、基本財(善)の指数を用いることは実は間違った空間で作業することになり、従って、誤りを招く測定基準を含んでいるということである。つまり、利益は実際には、個人と財(善)との関係に依存するのだから、基本財(善)そのものを利益の実現形態とみなすべきではない。異論はさらに続く。すなわち、個人間比較の受容可能な基礎は、個人の基本的潜在能力という尺度に、少なくともかなりの部分、依拠しなければならない、と。

説明しよう。センは、財(善)をもっぱら個々人の欲求や選好を充足するものとみなす点で功利主義は誤っているとみる。彼の考えでは、財(善)と基本的潜在能力との関係もまた不可欠である。すなわち、財(善)とは、例えば自分で服を着たり自活するとか、手助けなしにあちこち移動するとか、地位に就いたり仕事に従事したり、政治や共同体の公的生活に参加するといった、一定の基本的なものごとをするのを可能にするものである。基本財(善)指数というものは、財(善)と基本的潜在能力との関係を捨象し、基本財(善)のみに着目することによって、間違ったものに焦点を当ててしまっているのだと、センは考える。

51・2

この批判に応答するにあたり、強調されるべきことは、基本善(財)の説明は基本的潜在能力を現に考慮に入れており、捨象などしていないということである。つまり、二つの道徳的能力をもつが故に自由で平等な人格である、そのような者としての市民たちの潜在能力を考慮しているのである。彼らが、全生涯にわたって十分に協働する普通の社会構成員であり、自由で平等な市民という地位を維持することを可能にしているのは、二つの道徳的能力なのである。われわれは、市民の潜在能力と基礎的ニーズについての一つの構想に依拠しており、諸々の平等な権利と自由は、これらの道徳的能力を念頭において特定されている。すでにみたように(第三二節)、そうした諸々の権利と自由は、大きな重要性をもつ一定の根本的な場面でこれらの能力を適切に発達させ十分に行使するために必要不可欠な条件なのである。次のように言うことができる。

(i) 平等な政治的諸自由、言論の自由、集会の自由などは、市民の正義感覚の発達と行使にとって必要であり、正義に適った政治的目標を採択したり実効的な社会政策を追求するにあたり、市民たちが合理的な判断をするべきなら必要とされるものである。

(ii) 平等な市民的諸自由、良心の自由と結社の自由、職業選択の自由などは、善の構想への市民の能力の発達と行使にとって必要なものである。つまり、(完全ないしは部分的に)包括的な宗教的・哲学的・道徳的教説に照らして理解された、自分が人間生活において価値あるとみるものを形成し、修正し、合理的に追求する能力にとって必要なのである。

(iii) 所得と富は、それが何であれ広範な(許容される)諸目的の達成にとって、とりわけ二つの道徳的能力を実現し、市民が肯定ないし採択する善の(完全な)構想の諸目的を増進するという目的の達成にとって必要とされる一般的な汎用的手段である。

こうした所見は、基本善(財)の役割を、公正としての正義の枠組全体のなかに位置づけている。この枠組に注意を向ければ、公正としての正義が基本善(財)と個人の基本的潜在能力の間の根本的関係を現に承認していることがわかる。実のところ、基本善(財)の指数は、自由で平等な者としての市民という(規範的な)構想に含まれる基本的潜在能力が所与だとすれば、自由で平等な者としての地位を維持し、十分に協働する普通の社会構成員であるためには、市民にどのようなものが必要とされるのか、これを問うてみることによって作成されているのである。当事者たちは、基本善(財)の指数が正義原理の一部であり、正義原理の意味のなかに含まれているということを知っているのだから、もし彼らが代表する人々の必要不可欠の利害関心を保護するために求められると彼らが考えるものをその指数が確保してくれないなら、当事者たちはそのような正義原理を受容しないだろう。

51・3

これまでのところでは、一つの重要な背景的前提をおいてきた。つまり、政治的正義が考慮に入れるべき種類のニーズや必要については、市民たちのニーズや必要は十分に類似しているため、政治的正義の諸問題における個人間比較のための適切かつ公正な基礎として、基本善(財)の指数が使えるという前提である。

もしこの背景的前提が本当に成り立つなら、センは、少なくとも多くの場合は、基本善(財)の使用を受け容れるかもしれない[56]。だから、彼の異論は、十分に協働する普通の社会構成員の重要なニーズや必要が実は非常に異なっているため、基本善(財)の指数を伴う正義の二原理ではどうしても柔軟性がなさすぎて、これらのニーズや必要における差異に対応する公正な方法をもたらすことができないという、もう一つの論拠に依存している。これに応えて私は、基本善(財)の指数を作成することで、かなりの柔軟性がもたらされるのだということを示すよう努めたい。

まずはじめに、深刻な障害をもつために社会的協働に貢献する普通の構成員では決してありえないような人々という、極端なケースはわきにおいておく。その代わりに私は二つの種類の事例だけを検討するが、そのいずれもが、私が通常の範囲と呼ぶもの、つまり、誰もが協働する普通の社会構成員であることと両立するような、市民たちのニーズや必要における差異の範囲内におさまるものである。これらの事例で、そうした差異に対処するにあたって正義の二原理がもつ柔軟性が例証されることになろう。

51・4 第一の種類の事例は、二つの道徳的能力の発達と行使や生まれつきの才能の実現における差異に関わる。これらは、十分に協働する社会構成員であるために求められる最低限不可欠なものを越える差異である。例えば、裁判上の諸徳性は正義感覚という道徳的能力が秀でていることであるが、これらの徳性を備えるための能力にはかなりのばらつきがあるとしよう。こうした能力には、知性と想像力、公平であったり、より広くてより包含的なものの見方をする能力、並びに他人の関心や状況に対するある程度の感受性が含まれている。

正義の二原理は、そのなかに純粋な背景的手続的正義の概念を組み込んでいるが、配分的正義の概念を組み込んではいない(第一四節)。市民の道徳的能力における差異は、それだけでは、諸々の基本的な権利と自由を含め基本善(財)の配分における、対応する差異に直結するものではない。むしろ、市民たちの潜在能力が通常の範囲内にあるものとして、彼らの基本的潜在能力を訓練し教育するための一般的な汎用的手段や、それらの能力を十分に使用する公正な機会が市民たちの手に入るために必要な背景的正義の諸制度を含むように、基本構造が整えられているのである。公正な基礎の上で何人にも保障された機会をどう利用するかは、諸々の基本的な権利と自由が確保され、自分自身の人生を引き受けることのできる、自由で平等な人格としての市民たちに委ねられている。

先に触れた裁判上の徳性への能力における差異を考えてみよう。通常の範囲内では、こうした差異は、自由で平等な者としての市民たちに正義の二原理が適用される仕方に影響を与えはしない。誰もが依然として同じ諸々の基本的な権利と自由や公正な機会をもっており、また誰もが格差原理の保証するものの対象となる。もちろん、裁判上の徳性へのより高い能力をもつ人々は、他の事情が等しいなら、そうした徳性の発揮を要する責任を伴なう権威ある地位を占める機会がより多い。一生を通じて、彼らは基本善(財)へのより高い期待をもつかもしれず、また、彼らのより大きな能力は、適切に訓練され行使されれば、彼らの立てる計画や彼らの実績次第で異なって報いられるかもしれない。(これらの最後の所見は多かれ少なかれ秩序だった社会を前提してのことであり、例によって、とくに断りのない限り、理想的理論の枠内で話を進めている。)

しかし、結果として生じる特定の分配は、基本的潜在能力の尺度を用いる(配分的なものであれ手続的なものであれ)正義原理に従うことによって生じてくるのではない。こうした潜在能力のすべてにわたる(規範的なものと対比される)科学的な尺度を作ることは、理論上も不可能だというわけではないとしても、実際問題としては不可能である。公正としての正義においては、潜在能力におけるこうした差異に合わせた調整は、純粋な背景的手続的正義のもとで進行中の社会過程を通じて進められるのであり、そこでは個々の職務や地位にふさわしい適性能力が分配の役割を果たすのである。しかし、例のごとく、(通常の範囲内の)基本的潜在能力におけるいかなる差異も、個人の平等な基本的諸権利と諸自由に影響を与えるものではない。秩序だった社会では、そうした進行中の社会過程が政治的不正義に至ることはないだろうというのが、公正としての正義の主張である。

51・5

次に、第二の種類の事例に移ろう。つまり、市民たちの医療へのニーズにおける差異である。こうした事例は、市民が一時的に――しばらくの間――十分に協働する普通の社会構成員であるために最低限不可欠な能力を下回っている事例と特徴づけられる。政治的正義の構想を作り上げるにあたっての最初の一歩としては、(これまでやってきたように)病気や事故を完全に捨象して、政治的正義の根本問題は、もっぱら自由で平等な者としての市民間での協働の公正な条項を明確にする問題だと考えてよいだろう。しかし、公正としての正義は、この問題を解決する助けとなることができるだけでなく、病気や事故が惹き起こすニーズの差異をカバーするように拡張することもできると私は希望している。この拡張を試みるために、市民が全生涯にわたって協働する普通の社会構成員だという前提は、市民がときには重い病気にかかったり、ひどい事故に遭遇するかもしれないということを許容するものとわれわれは解釈する。

こうした拡張をするに際しては、次のような基本善(財)の指数の三つの特徴に依拠する。これらの特徴が、医療へのニーズにおける市民間の差異に応じた調整をするための、ある程度の柔軟性を正義の二原理に与えてくれる。

第一に、これらの善(財)は、原初状態で入手できる考慮事項によってすみずみまで特定されるわけではない。このことは、基本的な諸権利や諸自由とそれ以外の基本善(財)のいずれについても明白である。例えば、原初状態では、基本的な諸権利と諸自由の一般的な形式と内容の輪郭を描くことができ、それらの優先性の根拠を理解することができることで十分である。そうした権利と自由の一層の明確化は、より多くの情報が入手可能になり、特殊な社会的条件を考慮に入れることができるのに応じて、憲法制定段階、立法段階、司法段階に委ねられる。基本的な諸権利と諸自由の一般的な形式と内容の輪郭を描くにあたっては、後続の各段階で明確化の過程が適切な仕方で導かれるのに十分なほどに、これらの権利や自由の特別な役割と中心的適用範囲を明らかにしておかなければならない。

第二に、所得と富という基本善(財)を、個人の所得や私的な富だけと同一視してはならない。というのも、われわれは、個人としてばかりか結社や集団の構成員としても、所得や富を支配したり、あるいは部分的に支配しているからである。ある宗派の構成員は教会の財産を幾らか支配しており、教授会の構成員は、彼らの学問・研究の目的を達成するための手段とみられる大学の富を幾らか支配しているのである。われわれはまた、市民として、医療保障の場合のようにわれわれに権原があるさまざまな個人的な財やサービスの、政府による支給の受益者であったり、(澄んだ空気、汚染されていない水などといった)公衆衛生を確保する措置の場合のように(経済学者のいう意味での)公共財の政府による供給の受益者でもある。これらの項目のどれも、(もし必要なら)基本善(財)の指数に含めることができる。(57)

第三に、基本善(財)の指数は、一生を通じてこれらの善(財)がどれだけ期待できるかについての指数である。これらの期待は、基本構造内部の関連する社会的地位に付随するものとみなされる。これによって、人生の通常の行程のなかで病気や事故から生じるニーズにおける差異を、正義の二原理が考慮に入れることが可能になる。個々人の基本善(財)の期待値(それらの期待指数)は事前には同じでありうるが、彼らが実際に受け取る善(財)は、さまざまな偶発的事情次第で――今の場合、彼らに降りかかる病気や事故次第で――事後的には相異なる。

51・6

以上を背景にして、協働する普通の社会構成員ではあるが、その能力がしばらく最低限度を下回ることもある者としての市民たちの医療や健康上のニーズに、正義の二原理がどのように適用されるかを簡単に述べておこう。ここではこれ以上のことはできない。

この問題は、立法段階で決定されるべきものであって(『正義論』第三一節)、原初状態や憲法制定会議で決められるべきものではない。なぜなら、この事例への正義の二原理の実行可能な適用は、さまざまな病気の広まりとそれらのひどさとか事故の頻度とそれらの原因その他の多くのことに関する情報に部分的に依存しているからである。こうした情報が入手できるのは立法段階であり、それ故、公衆の健康を守ったり医療を提供したりする政策はそこではじめて取り上げることができるのである。

基本善(財)の指数は期待によって特定されるから、市民のさまざまなニーズに対応する際のかなりの柔軟性が、正義の二原理の特徴である。単純化のために、最も不利な状況にある集団に焦点をあて、その構成員たちに見込まれる医療ニーズの総量と、さまざまな水準の治療や看護でそうしたニーズをまかなう費用とに関する情報が手に入るものと仮定しよう。格差原理の与える指針の枠内では、これ以上供給したら最も不利な状況にある人々の期待をかえって下げることになってしまうところまで、こうしたニーズをまかなうための供給をすることができる。この推論は、社会的ミニマムを設定する際の推論と同型である(『正義論』第四四節二五一—二五二頁)。唯一の相違は、目下の場合、(見積もられる費用によって計算された)ある水準の保証された医療供給への期待が、社会的ミニマムの一部として含まれているということである。今度もまた、事前の同じ期待が、事後的なニーズの相違に応じて、受け取られる給付の幅広い分岐と両立する。

医療や健康上のニーズに費やされる社会的生産物の割合に上限を定めるものは何かと

言えば、それは、私的資金で支払われるものと公的資金で支払われるものとを問わず、社会が支出しなければならない、他の不可欠の諸費用であるということに注意されたい。例えば、活発で生産的な労働力が維持されなければならず、子供たちは育てられ適切な教育を受けなければならない。年間生産量の一部は実物資本に投下され、別の部分は減価償却に算入されなければならない。また、引退した人々のための支給もしなければならない。諸々の国民国家からなる世界における国防や(正義に適った)外交政策に必要なもののためにも、支出しなければならないことは言うまでもない。これらの要求を立法段階の視点から眺める市民の代表者たちは、社会の資源の配分にあたり、それらの間で比較衡量してバランスをとらなければならない。

ここで、市民たちが全生涯にわたって一つの公共的(政治的)アイデンティティをもつとみなし、また彼らが全生涯にわたって十分に協働する普通の社会構成員だと考えることが大きな重要性をもつということがわかる。立法段階で市民の代表者たちは、今や手に入る一般的情報を所与とすれば、正義の二原理がどのように一層細かく特定されるべきかを検討しなければならない。もちろん、市民をこのようにとらえても、正確な解答が選び出されるわけではない。例によって、われわれの手にあるのは、せいぜい熟議のための指針だけである。しかし、市民の代表者たちは――子供時代から老年期に至る人生の全段階でわれわれが掲げる要求を含む――先に挙げたさまざまな要求のすべてを、人生のすべての段階を生き抜くことになるひとりの人物の視点から眺めなければならない。ここでの考えは、各段階での人々の要求は、いったんわれわれが人生の全段階をみずから生き抜くものと考えたなら、われわれがそれらの要求の道理に適った比較衡量をするであろうその仕方から出てくるというものである。

これまでの論述は、医療の問題を格差原理の指針のもとで眺めている。このことは、医療の供給は、最も不利な状況にある人々が自分の選好する医療の費用を自分でまかなうことができない場合に、彼らの所得を補うためのものにすぎない、という誤った印象を与えるかもしれない。しかし、その反対である。すでに強調したように、医療の供給は、基本善(財)一般の場合と同じように、自由で平等な者としての市民のニーズと必要を充たすためである。そのような医療は、機会の公正な平等を保証し、諸々の基本的な権利と自由をわれわれが利用できることを保証するために、だからまた、われわれが全生涯にわたって十分に協働する普通の社会構成員であるために必要な一般的手段に属するものなのである。

このような市民の構想は、われわれが二つのことをするのを可能にする。すなわち、第一に、さまざまな種類の医療の緊急性を評価することを可能にし、第二に、他の社会的ニーズや必要と比べた医療や公衆衛生一般の要求の相対的優先度をはっきりさせることを可能にする。例えば、第一の点については、人々を回復させて健康にし、彼らが協働する社会構成員としてその普通の生活を再開するのを可能にする、そのような治療には大きな緊急性がある――もっと正確に言うと、機会の公正な平等の原理によって特定される緊急性がある。その一方、例えば美容のための医療は、直ちに必要だなどとは決して言えない。われわれが普通の社会構成員である能力を維持し、いったんその能力が必要な最低限度を下回ったらそれを回復することと結びつけて、医療への要求の強度を考えることによって、(先の議論で大まかに述べたように)そうした医療の費用を、正義の二原理によってカバーされる、社会的生産物に対する他の諸要求と比較衡量するための指針が提供される。[58] しかしながら、これらの困難で錯綜した事柄についてこれ以上の議論はしないでおく。

51・7

結論を述べよう。基本善(財)の指数は柔軟性がなさすぎて公正ではないという異論に応えて、私は二つの主な主張をしてきた。

第一は、基本善(財)の観念は、一定の基本的潜在能力をもつ者としての市民という構想と密接に結びついており、そうした潜在能力の最も重要なものに、二つの道徳的能力が含まれるということである。そうした基本善(財)が何であるかは、二つの道徳的能力を備えており、また、これらの発達と行使に、より上位の関心をもっている人格としての市民という基礎的な直観的観念に依存している。これは、個人間比較をする際だけでなく、道理に適った正義の政治的構想を設計するにあたっても基本的潜在能力が考慮に入れられなければならないというセンの見解と合致している。

第二に、基本善(財)の使用によって可能になる柔軟性を示すためには、二つの種類の事例を区別しなければならないということである。最初の事例は、通常の範囲内に収まってはいるが、十分に協働する社会構成員であるために求められる最低限不可欠なものを越えているような、市民の潜在能力の差異に関わるものである。こうした差異は、純粋な背景的手続的正義のもとで進行中の社会過程によって考慮に入れられる。この種の事例では、潜在能力における市民の差異を測るいかなる尺度も必要ではないし、また実行可能な尺度が可能であるようにも思われない。

第二の種類の事例は、病気や事故のため市民がしばらく、最小限不可欠なものを下回ってしまうような潜在能力の差異に関わる。ここでは、われわれは、基本善(財)の指数が、立法段階で、また例のごとく期待でもって、より具体的に特定されることになるという事実をあてにする。これらの特徴によって、基本善(財)の指数は、病気や事故から生じる医療のニーズにおける差異に対処できるほど柔軟であることが可能になる。ここで重要なのは、全生涯にわたって協働する社会構成員としての市民という構想を用いることであり、これによって、ミニマムを越える潜在能力や才能における差異を無視することが可能になる。この構想は、病気や事故によって人が最低限度を下回ってしまい、社会で自分の役割を果たすことができない場合には、その潜在能力を回復させたり、あるいは適切な仕方で補償するように、われわれに命じるのである。

このかなり単純な――最低限必要なものを越える差異とそれを下回る差異という――二つの事例の区別は、私の信じるところ、民主的政体において重なり合うコンセンサスの焦点となる何らかの見込みのある、いかなる政治的構想にとっても決定的であるような種類の実行可能な区別の一例である。われわれの目標は、諸々の困難を回避し、単純化が可能なときは単純化し、常識との接点を見失わないことである。(59)

51・8

これで、財産私有型民主制の主要な諸制度についての概観を終える。そうした制度には、次のような他の重要な取り決めも含まれる。

(a) 政治的諸自由の公正な価値を確保するための施策。もっとも、こうした施策が詳しくはどんなものかは検討していないが(第四五節)。

(b) さまざまな種類の教育や訓練における機会の公正な平等を実現するための、実行可能な限りでの施策。

(c) すべての人に供給される基礎的水準の医療保障(第五一節)。

労働者が管理する協同組合型企業というミルの考えは、そうした企業は国家によって所有も支配もされないのだから、財産私有型民主制と完全に両立できるということにも注意されたい。次に、われわれとマルクスとの簡単な比較をするなかで、この点に触れることにしよう。

52　マルクスのリベラリズム批判に取り組む

52・1

マルクスの見解を、主として一つの視座から眺めることにする。つまり、彼のリベラリズム批判である。彼の諸批判のうちで答える必要が最もはっきりしているものを論駁するよう努めたい。例えば次のようなものである。

(a) 基本的な諸権利と諸自由のうちの若干のもの、つまり彼が人間の権利と結びつけている(そして、われわれが近代人の自由というラベルを貼ってきた)ものは、資本主義世界の市民社会における市民相互のエゴイズムを表現し保護するものだという異論に対しては、われわれは、うまく設計された財産私有型民主制においてはそうした権利や自由は、適切に特定されたなら、自由で平等な者としての市民のより上位の関心を適正に表現し保護しているのだと返答する。また、生産用資産における財産権が容認されているとはいえ、この権利は、基本的権利ではなく、それが現存する諸条件下で正義原理を充たす最も実効的な方法でなければならないという要求に制約されている。

(b) 立憲政体の政治的な権利と自由は形式的なものにすぎないという異論に対しては、われわれは、(他の正義原理と一緒になって働く)政治的諸自由の公正な価値によって、すべての市民には、その社会的地位がどうであれ、政治的影響力を行使する公正な機会が確保されうると返答する。[60]

(c) 私有財産を伴う立憲政体はいわゆる消極的自由しか保障しないという異論に対しては、われわれは、財産私有型民主制の背景的諸制度は、機会の公正な平等や格差原理と相まって、いわゆる積極的自由に十分な保護を与えると返答する。[61]

(d) 資本主義下での分業に対する異論については、われわれは、財産私有型民主制の諸制度がいったん実現されてしまえば、縛りつけたり貶めたりするという分業のもつ特徴はかなり克服されるはずだと応酬する(『正義論』第七九節四六三―四六四頁)。

財産私有型民主制という観念は、社会主義の伝統に属する正統な異議に応えようとするものであるけれども、公正としての正義に従う秩序だった社会という観念は、マルクスの言う完全な共産主義社会の観念とはまったく別個のものである。完全な共産主義社会は、分配的正義の問題を惹起する環境が克服されており、市民たちは日常生活においてこの問題に関心をもつ必要がないし、関心をもってもいないという意味で、正義を越えた社会であるように思われる。対照的に、公正としての正義は、(穏当な多元性の事実のような)民主的政体の政治社会学の一般的事実を所与とすれば、正義の領分に属する諸々の原理や政治的徳性が公共的な政治生活においてつねに役割を演じるだろうと前提している。正義の消失は、分配的正義の消失すら、ありえないし、また、私の思うに、望ましくもない(だがこれについては論じないでおこう)。

52・2

もちろん、マルクスなら、たとえ財産私有型民主制の理想を受け容れたとしても、そのような政体が生み出す政治的・経済的諸力は、その政体をその理想的制度記述からあまりにも隔たったものにしてしまう、と言うだろう。すなわち、生産手段における私有財産を伴ういかなる政体も正義の二原理を充たせないし、公正としての正義によって表現される市民の理想や社会の理想を実現するためにたいしたこともできない、と。

これは大きな難点であり、直視しなければならないものである。しかし、たとえそれが大部分真実であるとしても、問題はまだ解決されたわけではない。われわれは、リベラルな社会主義政体のほうが正義の二原理を実現する上で、ずっとうまくやれるのかどうかを問わなければならない。もしもリベラルな社会主義政体がその点でうまくやれることになれば、公正としての正義の観点からリベラルな社会主義の支持論拠が与えられる。しかし、ここでわれわれは、ある構想の理想を別の構想の現実と比較するのではなく、むしろ現実と現実を比較するように、また、われわれの特殊な歴史的状況のなかで比較するように注意しなければならない。

52・3

マルクスならさらに、別の反論をするだろう。すなわち、財産私有型民主制の諸制度に関するわれわれの説明が、職場における民主主義や経済の全般的方向の形成における民主主義の重要性を考慮していないという反論である。これも大きな難点である。私はこれに全面的に対処しようとはせず、ただ、労働者管理型企業というミルの考え[62]が財産私有型民主制と完全に両立するということを思い起こしてもらうだけに留めよう。ミルは次のように信じた。人々はそうした企業で働くほうをずっと好むだろうし、またこのために、企業はより低い賃金を支払いながらもかなり効率的であることが可能になるだろう。やがてこうした企業はますます資本主義的企業に打ち勝つだろう。資本主義経済は次第に消え去り、競争経済の内部で、労働者が管理する企業によって平和的に取って代わられるだろう、と。

こうしたことは起こらなかったし、そうなる兆候がそれほどあるわけでもない。そうだとすると、人々が選好するものについてミルは判断を誤ったのだろうか、それとも、労働者管理型企業には定着するための公正なチャンスがなかったのだろうか、という問いが生じる。もし後者が事実なら、そうした企業は、軌道に乗ることができるように、少なくとももしばらくの間は補助金を与えられるべきなのだろうか。こうすることで得られる利益であって、公正としての正義、あるいは民主的政体のための他の何らかの正義の政治的構想によって表現される政治的諸価値の観点から正当化することのできるような利益があるだろうか。例えば、労働者管理型企業のほうが、立憲政体が存続するために必要な民主的な政治的諸徳性をより促進しそうだろうか。もしそうだとしても、資本主義的企業の内部で民主主義的要素をより強化すれば、ほぼ同じ結果を達成することができるだろうか。私はこれらの問題をこれ以上追究しないでおく。私には答えはまったくわからないけれども、これらの問題が慎重な検討を要することは確かである。正義に適った立憲政体の長期的な見込みは、それらにかかっているのかもしれない。

53　余暇時間についての手短なコメント

53・1
公正としての正義を練り上げるにあたっては、すべての市民が全生涯にわたって十分に協働する普通の社会構成員だと仮定している。このように仮定するのは、そうみなされた市民間の協働の公正な条項はどのようなものかという問題が、われわれにとって根本的なものであり、まず最初に検討されるべきものだからである。さて、この仮定は、もちろん協働の条項が公正だとみられているとしてだが、誰もが喜んで働き、社会生活の負担の分担において自分の役割を進んで果たすということを含意している。

しかし、この仮定は、格差原理においてどのように表現されるのだろうか。これまで論じてきた基本善(財)の指数は労働には触れておらず、そして、最も不利な状況にある人々とは最も低い指数をもった人々である。すると、最も不利な状況にある人々とは、生活保護で暮らしながらマリブ海岸で一日中サーフィンに興じている人々のことなのだろうか。

53・2

この問題には、二つの仕方で対処することができる。すなわち、一つは、誰もが標準的就業時間働いていると仮定することであり、もう一つは、例えば標準就業時間が八時間なら一日あたり十六時間といったように、一定量の余暇時間を基本善(財)の指数に含めることである。働かない人々は八時間の余分な余暇時間をもっているから、そうした余分の八時間を、現に標準時間働いている最も不利な状況の人々の指数と等価なものと数えることにする。サーファーたちは何とかして自活しなければならないのである。(63)

もちろん、もし余暇時間が基本善(財)の指数に含まれるのなら、社会は、実りある労働の機会が一般に入手できるよう手段を講じなければならない。ここで関わってくる複雑な諸問題を論じることはできない。要は、もしも余暇時間を指数に含めることが実行可能であり、またそれが、すべての市民は社会の協働的労働に参加するべきだという考えを表現する最良の方法であるのならば、余暇時間を指数に含めることができるということである。

もし必要なら、実現された生まれつきの才能とか、肉体的苦痛のような意識状態さえも指数に含めることができる。しかしながら、客観的尺度を獲得し、たやすく入手できて理解しやすい情報に依拠するためには、そうした善(財)を指数に含めないほうがはるかによい。けれども、余暇時間には相当に客観的な尺度があり、また余暇時間は観察しやすい。余暇時間はまた、基本善(財)は特定のいかなる包括的教説も前提してはならないという必須条件を充たしてもいるのである。

第五部　安定性の問題

54　政治的なものの領域

54・1

この最終部で取り上げるのは、公正としての正義の安定性の問題であり、その安定性が、公正としての正義によって秩序だてられた政治社会の善とどのようにつながっているのかということである。正義の二原理の擁護論を完成することが、われわれの目標である。先に(第二五節5で)原初状態からの議論を二つの部分に分けたことを思い出していただきたい。正義原理が暫定的に選択される第一の部分では、当事者たちは、自分が代表する人格たちが、われわれが特殊な心理(もしくは態度)と呼んだものによって突き動かされないと想定する。つまり、妬みをもったり悪意を抱くとか、支配欲を抱いたり服従する傾向をもつ、あるいは不確実性とリスクをとくに避けるといった人格の性向を、当事者たちは無視する。この想定によって、原理の選択にあたっての当事者たちの推論はかなり単純化されるが、これは、妬みや悪意の役割を無視できない社会的・経済的不平等の場合に明らかである。特殊な態度をわきにおいておくことで、当事者たちは、彼らが代表する人格の根本的な利益にそって推論することができるのである。

しかし、こうした態度は人間生活において重要なものであり、どこかで考慮に入れなければならない。ここで一つの困難が生じる。すなわち、少なくとも現存する基本構造の主要な諸制度の大まかな諸特徴の検討を離れては、人々がそうした傾向をどれほどもちそうなのかを一般的に知るすべがないようにみえる、ということである。すると、原初状態の観念を実行に移す際に、われわれは当事者たちにどのように進めてゆけと指示したらよいのだろうか。

54・2

議論の第二の部分は、公正としての正義の安定性の問題に関わる。これは、公正としての正義がそれ自体で十分な支持を生み出すことができるかどうかという問題である(1)(第二五節5)。当事者たちは、正義の二原理――第一の部分の議論で採択される諸原理――によって秩序だてられた社会で成長する人々が十分に強力で実効的な正義感覚を身につけ、その結果、人々が通常は、正義に適った取り決めを遵守していて、例えば社会的妬みや悪意、支配欲や服従傾向によって突き動かされて別様に行為することがないかどうかを問わなければならない。もし彼らが十分に強い正義感覚をたしかに身につけ、そうした特殊な態度によって反対方向に動かされることがないなら、第一の部分の議論の結果が追認され、正義の二原理の擁護論が完成する。

議論を二つの部分に分けることで、自由で平等な市民としての人格の根本的利益に基づいて正義の諸原理が選択されるまで、特殊な心理についての議論は先送りされる。いったん選択されると、それらの原理は、基本構造において実現された場合、制度的背景を提供してくれる。これこそ、そうした背景のなかで成長する市民たちが、安定性を損なう特殊な態度によって動かされることがどれほどありそうか、これを見積もるために当事者たちが必要とするものなのである。こうした二つの部分からなる議論によって、前述の困難が取り除かれるのである。

第二の部分は、特殊な心理の議論と合わせて、民主制の政治文化を特徴づける一般的事実、とりわけ穏当な多元性の事実に照らして、この政治的構想が重なり合うコンセンサスの焦点たりうるかという問題を取り上げなければならない。[2] われわれは、いかにして安定性の問題が一つの正義の政治的構想への重なり合うコンセンサスの観念に通じるかを考察するだろう。立憲政体の社会的統合はそうしたコンセンサスをあてにしているとみなされるから、これにより、われわれは、道理に適った道徳心理学と政治社会の善とに関する手短な説明を与えることによって——ここで立ち入ることができる限りでだが——安定性の議論を完結させることができる。

まず、政治的なものの領域の観念と、自立的な見解としての公正としての正義という観念を思い出すことから始めよう。政治的構想の三つの特徴(第九節1)から明らかなように、公正としての正義はそのような政治的構想であって、道徳哲学を応用したものではない。公正としての正義の諸々の原理・規準・価値は、包括的射程をもち一般的な範囲で適用されるような、すでに緻密に体系化された独立の宗教的・哲学的・道徳的教説を適用した結果ではないのである。むしろ、公正としての正義は、社会の基本構造に適用されるのがふさわしい一群のかなり重要な(道徳的)諸価値を定式化したものである。これらの価値は政治的な価値である。つまり、これらの価値は、他の諸関係とは別個のものとしての政治的な関係の一定の特別な特徴から出てくるものなのである。

政治的関係は、少なくとも二つの重要な固有の特徴をもつものと性格づけられる。

第一に、政治的関係は社会の基本構造の内部での人格たちの関係である。社会の基本構造とは、われわれが誕生によってのみ参入し、死亡によってのみ退出するような(あるいはわれわれがそう仮定してかまわないような)[3]諸制度からなる構造である。政治社会はいわば閉じており、われわれはそれに自発的に加わったり自発的にそこを離れたりしないし、実際そのようなことはできない。

第二に、政治権力は、もちろんつねに、国家の法を守らせるために国家の機構によって裏打ちされた強制的な権力である。しかしまた、立憲政体では政治権力は一つの集合体としての平等な市民たちの権力でもある。だから、政治権力はふだんは個人としての市民に押しつけられてはいるが、市民の幾人かは政治的権威の一般的構造(憲法)を正当化すると広く信じられている理由を受け容れないかもしれない。あるいは市民たちが現にその構造を受容している場合でも、彼らは、自分たちが拘束されている、立法府によって制定された法の多くに十分な根拠がないとみなすかもしれない。

すると、政治的リベラリズムは、(とりわけ)これらの特徴によって同定される政治的なものに固有の領域が存在しており、この領域には、適切な仕方で特定された一定の諸価値が適用される、という特質があると考える。そのように理解されると、政治的なものは例えば結社的なものとは別個のものであり、結社的なものが自発的であるのに対して政治的なものは同じ意味で自発的ではない。また、政治的なものは、家族的なものや個人的なものとも異なっており、後者は情愛によるものだが、やはり政治的なものは同じ意味でそうではない。(結社的なもの、家族的なもの、個人的なものは非政治的なものの三つの例にすぎず、他にもある。)

54・4

政治的なものを一つの固有の領域ととらえて、政治的なものに特徴的な基本的諸価値を定式化する政治的構想は自立的な見解である、と言うことにしよう。これには二つの意味がある。それは、第一に、何よりもまず社会の基本構造だけに適用されるように組み立てられており、第二に、独立した非政治的価値に依拠したり言及したりすることなしに、政治的な特徴をもつ諸価値を定式化したものである。政治的構想は、結社的なものや家族的なものや個人的なものに適用される他の諸価値があることを否定しないし、政治的価値がそうした諸価値とはまったく別個だとか無関係だと言っているのでもない。われわれは第一一節で次のような考えを導入した。すなわち、民主的社会における安定性の問題に取り組むために、われわれは、政治的構想が重なり合うコンセンサスの焦点となるのを可能にするように、つまり、少なくとも、長期にわたって存続し信奉者を獲得する道理に適った諸々の包括的教説の支持を得るのを可能にするように、正義の政治的構想と政治的なものの領域を特定するよう促される。これができなければ、立憲政体の諸制度は揺るぎないものではあるまい。

従って、政治的リベラリズムの一形態として、公正としての正義は、適度に秩序だった立憲政体の存在を前提すると、憲法の必須事項と基本的正義の諸問題については、その諸々の原理や理想に表現された一群の基本的な政治的諸価値が、通常それらと衝突に至りうる他のすべての価値を凌駕するほどの重みをもつとみる。公正としての正義はまた、やはり憲法の必須事項については、こうした必須事項に関する問題ができる限り政治的諸価値だけに訴えて解決されるのが最善だと考える。対立する包括的教説を肯定する人々の間での合意が最も急を要するのは、これらの問題についてなのである。

54・5

これらの確信が政治的価値と他の価値の一定の関係を含意しているのは明らかである。例えば、教会の外には救いはなく、[5]故に立憲政体は受け容れることはできないと言われたなら、われわれは何らかの返答をしなければならない。政治的リベラリズムの観点からすると、そのような教説は道理に反するというのが適切な返答である。[6]というのも、この教説は、われわれが判断の重荷と呼んだもの(第一一節4―5)を所与とすると、道理に適った人格としての市民の多くが妥協しがたく異論を唱えるはずの、憲法の必須事項に影響を及ぼす一つの見解を力ずくで押しつけるために、公衆の政治権力――すべての市民が等しく分かちもつ権力――を用いるよう提案しているからである。

こう返答したからといって、教会の外に救いはない(*extra ecclesia nulla salus*)という教説が真でないと言っているのではない。むしろ、この返答が言おうとしているのは、誰であれ市民が、あるいは結社の構成員としての市民が、公衆の(強制的な)政治権力――対等者としての市民たちの権力――を用いて、彼らがその教説に含まれる意味だとみなしているものを他の市民たちに強制すべきだと主張するのは道理に反しているということである。包括的教説の内部からの返答ならば――憲法の必須事項を論じるにあたりわれわれが避けたいと思うべき種類の返答なのだが——、先の教説は真でなく神の本性の誤解に基づいていると言うかもしれない。国家がある教説を強制するのは道理に反するとしてそれを拒絶するとき、もちろんわれわれはまた、この教説が真でないと考えてもいるかもしれない。憲法の必須事項を検討している場合でさえ、それが真理を欠いているとほのめかすのは避けようがないかもしれない。

しかしながら、ある教説を強制するのは道理に反すると言うことで、われわれは必ずしも、それを間違ったものとして拒否しているわけではないということに注意されたい。その正反対であり、政治的リベラリズムの観念にとっては次のことが決定的に重要である。すなわち、われわれが真であるとか道理に適っている（あるいは道理に反してはいない）として当然肯定しているはずの自分自身の包括的な宗教的・哲学的・道徳的見解を強制するために政治権力を使用するのは道理に反すると、われわれは完全な首尾一貫性をもって考えることができるのである。

55　安定性の問題

55・1

先に述べたように、正義の二原理の擁護論は二つの部分に分けて提示される。最初の部分では、当事者たちの目的は、特殊な心理をわきにおいて、彼らが代表する人格たちの善、つまり彼らの根本的利益を、最もよく確保してくれる原理を選択することにある。正義原理を暫定的に手にしてはじめて、第二の部分で、当事者たちは安定性の問題を取り上げる。今や当事者たちは特殊な心理を考慮に入れるのだが、それは、(採択された原理が特定するような)正義に適う諸制度のもとで成長する人々がそうした態度や性向に抗して十分しっかりした正義感覚を発達させるだろうか否かを調べることによってである。安定性の問題のこの側面には『正義論』で取り組んでおり、その第八〇―八一節で、必要な種類の議論を例示している。われわれの目的のために、そこでの議論を実質的に変えるつもりはない。以下の第五九―六〇節で述べることは、その説明を補うものである。

公正としての正義は今では政治的構想とみなされるのだから、われわれにとってより重要なのは次のことである。すなわち、当事者たちは、採択された原理と原理が属する構想とが、秩序だった民主的社会でどうしても存在することになる道理に適った多様な包括的教説の支持を得ることができるかどうかも検討しなければならない。重なり合うコンセンサスの観念が導入されるのはこの段階においてである。重なり合うコンセンサスとは、かなり多数の信奉者を得て、ある世代から次世代へと存続する、相対立する道理に適った包括的教説によって同一の政治的構想が支持される、そのようなコンセンサスである。

議論の第二部分を記述するにあたり、政治的構想は実行可能なものであって、可能なものの術の領分に属するものでなければならないということに同意しよう。これは、政治的ではない道徳的構想と対照的である。つまり、道徳的構想なら、その教えや理想によって動かすことができないほど腐敗してしまっているとして、世界や人間本性のほうを非難するかもしれないのである。

55・2

しかしながら、政治的構想と安定性との関わり方には二つのものがある。[7] 一つには、われわれは、安定性は純粋に実際的な事柄だと考える。すなわち、もし構想が安定的でないなら、それを実現しようと努めても無駄である、と。ここでわれわれは、おそらく二つの別個の課題があると考えるだろう。一つは、少なくともわれわれにとっては健全であるか道理に適っているようにみえる政治的構想を考え出すことであり、もう一つの課題は、今のところはこの構想を拒んでいる他の人々に、それを共有させるか、これに失敗したなら――必要なら国家権力により強制される刑罰に促されて――この構想に従って行為するようにさせる方法を見出すことである。説得手段や強制手段が発見できる限りは、この構想は安定しているとみなされるのであり、また、それは軽蔑的に言われる意味でユートピア的でもない。

しかし、リベラルな構想として、公正としての正義はこれとは異なる仕方で安定性に関わる。安定した構想を見出すことは、もっぱら徒労に終わるのを避けるという問題ではない。むしろ重要なのは、安定性の種類、安定性を確保する力の性質である。その考えはこうである。すなわち、道理に適った人間心理学を特定する一定の諸前提と人間生活の通常の諸条件とを所与とすれば、正義に適った基本的諸制度——公正としての正義そのものが命じる諸制度——のもとで成長する人々は、それらの制度を安定したものにするのに十分な、これらの制度への道理に基づき事情に通じた忠誠を身につける。別の言い方をすると、正義に適った基本構造のもとで生きることを通じて形成される市民たちの性格と利害関心が与えられたなら、市民たちの正義感覚は、不正義へと向かう通常の諸傾向に抗うことができるほど強いものである。市民たちは長期にわたりお互いに正義をなすように進んで行為する。正義に適った諸制度のもとで獲得される適切な種類の十分な動機づけによって、安定性は確保されるのである。

そうだとすると、公正としての正義に求められる種類の安定性は、公正としての正義がリベラルな政治的見解であることに基づいていることになる。すなわち、自由で平等であるとともに合理的で道理に適った者としての市民、従ってまた、彼らの公共的理性に語りかけることのできるような市民たちにとって受容可能であることをめざす、そのような見解であることに基づいているのである。リベラリズムのこの特徴が、立憲政体における政治権力の特徴――つまり、それが一つの集合体としての平等な市民たちの権力だということ――とどのように結びついているか、これについてはすでに論じた。従って、もし公正としての正義が、相対立しはするものの道理に適った包括的諸教説――そうした対立する教説の存在が、この構想自体が支えるような種類の公共的文化の一つの特徴なのだが――を肯定する市民たちの筋の通った支持を獲得するように、はっきりと設計されているのでなければ、公正としての正義はリベラルではないということになる。

55・3

すると、要は、リベラルな構想として、公正としての正義は徒労に終わるのを避けなければならないだけでなく、公正としての正義が実行可能である理由の説明も正しい種類のものでなければならない、ということである。安定性の問題は、あたかもわれわれがある構想が健全だとの確信をいったん抱いたらそれを押しつける方法を見出すことが課題であるかのように、ある構想を拒否する他の人々にそれを共有させたり、あるいは必要なら実行可能な制裁によってそれに従った行為をさせるという問題ではない。むしろ、公正としての正義はリベラルな政治的構想なのだから、もしそれが、それ自体の枠組の内部で説明されるような各市民の理性に語りかけることによって適切な仕方でそれ自体の支えを生み出すのでなければ、公正としての正義はそもそも道理に適ってはいないのである。そのようにしてのみ、それは、政治権力を握る人々が自分は適切に行為しているのだという自分自身の確信に照らしていかに自己満足できるかに関する説明とは対照的な、政治的正統性の一つの説明となるのである。政治的正統性のリベラルな構想は、正当化の公共的基礎を手に入れることをめざしており、自由な公共的理性に、それ故、合理的で道理に適った者とみなされた市民たちに訴えかける。[8]

55・4

重なり合うコンセンサスという観念は『正義論』では用いられなかった。[9] この著作では、公正としての正義が包括的な道徳的教説であることを意図しているのか、それとも政治的な正義構想であることを意図しているのか一切論じていない。ある箇所で(『正義論』第三節一五頁)、公正としての正義がほどよく成功したなら、次の段階は、「公正としての正しさ」という名で示唆される、より一般的な見解を研究することであろうと書いている。しかし、政治的構想と包括的教説との区別には言及していない。公正としての正義は、その成功に促されて、後に展開されるかもしれない包括的な見解の一部として提示されたと、読者が結論づけるのも無理はないかもしれない。

この結論は、『正義論』第三部での秩序だった社会の説明によって裏づけられる。そこでは、公正としての正義に基づく秩序だった社会であれ、何か別の見解による秩序だった社会であれ、いかなる秩序だった社会の構成員も、同じ正義構想を受け容れているばかりか、その構想をその一部とする、あるいはその構想をそこから導き出すことのできる同一の包括的教説をも受け容れているとされている。例えば、公正としての正義と功利主義との安定性の比較をめぐる議論(『正義論』第七六節)をみていただきたい。後者の場合、功利主義と結びついた秩序だった社会の構成員は功利主義的見解を肯定すると述べられているが、功利主義の見解は(明示的に限定されていない限り)、その本性上、包括的教説である(『正義論』第七六節四三六―四四〇頁)。

55・5

第一一節１で述べたように、重なり合うコンセンサスの観念[10]は、公正としての正義に基づく秩序だった社会を、より現実主義的な仕方で考えることができるようにするために用いられる。この構想が命じる自由な諸制度を所与の前提とすれば、市民たちは公正としての正義を政治的構想として受容しているにしても、『正義論』にあっては公正としての正義がそれに属するとみえたかもしれない、そのような特定の包括的見解までをも彼らが一般的に受容していると想定することは、もはやできない。

今ではわれわれは、市民たちは二つの別個の見解を抱いていると想定する。あるいは、彼らの見解全体には二つの部分があると言ったほうがおそらくよかろう。すなわち、一つの部分は、正義の政治的構想またはそれに匹敵するものとみることができる。もう一つの部分は、その政治的構想が何らかの仕方で関係づけられている(完全または部分的に)包括的な教説である。政治的構想は、部分的に包括的な見解の一部もしくは付属物であるにすぎない場合もあるし、あるいは、完全に明確化された包括的教説の内部から導き出すことができるが故に支持されている場合もある。市民たちに共有された政治的構想が自分の奉じる包括的な諸見解とどのような仕方で関係づけられるのか、これを自分で決める仕事は、個々の市民に委ねられている。

だから今やこう言おう。すなわち、ある社会が公正としての正義によって秩序だてられているのは、第一に、道理に適った包括的教説を肯定している市民たちが、彼らの政治的判断の内容を与えるものとして、公正としての正義を一般的に信奉しており、第二に、道理に反した包括的教説が基本的諸制度に必要不可欠な正義を危うくするほどにははびこっていない限りでのことである。これが、公正としての正義に基づく秩序だった社会の考え方としてよりよく、もはやユートピア的ではないものである。これによって、それ自体の諸原理から帰結する多元性の条件を考慮に入れていなかった『正義論』での見解が修正される。

さらに、公正としての正義は、基本的な政治的諸価値や憲法上の諸価値をはっきり表現する自立的な政治的構想なのであるから(第五四節3)、それを支持することは、包括的教説に含まれるものよりもはるかにわずかのものしか含んでいない。そうした秩序だった社会を改革と変更の目標とすることがまったく実行不可能とは思われない。すなわち、立憲政体を可能にする適度に好都合な条件下では、この目標は道理に適った指針であり、かなりの部分まで実現されるかもしれない。それとは対照的に、宗教的なものか世俗的なものかを問わず、何であれ包括的な教説によって秩序だてられた自由な民主的社会が、軽蔑的な意味でユートピア的であるのは確かである。そのような社会を達成するには、いずれにせよ国家権力の抑圧的行使が必要だろう。これは、アクィナスやルターのキリスト教にあてはまるだけでなく、公正としての正しさのリベラリズムにもあてはまる。

56　公正としての正義は間違った仕方で政治的か

56・1

次に、重なり合うコンセンサスの観念が、公正としての正義を間違った仕方で政治的にしてしまいはしないことを確かめよう。コンセンサスによる政治とコンセンサス達成の仕方とに関する日常的な考えは、誤解を招くような含みをもっている。これとは非常に異なった、重なり合うコンセンサスというわれわれの観念には、こうした含みがないことをはっきりさせておく必要がある。

政治的構想が間違った仕方で政治的であるのを避けるためには、政治的構想は、政治的関係に適用されるきわめて重大な(道徳的)諸価値からなる、自立的な見解を定式化しなければならない。それはまた、自由な諸制度のための正当化の公共的基礎を、公共的理性にとってアクセス可能な仕方で提示しなければならない。対照的に、政治的構想が間違った仕方で政治的であるのは、それが、現存する既知の諸々の政治的利害関心の間での実行可能な妥協として組み立てられる場合や、あるいは、政治的構想が、社会に現に存在している個々の包括的教説に目を向けた上で、これらの忠誠を獲得するようにそれ自身を仕立て上げる場合である。

56・2

われわれは次のような次第で、重なり合うコンセンサスの観念を使用する。われわれは、立憲民主政体が適度に正義に適っていて、実行可能であり、擁護に値すると想定する。だが、穏当な多元性の事実を所与とすれば、立憲民主政体が広範な支持を獲得し、従って十分な安定性を達成できるためには、この政体の擁護論をどのように組み立てることができるだろうか。

この目的のために、われわれは、事実上存在する諸々の包括的教説を調べて、しかる後にそれらの間で何らかの種類の力のバランスをとるような政治的構想を作成することはしない。例で示すと、例えば基本善[11]のリストの特定は、二つの仕方で行うことができるだろう。一つには、社会に実際に見出されるさまざまな包括的教説を眺め、それらの教説のいわば重心に近いところにある基本善指数を開発することもできるだろう。つまり、それらの見解を肯定する人々が制度上の権利、請求権、汎用的手段として要求するであろうものの一種の平均値を探求するだろう。こうすることが、現存する諸々の教説と結びついた善の構想を増進するために、従ってまた、重なり合うコンセンサスを現実に確保する見込みを高めるために、必要な基本的諸要素を、基本善指数が提供してくれることを確かなものにする最善の方法にみえるかもしれない。

56・3

これは、公正としての正義が採るやり方ではない。そうしたやり方をすれば、公正としての正義を間違った仕方で政治的にしてしまうだろう。それよりも、公正としての正義は、公正な協働システムとしての社会という基礎的観念とその対となる諸観念から作業を進める自立的な見解として、政治的構想を練り上げる。この観念が、その内部から到達される基本善指数とともに、道理に適った重なり合うコンセンサスの焦点たりうるということが、われわれの希望なのである。われわれは、現に存在していたり、過去に存在したり、あるいはこれから存在するかもしれない包括的教説をわきにおいておく。ここでの考えは、そうした教説と結びついた善の包括的諸構想の間で公正なバランスをとることによって、基本善がそれらの包括的構想に対して公正であるというものではなく、そうした包括的構想を自分の善の構想としている、人格としての自由で平等な市民に対して基本善が公正であるというものである。

すると問題は、立憲政体を支持していたり、もしくは支持する気になるかもしれない人々が、包括的見解の相異にもかかわらず、立憲政体に加え、その政治的構想をも信奉しうるように、その種の政体に適した正義構想をいかに組み立てるべきなのかということである。このように考えることによって、民主的社会の基礎的諸観念から出発していて、特定のより広い教説を何ら前提しない正義の政治的構想という観念に至る。われわれは、それが道理に適い持続的な重なり合うコンセンサスの支持を獲得することに対して、包括的教説によるいかなる障碍も設けないのである。

57　政治的リベラリズムはいかにして可能か

57・1

さて、われわれが明確化してきた政治的リベラリズムがいかにして可能なのかをめぐる問題が生じる。つまり、政治的なものに固有の領域――あらゆる価値からなる領域の一つの下位領域――に属する諸価値が、何であれこれらと対立しうる諸価値をいかにして通常凌駕しうるのだろうか。あるいは、言い換えると、ある包括的教説を真だとか道理に適っているとして肯定しながらも、国家の権力を用いて、他人によるその受容や、それが裁可する特殊な法律の遵守を求めるのは道理に適っていないと考えることが、いかにしてわれわれにできるのだろうか。

この問いに対する解答は、二つの相補的な部分からなる。第一の部分は、政治的なものに特徴的な諸価値はきわめて偉大な価値であり、そのため、たやすく凌駕されはしないとする。すなわち、これらの価値は、社会生活の基本的枠組――われわれの存在のまさに土台[12]――を統べるものであり、政治的・社会的協働の基本的諸条項を特定しているのである。公正としての正義においては、こうした偉大な価値の幾つかは、基本構造のための正義原理によって表現される正義の諸価値である。つまり、平等な政治的及び市民的自由、機会の公正な平等、経済的互恵性、並びに市民の自尊の社会的基盤といった価値である。

他の偉大な諸価値は、公共的理性の諸価値に属しており(第二六節)、公共的探求の指針や、そうした探求が自由で公共的であり、十分な情報に基づき道理に適ったものであることを確保するためにとられる手順に表現される。これらの価値には、判断・推論・証拠といった基本的概念の適切な使用が含まれるだけでなく、常識知となっている規準や手続だとか異論のない限りでの科学の方法と結論を堅持したり、道理に適った政治的討論を統べる準則を尊重することで示される道理性や公平な精神といった徳性も含まれる。

57・2

正義の諸価値と公共的理性の諸価値とが一緒になって、次のようなリベラルな理想を表現する。すなわち、政治権力は一つの法人団体としての市民たちの強制的権力——各人が平等に分けもつ権力——なのだから、少なくとも憲法の必須事項や基本的正義の諸問題が関わる場合には、この権力は、すべての市民が支持すると無理なく期待することができる仕方でのみ行使されなければならない。

すでにみたように、政治的リベラリズムは自立的な見解として、これらの価値を、ある固有の領域——政治的なもの——の諸価値として説明し、また、いかなる特定の包括的教説も前提することなしに理解され肯定されうる諸価値として説明しようと、できる限り努める。政治的領域の偉大な諸価値が市民たちの受容する他の諸価値とどのように関係すると考えるのかを決めるのは、市民の良心の自由の一部として、個々の市民に任される。そうすることにより、政治的実践において憲法の必須事項を政治的諸価値だけでしっかり根拠づけることができ、また、これらの価値が公共的正当化の実行可能な共有された基礎を提供してくれることを、われわれは希望する。

57・3

政治的リベラリズムがいかにして可能かに関する解答の第二の部分が、第一の部分を補う。この第二の部分はこうである。宗教と哲学の歴史が示しているように、正義の政治的構想によって特定される、政治的なものという特殊な領域にふさわしい諸価値と合致するか、これらの価値を支持するか、そうでなくともこれらの価値と対立することがないように、より広い価値領域を理解することができる、そのような多くの道理に適った仕方が存在する。道理に反してはいない多くの包括的教説があることを歴史が物語っており、だからこそ重なり合うコンセンサスが可能になる。どのようにしてこれが起こりうるかが、重なり合うコンセンサスのモデルケースで示される。

このモデルケースは三つの見解を含む。一つの見解は、その宗教上の教説と自由な信仰に関する説明とが寛容原理を導き、立憲政体の基本的諸自由を支持するが故に、ある政治的構想を肯定する。第二の見解は、カントやJ・S・ミルのもののような包括的なリベラルな道徳的教説に基づいてその政治的構想を肯定する。第三の見解は、立憲政体の政治的諸価値に加えて多数の非政治的諸価値も含んでいるが大まかにしか明確にされていない教説である。だが、この見解は、民主制を可能にする適度に好都合な条件下では、通常、政治的諸価値のほうがこれらと対立しうるどのような非政治的価値よりも勝ると考える。最初の二つの見解——宗教的教説とカントやミルのリベラリズム——だけがかなり一般的かつ包括的なものであり、第三の見解は漠然としていて体系的ではないが、適度に好都合な条件下では、政治的正義の諸問題にとっては通常それで十分なのである。政治的正義に関わる問題については、最初の二つの完全に明確化された体系的な見解は、第三の見解の判断に同意する。

57・4

包括的教説が道理に適っているのはいつなのだろうか。完全な定義を与えるまでもなく、道理に適った教説は判断の重荷を承認しなければならず(第一一節4—5)、だから、諸々の政治的価値のなかでとりわけ良心の自由という政治的価値を承認しなければならない。説明しよう。われわれは道理に適ったものと合理的なものとを区別した(第二節2、第二三節2—3)。そこで述べたように、これら二つの観念は、自由で平等な者とみなされた市民間の公正な協働システムととらえられた社会の観念において不可欠の要素である。一般的には、道理に適った人々は、(協働の公正な条項を特定するものとして)一定の原理を提案する用意があるとともに、他の人々も同様に動機づけられているのなら、事情が求めるに応じて自分自身の利益を犠牲にしてもそうした原理に従う用意がある。さらに、誰もが自由で平等な市民の地位をもつ場合のように、協働する人々の要求が、考慮されるべき点に関して同じ根拠に基づいている場合は、彼らの誰であれ、他の人々と比べてわずかの基本的権利しか自分に割り当ててくれないような原理を受容すべき理由はない。例えば自分のより大きな権力とか交渉上のより強い立場によって動かされて、他の人々にそのような原理を課すべきだと言い張る人々は、道理に反しているけれども、それでも彼らの利害関心を所与とすれば、完全に合理的でありうる。道理に適ったものと合理的なものとのこの対比は日常の言葉づかいに反映されている。

目下の事例に目を向けると、われわれは、民主的な市民は自由で平等であるだけではなく、合理的で道理に適ってもいて、誰もが社会が法人としてもつ政治権力の等しい持分をもっており、そして、誰もが判断の重荷を等しく背負っていると考える。それ故、どの市民や市民たちの結社も、包括的教説を優遇したりその含意を他の人々に強制するために国家の権力を用いる権利をもつべき理由はない。自由の優先性の根拠が与えられたものとすると（第三〇節）、いかなる市民も、公正に代表されたなら、そのようなことをする政治的権威を他の人々に認めることはできないだろうし、代表者としての当事者たちはそれに応じた推論をすることになる。それ故、そのようないかなる権威にも理由はなく、自分の道徳的能力を発達させ行使することや、自分の特定の(許容される)善の構想を追求することに対して人格がもつ根本的利益に反している。道理に適った包括的教説はこの事実を承認し、また、それとともに、誰もが平等な良心の自由をもつことも承認する。

58 重なり合うコンセンサスはユートピア的ではない

58・1

重なり合うコンセンサスの観念はユートピア的だと批判されるかもしれない。すなわち、(まだ存在していないときに)重なり合うコンセンサスを生み出したり、(すでに存在するとして)重なり合うコンセンサスを安定したものにするのに十分な、いかなる政治的・社会的もしくは心理的な力も存在しないと批判されるかもしれない。ここでは、この込み入った問題に少し触れることしかできない。私は、公正としての正義とほとんど同様のリベラルな政治的構想への重なり合うコンセンサスがどのようにして生じ、その安定性がどのようにして確保されるのか、その一つのあり方を概観するにとどめる。

さまざまな歴史的な偶然的事情の結果、ある時点で、リベラルな構想の諸原理——例えば公正としての正義の諸原理——がたんなる暫定協定として受容されるようになっており、現存する政治的諸制度もそれらの原理の要請を充たしているとしてみよう。この受容は次のような場合とほぼ同じ仕方で成立したと想定してよいだろう。すなわち、宗教改革に続いて、暫定協定としての寛容原理の受容が、当初は不承不承ではあるが、それでも終わりのない破滅的な内戦に代わる唯一の選択肢を提供するものとして生じた、という場合である。ここで私は「暫定協定」という用語を、国益で対立する二つの国家間の条約によって例示されるような、通常の意味で用いている。両国は、条約交渉にあたって、いずれの国にとっても条約違反が利益にならないことを公知にするような内容で、条約が作成されるよう努めるだけの賢明さと分別を備えているだろう。しかしながら、両国とも、相手国を犠牲にしても自国の目標を追求する用意があり、事情が変われればそうするかもしれない。

同じことが寛容についても言えるかもしれないということは、一六世紀のカトリック教徒とプロテスタント信者の例から明らかである。当時はいずれも、真の宗教を奨励し、異端や誤った教義の流布を制圧するのが為政者の義務だと考えていた。この事例では、寛容原理の受容はまさしくたんなる暫定協定であり、もしどちらかの信仰が優勢になったら、寛容原理はもはや従われないだろう。重なり合うコンセンサスにとって肝要なことは、権力分布のいかんにかかわらず安定性があることである。つまり、各自の信じる包括的見解の政治的な強さにかかわりなく政治的構想が市民によって肯定されていることが必要なのである。

58・2

すると、われわれの問いはこうである。すなわち、暫定協定としての公正としての正義への初期の不承不承の同意が、何世代も経るなかで、安定的で持続した重なり合うコンセンサスへと発展してゆくということがいかにして生じるのだろうか。この点で、包括的見解に一定の漠然性があること、並びに、包括的見解が完全に包括的ではなく、部分的に包括的であるにすぎないということが、とりわけ重要になるかもしれない[13]。こう問うてみよう。実際、政治的構想への忠誠は、それが包括的見解から引き出されることにどれほどまで依存するのだろうか、と。ここで、次の三つの可能性を考えよう。(a)政治的構想が包括的教説から導出される。(b)政治的構想がその教説から導出されるわけではないが、これと両立する。そして最後に、(c)政治的構想が包括的教説と両立しない。

日常生活では、われわれは通常、これらの事例のうちどれがあてはまるかを決めているわけではないし、ちゃんと考えてすらいない。これらの事例のどれかを決めるのはかなり厄介な諸問題を惹き起こすだろうし、実際のところ、決める必要などないかもしれない。たいていの人々は自分の宗教的・哲学的・道徳的教説が完全に一般的で包括的だとは考えておらず、一般性と包括性は程度問題であり、見解の明確性と体系性の度合いについてもそうである。いわば多くのぶれが存在しており、政治的構想が(部分的に)包括的な見解とゆるやかに整合する多くの仕方があり、政治的構想の範囲内で相異なる(部分的に)包括的な教説の追求が許容される多くの仕方がある。

ここから示唆されることとして、ほとんどではないまでも多くの市民は、政治的構想と彼らの抱く他の見解との間にいかなる特定の連関も見定めることなく、その構想を肯定するようになる。それ故、市民たちがまずその構想をそれ自体として肯定して、その後で、民主的社会においてそれがなし遂げる公共善を評価することが可能になる。後になって、政治的構想と自分の包括的教説との両立不可能性を認めたなら、市民たちは政治的構想を拒絶するのでなく、むしろ自分の包括的教説のほうを調整または修正することも大いにありうる。ここでは、政治的構想への初期の忠誠や評価と、不整合が生じた場合にそうした忠誠や評価から生じる、包括的教説の後からの調整や修正とを区別していることに注意されたい。こうした調整や修正は、政治的構想がそれと整合性をもつ包括的諸見解を形成してゆくにつれて、ゆっくりと時間をかけて起こる、と想定してよいだろう。

58・3

次に、こう問うてみる。どのような政治的価値の故に、公正としての正義はそれ自体に対する忠誠を獲得しうるのだろうか。もちろん、諸制度や諸制度を規制する構想への忠誠は、長期的な自己利益や集団利益、習慣や伝統的態度に部分的に基づいていたり、あるいは、たんに、期待され通常なされていることに従う欲求に基づいているだけかもしれない。また、ハートが自然法の最小限の内容[14]と呼ぶものに含まれる政治的諸価値をすべての市民に確保する諸制度によって、広範な忠誠が促進されることもあるかもしれない。しかし、ここでわれわれに関心があるのは、リベラルな正義構想によって生み出される更なる忠誠の基礎である。

この点については、第三三節を思い起こすだけにする。そこでは、リベラルな構想は、それが基本的な政治的諸制度を実効的に規制している場合には、安定した立憲政体に必要不可欠な三つの要件を充たしていると述べた。第一に、リベラルな構想は、基本的な諸権利と諸自由を一度限りというやり方で固定し、それらの保障を政治課題からはずし、それらを社会的利益の計算を越えたところにおく。第二に、リベラルな構想の推論形式は比較的明確で明快であり、それ自体相当信頼できる。[15]第三に、その自由な公共的理性の構想は諸々の協働的な政治的徳性を促進する。

そうだとすると、こう推測できる。リベラルな構想が達成するものを市民たちが評価するようになるにつれて、彼らはそれに対する忠誠を身につけるのであり、これは次第に強くなってゆく忠誠である。市民たちは、民主制を可能にする適度に好都合な条件下では政治的価値と対立しうるいかなる価値にも通常は勝るような政治的諸価値を表現しているものだとして、その構想の正義原理を肯定することが道理に適っているとともに賢明だと考えるようになる。こうして、われわれは重なり合うコンセンサスを手にしていることになるのである。

58・4

重なり合うコンセンサスが暫定協定とかなり異なるということは、第五七節3のモデルケースから明らかである。その事例では、政治的構想が、自由な信仰の教義を伴う宗教的教説、カントやミルの類のリベラリズム、並びに、公正としての正義の政治的諸価値とともに広範な非政治的諸価値を含むやや体系性を欠く見解、これらすべてを包含するコンセンサスの焦点となっている。この事例について二つの点に注意されたい。第一に、コンセンサスの焦点である正義の政治的構想は、それ自体が一つの道徳的構想である。そして第二に、それは諸々の道徳的根拠から肯定されている。すなわち、それは正義原理だけでなく、社会の構想や人格としての市民の構想をも含んでおり、また、それを通じて正義原理が人間の性格に具現され公共的生活で表現される、そのような協働的な諸徳性の説明をも含んでいる。

それ故、重なり合うコンセンサスは、たんに、諸々の自己利益や集団利益の偶然的あるいは歴史的な収斂に基づいた、権威受容や制度的取り決め遵守へのコンセンサスではない。モデルケースの三つの見解はどれも、それ自体の内部から政治的構想を支持する。それぞれの見解は、別の点では意見を異にしていても、その点では一致する、そのような共有された内容として、正義構想の諸々の概念・原理・徳性を承認しているのである。政治的構想を肯定する人々が自分自身の包括的見解の内部から出発し、従って、互いに異なる前提や根拠を用いて各自の教説を組み立てているからといって、彼らによる政治的構想の肯定が、より宗教的でなくなったり、哲学的でなくなったり、道徳的でなくなったりするわけではないのである。

重なり合うコンセンサスの先ほど挙げた二つの特徴(道徳的焦点と道徳的根拠)は、第三の不可欠の特徴である安定性という特徴と結びついている。つまり、政治的構想を支持するさまざまな見解を肯定する人々は、社会における自分の見解の相対的な強さが増していって、ついには支配的になったとしても、政治的構想に対する支持を撤回することはないだろう。三つの見解が肯定されていて修正されない限りは、政治権力の分布の移行にかかわらず政治的構想は依然として支持されるだろう。これは、一六世紀のカトリックとプロテスタントの事例とは対照的である。各々の見解は、政治的構想をその理非で支持している。これを確かめる基準は、見解間で権力分布の変化があってもコンセンサスが安定しているか否か、ということである。この安定性という特徴が、重なり合うコンセンサスと、その安定性が権力分布次第の暫定協定との基本的なコントラストを際立たせている。

59　道理に適った道徳心理学

59・1

暫定協定としてのリベラルな正義構想への初期の不承不承の同意が、いかにして長期的に変化して安定した重なり合うコンセンサスとなってゆくことができるかを、たった今みてきた。そうしたコンセンサスの観念はユートピア的だとの反論に応えて、われわれが示す必要があるのは、これが現実的な可能性をもつということだけである。しかし、この可能性を確証するために、どうしても簡潔にならざるをえないけれども、いかにして政治的忠誠が生み出されるかについての先の説明の基底にある、主要な心理学的仮定をスケッチしよう。これは、道理に適った道徳心理学と考えてよいものに立ち至るが、それは実に、道理に適ったもの自体に関する心理学である。この呼び方がふさわしいのは、その内容を与える原理としても、お互いに同じもので応答する性向としても、互恵性の観念が登場するからである。また、最高レベルの平等の基礎(第三九節2)が、端的に、道理に適いかつ合理的である能力だということを思い出していただきたい。手短に言うと、道理に適ったものは、道理に適ったものを生み出し、道理に適ったものに道理に適ったもので応答する。この点で、それは諸々の性向のうちの一つにすぎないものではない。道理に適ったものをユニークにしているのは、理性との結びつきである。

この心理学の諸仮定が本質的なこととして告げるのは、人格には道理に適いかつ合理的である能力があり、また、公正な社会的協働に参与する能力があるということである。すると、以下のことが言える。

(1) 二つの道徳的能力をもつ人格という(政治的)構想によれば、市民たちは善の構想への能力と、正義構想を獲得し、正義構想の求めるように行為する能力とをもつ。つまりは、市民たちは道理に適いかつ合理的である能力をもつ。

(2) 市民たちが、制度や社会的慣行が(例えば、公正に代表されたなら、彼ら自身が提案または承認する用意があるであろう、そのような原理によって特定されたものとして)正義に適っていると、あるいは公正であると信じているとき、彼らは、他の人々もその分を尽くすだろうと十分確信できるなら、そうした制度や社会的慣行という取り決めにおいて自分の分を尽くす用意があり、進んでそうする。これは、第二節2を手始めとして、われわれが明確化してきた道理に適うものの領分に属している。

(3) 他人が明白な意図[16]をもって、正義に適ったもしくは公正な諸制度において自分の分を尽くすとき、市民たちは他人に対する信用と信頼を発達させる傾向がある。この同じもので応答する傾向、他人が自分に公正であることに対して自分も他人に公正であることをもって応える傾向、及び類似の傾向は、道理に適ったものの心理学の基本要素である。『正義論』における(そこでこう呼んだのだが)原理の道徳の発達の三段階についての説明では、各段階の心理法則は、性向としてのこうした互恵性を表している(17)。

(4)　共有された協働の取り決めの成功が長く維持されればされるほど、それにつれて(3)で述べた)信用と信頼は、より強く、より完全に育まれる。またこれらは、根本的利益(例えば基本的な諸権利と諸自由)を確保するように組み立てられた基本的諸制度が公共的な政治生活において、より進んでよりしっかりと承認されるときにも、より強くより完全に育つ。

(5)　われわれはまた、私が現代の民主的社会の歴史的・社会的条件と呼んだものを誰もが承認していると考えてよいだろう。この条件とは、(i)穏当な多元性の事実、(ii)その恒久性の事実、並びに、(iii)この多元性は国家権力の抑圧的行使による以外には克服することができないという事実である。これらの条件は共有された歴史的事態である。こうした事態にあっては、(iv)判断の重荷の事実を承認して、誰もがこの重荷とその全結果を等しく背負うのだということを認めないのは道理に反する(第五七節4)。

(6)　また、民主制の歴史的・社会的条件の一部には、(v)穏やかな稀少性の事実と、(vi)うまく組織された社会的協働を公正な条項に基づいて確立することができるなら、そこから得られる数多くの可能な利得があるという事実も含まれる。これら最後の二つの事実と四つの一般的事実が政治的正義の環境を特定する(第二四節)。

59・2

今や、たんなる暫定協定としてのリベラルな正義構想の受容から、いかにしてこの構想への重なり合うコンセンサスが発達しうるかという問いに対するわれわれの解答を敷衍することができる。たいていの人々の包括的教説は完全に包括的なものではなく、また、このために、リベラルな構想の働き方がいったん評価されたなら、この構想に対する独立した忠誠が発達する余地がある、というわれわれの想定を思い起こしていただきたい。この独立した忠誠に導かれて、人々は今度は、明白な意図をもってリベラルな諸制度に従って行為するようになる。なぜなら、彼らには、他の人々もまたそれらの制度に従うだろうという(過去の経験に部分的な基礎をもつ)道理に適った確信があるからである。政治的協働の成功が続くにつれて、次第に市民たちはお互いへの高まる信用と信頼を抱くようになる。

こうして一つの新しい社会的可能性が発見される。すなわち、適度に調和し安定した多元的で民主的な社会の可能性が、リベラルな諸制度のこうした成功から現れてくるかもしれないのである。リベラルな諸制度を備えた社会において寛容の実践が成功するまでは、この可能性を知るすべがなかった。何世紀にも及ぶ不寛容の受容が確証しているとみえたために、社会の統合と調和には一つの一般的で包括的な宗教的・哲学的・道徳的教説への合意が必要なのだと信じるほうが、より自然に思われるかもしれない。不寛容が社会秩序と安定性の条件だとみなされていたのである(18)。この信念の弱体化が、自由な諸制度に道を拓くのに役立ったのである。

結論を述べよう。(公正としての正義を一例とする)正義の政治的構想は、まさに全般的かつ包括的ではないが故に、暫定協定が最終的には重なり合うコンセンサスへと発達することを促進しうる。この構想の限定された射程とわれわれの包括的教説の漠然性とが相まって、正義の政治的構想がそれ自体に対する初期の忠誠を獲得する余地や、また、そのことによって、対立が生じると政治的構想が包括的教説のほうを順応させる余地を与える。この過程は、(道理に適った道徳心理学が正しいと仮定すれば)何世代にもわたって徐々に起こるものである。かつては寛容を拒んだ宗教が、寛容を受け容れ、自由な信仰の教義を肯定するようになるかもしれない。カントやミルの包括的リベラリズムは、非公共的な生活にとってはふさわしいものとみられ、また、立憲政体を肯定するための可能な基礎でもあるとみられているものの、もはや正義の政治的構想としては提示されていない。この説明では、重なり合うコンセンサスは、たとえ大きな歴史的幸運に助けられているとしても、また、そうした幸運に助けられなければならないことは疑いないけれども、幸福な偶然の一致などではない。むしろそれは、部分的には、実行可能な正義の政治的構想の展開にあたっての、社会の政治思想の公共的伝統の働きによるものなのである。

60 政治社会の善

60・1

安定性の問題がいかに重なり合うコンセンサスの観念を必要とするかを理解したのだから、今度は、正義の二原理によって秩序だてられた政治社会の善と関連する、安定性の側面を取り上げよう。この善は、市民たちが正義に適った立憲政体を維持すべく行為するときに、人格たちであると同時に一つの法人団体としての、市民たちによって実現されるものである。(19)

公正としての正義は、包括的な宗教的・哲学的・道徳的教説に基づいてはいないから、政治共同体の理想を放棄してしまっており、数多くの別個の個人や別個の結社が究極目的を何ら共有することなくもっぱら彼ら自身の個人的利益ないしは結社の利益を追求するためにのみ協働するものと社会をとらえているという批判を検討することから始めよう。(ここでは究極目的とは、もっぱら何か他のもののための手段としてではなく、それ自体のために価値を与えられたり欲求される目的と理解されている。）ときとして、公正としての正義は契約説なので、個人主義的な見解であり、政治的諸制度を、個人の目的や結社の目的にとって純粋に道具的なもの、私的社会とでもいったものの諸制度だとみていると批判される。この場合、政治社会そのものは善ではなく、せいぜい個人の善や結社の善のための手段にすぎない。

これに返答すると、政治共同体の理想ということで意味されているのが、一つの(部分的または完全に)包括的な宗教的・哲学的・道徳的教説によって統合された政治社会のことなら、いかにも、公正としての正義は政治共同体の理想を捨て去る。そうした社会的統合の見方は穏当な多元性の事実によって排除されている。それはもはや、民主的諸制度にとって基礎となる基本的諸自由や寛容原理を受け容れた人々にとっては政治的に可能なものではないのである。われわれは社会的統合を異なる仕方で、つまり正義の政治的構想への重なり合うコンセンサスに由来するものととらえなければならない。われわれがみたように、そうしたコンセンサスにあっては、この政治的構想は、相異なり対立する包括的な教説を抱く市民たちによって肯定されるのであり、彼らは自分たち自身の別個の見解の内部からそれを肯定しているのである。

60・2

社会がある正義構想によって秩序だてられているということには三つの意味があるということを(第三節から)思い出していただきたい。すなわち、(1)それは、すべての市民が同一の正義原理を受容しており、また、自分がそれを受容していることをすべての市民がお互いの前で認めているような社会である。(2)社会の基本構造、すなわち、社会の主要な政治的・社会的諸制度と、これらの制度が一緒になって一つの協働システムをなしている仕方とが正義原理を充たしていると、公に知られているか、あるいは適切な理由で信じられている。(3)通常、市民たちは実効的な正義感覚をもっている。すなわち、正義原理を理解し適用したり、また、状況が求めるのに応じて、たいていは正義原理から行為するのを可能にするような正義感覚をもっている。このように理解された社会的統合が、われわれの手に入れることのできる最も望ましい統合の見方であり、これが実行可能な最善の限界である。

すると、このように特定された秩序だった社会は私的社会ではない。というのも市民たちは究極目的を共有しているのだから。市民たちが同じ包括的教説を肯定してはいないというのはその通りだが、彼らは現に同じ正義構想を肯定しているのであり、これは、市民たちは一つの基本的な政治的目的、しかも高い優先性をもった目的を共有しているということを意味している。すなわち、それは、正義に適った諸制度を支え、それに従ってお互いに対して正義をなすという目的である。ほかにも、政治的協働を通じて共有し実現しなければならない諸々の目的があることは言うまでもない。さらに、秩序だった社会では、政治的正義という目的は、どのような人間でありたいかと問われたときに市民たちが参照する、彼らの最も基本的な諸目的の一つである。[20]

この最後に述べたところから、政治社会は共同体であるという帰結が導かれる。ただし、その際われわれは共同体ということで、政治社会を含む、次のような社会を意味している。すなわち、その構成員たち――政治社会の場合は市民たち――は一定の究極目的を共有しており、しかも、そうした目的に極めて高い優先性を付与している。どれほど高いかと言えば、彼らが、どのような人間でありたいかを正直に語るとき、それらの目的をもっていることを必要不可欠のものに数えるほどである。もちろん、共同体のこうした定義だけでは何も決まらない。これらは言葉の約束事にすぎない。決定的なのは、正義の政治的構想によって特定された秩序だった社会が、必要な種類の共有された究極目的をもつものとして市民を特徴づけていることである。

60・3

これまでの他の諸想定と相まって、これらの共有された究極目的が秩序だった社会の善の基礎を提供する。われわれは市民が二つの道徳的能力をもつとみなしており、立憲政体の基本的な諸権利と諸自由は、誰もが――彼らがそうしようと決めるなら――、これらの能力を全生涯にわたって十分に発達させ完全に行使することができることを確保するためのものである。すると、通常の条件下では、これらの道徳的能力は政治的自由と良心の自由の諸制度の内部で発達し、行使され、また、それらの行使は自尊の社会的基盤によって支えられ維持されると、われわれは考える。

以上のことを認めると、公正としての正義に基づく秩序だった社会は二つの意味で善である。まず第一の意味として、それは個々人にとっての善であり、これには二つの理由がある。一つの理由は、二つの道徳的能力の行使は善として経験されるということである。これは公正としての正義で用いられる道徳心理学の一つの帰結である。(21) それらの能力の行使が重要な善でありえ、また多くの人にとってそうだろうということは、市民としての人格という政治的構想におけるこれらの能力の中心的な役割からして明らかである。われわれは、政治的正義の目的のために、市民は全生涯にわたって十分に協働する普通の社会構成員であり、従って、彼らがこの役割を引き受けるのを可能にする道徳的能力をもっているとみなす。この文脈ではこう言えるかもしれない。すなわち、市民たちが公正な社会的協働に参与する彼らの能力の源である二つの道徳的能力をもつことが、(政治的構想の内部では)市民の本質的特性の一部なのである、と。政治社会が市民にとっての善である第二の理由として、政治社会は正義の善と、相互尊重や自尊の社会的基盤とを彼らに確保してくれる、ということがある。例えば、平等な基本的な諸権利と諸自由並びに公正な機会を確保することで、政治社会は人々に、自由で平等な者としての彼らの地位の公共的承認を保証する。これらのものを確保することで政治社会は彼らの根本的なニーズに応えているのである。

道徳的能力の行使と市民としての人々の地位の公共的承認とに含まれる善は、秩序だった社会の政治的善に属するものであって、包括的教説の善に属しているのではない。繰り返しになるが、たとえ包括的教説がこの善をそれ自体の観点の内部から支持しうるとしても、われわれはこの区別を強く主張しなければならない。さもなければ、公正としての正義が重なり合うコンセンサスの支持を得るべきならそれが辿らなければならない道筋を見失ってしまうことになる。強調してきたように、正の優先性は、善の諸観念の使用を避けなければならないということを意味してはいない。これは不可能なことだ(第四三節１)。むしろ、正の優先性が意味しているのは、用いられる諸観念が政治的な観念でなければならないということである。これらの観念は、正義の政治的構想によって課される制約を充たし、それが許容する空間に適合するように仕立てられなければならないのである。

60・4

秩序だった政治社会は、第二の意味でも善である。というのも、多くの人々の協働を頼みとして達成されるような共有された究極目的が存在するところでは、実現される善はつねに社会的なものだからである。すなわちそれは、他の人々のとる適切な行動に相互に依存して市民たちが共同活動をすることを通じて実現される。(もちろんつねに不完全ではあっても)適度に正義に適った民主的諸制度を樹立し、長期にわたってうまく維持し、たしかに失策もなくはないとしても、おそらく何世代にもわたって徐々にその制度を改善してゆくことは、偉大な社会的善なのであり、そういうものとして評価される。このことは、民主的社会の人民が彼らの歴史の重大な達成物の一つとしてそれを重んじているという事実によって示される。

そうした政治的・社会的善が存在して然るべきだということは、不可解なことではない。それは、オーケストラの楽員やチームのプレイヤー、あるいはゲームで戦う両チームさえもが、彼らが記憶に留めておきたいと願うであろうような、よい演奏やゲーム中のよいプレーを楽しみ、これらに一定の(適当な)誇りを抱いて然るべきであると言っても不可解でないのと同じである。(22) 社会がより大規模になり市民間の社会的距離がより大きくなるにつれて、必要な諸条件の充足が一層難しくなることに疑いはないけれども、このような以前との相違は、それがいかに大きく、障碍となるものであっても、秩序だった政治社会における正義の善の実現に関わる心理学的原理に影響を及ぼすものではない。さらに、この善を実現するための諸条件がまだそれほど整っていない場合であっても、この善はきわめて重大なものでありうるのであり、その喪失感もきわめて重大でありうる。民主的社会の人民が、自分たちを非民主的な社会の人民たちから区別する際に抱く誇りがこのことを明らかにしているし、不正義が蔓延していたかもしれない自分たちの歴史のなかの時代から距離を取ることに彼らが払う関心も、このことを明らかにしている。しかし、こうした考察をこれ以上続けないでおこう。ある善を取り上げて、それがいかに偉大な政治的善なのかを立証する必要はなく、それが重要な善であり、また政治的構想の内部で適合する善だということを立証するだけでよいのである。

このことを理解するために、この善の公共的性格を思い出していただきたい。というのも、原理の道徳の段階(第五九節1(3))では、秩序だった社会の各市民は、他の市民たちもまた正義原理を肯定しているものと認めている。故に、各人はまた、彼らの誰もが自由かつ平等で、道理に適いかつ合理的な者として公正に代表されている状況で、各々の代表者が支持するであろう条項に基づいて互いに政治的に協働するという目的に、高い優先性をすべての市民が付与するということを承認している(『正義論』第七二節四一八―四一九頁)。言い換えると、市民たちは、リベラルな正統性原理を充たす仕方で、つまり、共有された政治的諸価値に照らして誰に対しても公共的に正当化されうる条項に基づいてお互いに政治的に協働することを望んでいるのである。

残されているのは、市民たちが自分の政治社会を善とみなすことと、政治社会の安定性との関係を指摘することだけである。市民たちが、一つの法人団体としても個々人としても、自分たちにとって自分たちの政治社会が善であるとみなせばみなすほど、また、安定した政体にとって必要不可欠な三つの事柄を確保してくれるということで、政治的構想に対する彼らの評価が高くなればなるほど、市民たちは、妬み・悪意・支配欲・他人から正義を奪い去る誘惑といった特殊な態度によって駆り立てられることがますますなくなるだろう。『正義論』で述べたように、正義に適ったものと善いものとが合致するか否かが問題なのである。『正義論』第八六節では、公正としての正義によって秩序だてられた社会のなかで育ち、合理的人生計画を抱いており、また他の誰もが実効的な正義感覚をもつと知っているか道理に基づき信じている人々には、正義に適った諸制度に従う、(正義にではなく)自分の善に基づいた十分な理由がある、と論じている。だからといって、彼らがそのように行為する、正義に属する理由をもっているということを否定しているわけではない。

すると、秩序だった社会が安定的なのは、市民たちが彼らの社会の基本構造に、すべての事情を考慮した上で満足しているからである。彼らを動かす考慮事項は、外部の諸々の力からくる威嚇や危険の認識ではなく、彼らがみな肯定している政治的構想の観点から与えられている。というのも、公正としての正義に基づく秩序だった社会では、(この政治構想によって特定された)正義(the just)と善(the good)とが、次のような仕方で適合しあうからである。すなわち、道理に適っていること、合理的であること、また他の人々によってそうみなされること、これらを自分の善の一部に数える市民たちは、自分の善に属する諸理由によって、正義が求めることをなすように動機づけられるという仕方で、適合しあうからである。これらの理由のなかには、われわれが論じた複数の意味での政治社会そのものの善が含まれている。

註

編者のまえがき

(1)　*A Theory of Justice* (Cambridge, Mass.: Harvard University Press, 1971; rev. ed., 1999〔川本隆史・福間聡・神島裕子訳『正義論 改訂版』紀伊國屋書店、二〇一〇年〕).

(2)　"Justice as Fairness: Political Not Metaphysical," *Philosophy and Public Affairs* 14 (Summer 1985): 223-252.

(3)　*Political Liberalism* (New York: Columbia University Press, 1993).

(4)　*The Law of Peoples* (Cambridge, Mass.: Harvard University Press, 1999)〔中山竜一訳『万民の法』岩波書店、二〇〇六年〕.

(5)　"Reply to Habermas," *Journal of Philosophy* 92 (March 1995): 132-180, *Political Liberalism* のペーパーバック版(1996)に再録、"The Idea of Public Reason Revisited," *University of Chicago Law Review* 64 (Summer 1997): 765-807, *Collected Papers*, ed. Samuel Freeman (Cambridge, Mass.: Harvard University Press, 1999)及び *The Law of Peoples* に再録。

はしがき

（1）一九七五年に私は *A Theory of Justice*（1971, rev. ed., 1999）の最初の外国語の翻訳のために諸々の修正をした。これらの修正は、多くのその後の外国語の翻訳では組み込まれたが、英語版では一九九九年以前には組み込まれなかった。修正版でこの状況を直した（それ以上の修正は含んでいない）。この講義が行われたとき、諸々の修正——その幾つかは講義で論じられた問題を扱っている——は、英語では知ることができず、学生たちは初版の原文だけしかもっていないと想定されていた。それ故、この再説における *Theory* への幾つかの論及は、修正版にはみられない議論に関わっているかもしれない。これらの場合は、初版の頁が示されている。それ以外の頁の参照指示はすべて修正版のものである。参照指示はつねに節番号を含んでいるが、これは両版とも同じである。

（2）ここでは、参考のために、比較的関連のある論文を挙げておく。"Reply to Alexander and Musgrave," *Quarterly Journal of Economics* 88（November 1974）: 633–655; "A Kantian Conception of Equality," *Cambridge Review* 96（1975）: 94–99, ——*Philosophy, Politics, and Society*, 5th ser., ed. Peter Laslett and James Fishkin（New Haven: Yale University Press, 1979）に "A Well-Ordered Society" として再録、"Fairness to Goodness," *Philosophical Review* 84（October 1975）: 536–555; "The Basic Structure as Subject," *Values and Morals*, ed. Alan Goldman and Jaegwon Kim（Dordrecht: D. Reidel, 1978）; "Kantian Constructivism in Moral

Theory," *Journal of Philosophy* 77(September 1980): 515-572; "Social Unity and Primary Goods," in *Utilitarianism and Beyond*, ed. Amartya Sen and Bernard Williams(Cambridge: Cambridge University Press, 1982)〔齊藤拓訳「社会統合と基本財」，アマルティア・セン，バーナード・ウィリアムズ編著(後藤玲子監訳)『功利主義をのりこえて』ミネルヴァ書房，二〇一九年〕; "The Basic Liberties and Their Priority," *Tanner Lectures on Human Values*, vol. 3, ed. Sterling McMurrin(Salt Lake City: University of Utah Press, 1982); "Justice as Fairness: Political Not Metaphysical," *Philosophy and Public Affairs* 14(Summer 1985): 223-252; "On the Idea of an Overlapping Consensus," *Oxford Journal of Legal Studies* 7(February 1987): 1-25; "On the Priority of Right and Ideas of the Good," *Philosophy and Public Affairs* 17(Fall 1988): 251-276; "The Domain of the Political and Overlapping Consensus," *New York Law Review* 64(June 1989): 233-255. これらの論文には本文の註で時折言及しているが，すぐにわかる省略形を用いていることもある。"The Basic Structure as Subject" と "The Basic Liberties and Their Priority," を除いて，以上の論文はすべて John Rawls, *Collected Papers*, ed. Samuel Freeman(Cambridge, Mass.: Harvard University Press, 1999)に収められている。

第1部　基礎的諸観念

(1)　"Liberty of the Ancients Compared with That of the Moderns"(1819), in Benjamin Constant, *Political Writings*, trans. and ed. Biancamaria Fontana(New York: Cambridge University Press, 1988)参照。Constant の生没年は一七六七—一八三〇年。「古代人の自由」という表現は、生粋の男性市民のもつ諸自由を指しており、より明確には、例えばペリクレス時代のアテネの民主制への政治的参加の権利を指す。

(2) この用語とその意味は、カントの論文“Was Heisst: Sich im Denken orientieren?” *Kant's gesammelte Schriften*, Preußischen Akademie der Wissenschaften, vol. 8(Berlin, 1912)〔円谷裕二訳「思考の方向を定めるとはどういうことか」『カント全集13』岩波書店、二〇〇二年〕の用法から示唆を得たものである。カントにとっては、理性は、本文でごく簡潔に特徴づけたように、同様に方向づけの能力である。

(3) 本文で使っている“reasonable”の意味については、第二、一一、二三節参照。

(4) 宥和としての政治哲学という考えを引き合いに出すには注意しなければならない。というのは、政治哲学は、つねに、正義に反し尊敬に値しない現状(status quo)の擁護として、堕落して用いられ、それ故、マルクスの意味においてイデオロギー的になる危険があるからだ。公正としての正義、あるいは、他のいずれかの見解が、このような仕方でイデオロギー的かどうか、また、イデオロギー的でないとすれば、何故そうなのか。それが用いるまさに基礎的諸観念がイデオロギー的ではないのか。そうでないということをわれわれはどのようにして説明できるのか。われわれは、折に触れて、こういったことを問わなければならない。

(5) 公正としての正義の説明は、これらのよく知られた観念から始める。このような仕方で、われわれは、公正としての正義を日常生活の常識と結びつける。しかし、説明がこれらの観念から始まるからといって、公正としての正義の擁護論がそれらの観念を基礎とみなしているということにはならない。すべては、説明が全体としてどのように練り上げられるか、これらの観念とこの正義構想の原理並びにその諸帰結が、熟考の上受け容れることができると判明するかどうかにかかっている。第一〇節参照。

（6）道理性と合理性のこの種の区別は、W. M. Sibley が "The Rational versus the Reasonable," *Philosophical Review* 62（October 1953）: 554-560 で行ったものである。本文では、この区別を対等者間の協働の観念と緊密に結びつけて、このより明確な観念に従って特定化する。時々、道理性と合理性の区別に立ち戻る。第二三節2及び3参照。この区別は、公正としての正義の構造、並びに、T. M. Scanlon の一般的な契約主義的道徳理論の理解において中心的に重要である。T. M. Scanlon, "Contractualism and Utilitarianism," in *Utilitarianism and Beyond*, ed. Amartya Sen and Bernard Williams（Cambridge: Cambridge University Press, 1982）〔T・M・スキャンロン（森村進訳）「契約主義と功利主義」、アマルティア・セン、バーナード・ウィリアムズ編著（後藤玲子監訳）『功利主義をのりこえて』ミネルヴァ書房、二〇一九年〕参照。

（7）「いわゆる福祉国家」と私が言う理由は、第四部で、財産私有型民主制と資本主義的福祉国家とを区別し、後者は公正としての正義と対立すると主張するからである。

（8）このことは、ほとんどの事例では明白であるように思われる。諸々の政治的自由を伴う正義の二原理（第一三節）が、教会や大学の内部組織を規制すると想定されていないことは明白である。格差原理もまた、親がその子供たちをどのように扱うべきかとか、子供たちの間に家族の財産をどのように配分すべきかを規制すべきではない。家族については、第四部第五〇節参照。

(9) ここでは、Jon Elster の啓発的な著作、*Local Justice* (New York: Russell Sage Foundation, 1992) に依っている。

(10) Rawls, *The Law of Peoples* (Cambridge, Mass.: Harvard University Press, 1999) 参照。

(11) この段落と前の段落におけるこの点についての議論は、Erin Kelly に負っている。

(12) この点について、Robert A. Dahl は、*Dilemmas of Pluralist Democracy* (New Haven: Yale University Press, 1982), p. 16 で次のように述べている。「今日では、国家より小さないかなる構成単位も、善き生活に必要な諸条件を整備できず、国家より大きないかなる構成単位も、現代のポリアーキーほど民主的に統治されそうにない」。

(13) このより大きな話題については、*The Law of Peoples* で詳細に論じている。

(14) この秩序は、道徳的実在論のある形態が主張するように客観的とみなされるべきだと、私は考えている。

(15) [Rawls, *Political Liberalism* (New York: Columbia University Press, 1993), pp. 24-25 参照。]

(16) これは、社会契約説の一形態としての公正としての正義の必須の特徴である。これは、この点に関するロックの見解、また、*Anarchy, State, and Utopia* (New York: Basic Books, 1974) における Robert Nozick〔ロバート・ノージック(嶋津格訳)『アナーキー・国家・ユートピア』木鐸社、二〇〇四年〕, *The Limits of Liberty* (Chicago: University of Chicago Press, 1975) における James Buchanan〔J・M・ブキャナン(加藤寛監訳)『自由の限界』秀潤社、一九七七年〕及び *Morals by Agreement* (Oxford: Oxford University Press, 1986) における David Gauthier〔デイヴィド・ゴティエ(小林公訳)『合意による道徳』木鐸社、一九九九年〕らの社会契約説的見解とも異なる。これら三者の著作では、基本構造によって確保される市民たちの諸々の基本的権利・自由・機会は、歴史の偶然事、社会的環境、生まれつきの才能によって、公正としての正義では排除されるような仕方で左右される。この問題については、第一六節1で立ち戻ることにする。

(17) この問題については、Ronald Dworkin が、"Justice and Rights," *University of Chicago Law Review* (1973) というタイトルの批判的論評 —— *Taking Rights Seriously* (Cambridge, Mass.: Harvard University Press, 1977)〔ロナルド・ドゥウォーキン(木下毅・小林公・野坂泰司訳)『権利論〔増補版〕』木鐸社、二〇〇三年〕に第六章〔第五章〕として再録 —— の第一節で論じている。彼の解釈について、私は "Justice as Fairness: Political Not Metaphysical," *Philosophy and Public Affairs* 14 (Summer 1985): 236f., n. 19 —— Rawls, *Collected Papers*, ed. Samuel Freeman (Cambridge, Mass.: Harvard University Press, 1999), 400f., n. 19 に再録 —— で手短に論じておいた。

(18) この点については、"The Basic Structure as Subject," in Rawls, *Political Liberalism*, lect. VII, §8, pp. 279ff. 参照。

(19) この段落と次の段落で説明するような市民の道徳的アイデンティティを特徴づける、二種類の目標の区別については、Erin Kelly に負っている。

(20) 社会的な死という観念については、Orlando Patterson, *Slavery and Social Death* (Cam-

bridge, Mass.: Harvard University Press, 1982), とくに pp. 5-9, 38-45, 337 参照。

(21) 内在的な道理性ないし受容可能性は、わかりにくい観念である。それは、ある判断ないし確信が、他の諸判断から導きだされたりそれらに基づいたりすることなしに、道理に適っているとか受け容れることができるとわれわれに思わせることである。もちろん、ある確信が道理に適っているとわれわれに思わせることが、実際は、他の諸々の信念や確信に依存しているということが判明するかもしれないが、しかし、これは、その確信がわれわれにどのように思わせるかに関するものではない。熟考すれば、われわれは、それ自体において一定の道理性ないし受容可能性をもっているとして、その確信を支持するかもしれないのである。

(22) *Theory*, §§4, 9も参照。

(23) Abraham Lincoln, Letter to A. G. Hodges, April 4, 1864, *The Collected Works of Abraham Lincoln*, ed. Roy P. Basler(New Brunswick, N. J.: Rutgers University Press, 1953), 7: 281-283.

(24) この言い回しは、Nozick の *Anarchy, State, and Utopia*, p. 225 からとったものであるが、そこでは、イタリック体になっている。

(25) 政治的なものであれ、他のものであれ、ある人の正義構想の内容や論調が、歴史的経験の一定の諸事実についていろいろと考えることによって影響を受けることは疑いない。これらの事実のなかで重要なものは、公正としての正義にとっては、国家権力の無数の抑圧や残虐行為と、早くは聖アウグスティヌスに始まり一八世紀にまで及んだキリスト教的統一を保持するために使われた異端審問である。政治的リベラリズムは、宗教改革後のキリスト教界の分裂とともに始まるが、これは、決して宗教改革者たちの意図ではなかった。ヘーゲルがそう信じていたように、このようなことが起こったことは、不幸なことではなく、教会と国家の双方にとって善いことであった。G. F. W. Hegel, *Elements of the Philosophy of Right*, trans. H. B. Nisbet and ed. Allen Wood (Cambridge: Cambridge University Press, 1991)〔ヘーゲル(藤野渉・赤沢正敏訳)『法の哲学Ⅰ・Ⅱ』中央公論新社、二〇〇一年〕, §270(長いコメントの最後), pp. 301f. 参照。

(26) 関連する問題点がしばしば Isaiah Berlin によって強調されてきている。すなわち、社会的諸制度のいかなるシステムも、それが取り込むことのできる価値の範囲には限界があり、それ故、実現されうるかもしれない道徳的・政治的諸価値の全範囲から何らかの選択がなされなければならない。これは、いかなる制度のシステムも、いわば限られた社会的空間しかもっていないからである。われわれは、大事にしている諸価値のなかから選択を迫られ、優先順位をつけるにあたって非常に大きな困難に直面し、いかなる明快な答えもないようにみえるかもしれない他の難しい決断に直面するのである。"On the Pursuit of the Ideal," in *The Crooked Timber of Humanity*, ed. Henry Hardy (New York: Knopf, 1991)〔河合秀和訳「理想の追求」、福田歓一ほか訳『理想の追求〔バーリン選集4〕』岩波書店、一九九二年〕において彼が述べていることを参照。

(27) 良心の自由と寛容を、哲学的懐疑主義や宗教への無関心に基づかせることを回避することがぜひとも必要であるとする点では、*Theory*, §34: 188 に従っている。

(1)　後に折に触れて述べるように、問題が憲法の必須事項に関わるものであるかどうかは、つねにはっきりしているわけではない。この点に疑いが残り、しかも、問題が深い分裂を惹き起こすような種類のものである場合、市民たちは、可能ならば政治的諸価値に準拠して、互いに主張を明確にするよう努める、市民としての義務を負っている。

(2)　本節は、"The Basic Liberties and Their Priority," *Tanner Lectures on Human Values*, vol. 3, ed. Sterling McMurrin (Salt Lake City: University of Utah Press, 1982), §1 —— *Political Liberalism* に再録 —— の一部を要約したものである。この論文で私は、『正義論』における自由に関する私の説明に対して、H. L. A. Hart が秀逸な批判的論評 "Rawls on Liberty and Its Priority," *University of Chicago Law Review* 40 (Spring 1973): 551-555 —— H. L. A. Hart, *Essays in Jurisprudence and Philosophy* (Oxford: Oxford University Press, 1983)〔H・L・A・ハート（矢崎光圀・松浦好治ほか訳）『法学・哲学論集』みすず書房、一九九〇年〕に再録 —— で提起した比較的重要な異論と私に思われたもののうちの二つに返答することを試みた。公正としての正義の再説を試みる本書でなされた修正のうちで、ハートの批判に応えるためにせざるをえなくなった修正よりも重要なものはない。

(3)　多くの論者は、「格差原理」と言う代わりに、「マキシミン原理」という用語や単に「マキシミン正義」その他の類似表現のほうを好んで用いている。例えば、Joshua Cohen, "Democratic Equality," *Ethics* 99 (July 1989): 727–751 における格差原理に関する十全かつ正確な説明を参照。しかし、私はなお「格差原理」という語を用いる。その理由は、第一に、この原理と、不確実性下の決定ルールであるマキシミン・ルール(第二八節1)とがまったく異なる種類のものである点を強調するため、第二に、格差原理が他の分配原理(例えば、社会的ミニマム保障を伴う制限つき(平均)効用原理)に勝ることを主張する際、私は不確実性下の決定のためのマキシミン・ルールに全然依拠していないという点を強調するためである。私が格差原理を擁護する際に用いた議論が不確実性に対する極端な嫌悪に依存している、という広まった俗説は誤りである。たしかに、それは、『正義論』における説明の欠陥によって不幸にして促進された誤りではあるが。本再説第三部において、私はそうした欠陥を是正する。

(4) *Theory*, § 36: 197–199 参照。

(5) 若干の論者は、この種の限定には問題があるとしている。彼らは、政治的構想は論理的に可能な、もしくは、考えられるすべての事例をカバーするよう作られるべきであって、特殊な制度的文脈でのみ生じうる事例に限定されるべきでないと考える。例えば、Brian Barry, *The Liberal Theory of Justice* (Oxford: Oxford University Press, 1973), p. 112 参照。このような考え方と対照的に、われわれが追求するのは、われわれが知っているような民主的政体にみられる社会的・経済的不平等を規制すべき原理であり、従って、われわれの関心は、一定の諸制度がどのように働くかをわれわれが一応理解していると想定した上で、実際に生じるであろう人生の見込みに関する市民間の格差にある。

(6) ここでの説明は、機会の公正な平等という難解な観念に関する素描にすぎない。この観念には、折に触れて立ち戻る。

(7) 少なくとも、基礎的ニーズの充足が基本的な諸権利と諸自由を市民が理解し、実効的に行使するための必要条件である限りで、そのような基礎的ニーズが充たされることを要求する原理を、第一原理に辞書的順序で優先する原理として考えてよいかもしれない。そのような原理の内容と更なる議論については、R. G. Peffer, *Marxism, Morality, and Social Justice* (Princeton: Princeton University Press, 1990), p. 14 参照。

(8) ここで触れておかねばならないが、公正としての正義には、是非とも区別すべき三つの視点がある。第一に、原初状態の当事者の視点。第二に、秩序だった社会の市民の視点。第三に、公正としての正義を政治的構想として組み立て、それを用いて、一般性のあらゆるレベルでのわれわれの熟慮された判断を整合的な見解に統合しようとする、あなたや私の視点。原初状態の当事者は、われわれが哲学的目的のために作った構成手続の一部をなす、いわば人工的な人である、という点に留意されたい。われわれは、当事者には知らせなかった多くの事柄について知っているかもしれない。以上の三つの視点については、*Political Liberalism*, p. 28 参照。

(9) この区別はロックに由来する。ロックは、人民が立法府を構成する権力を有することがすべての国家の第一の基本法であると述べている。John Locke, *Second Treatise of Government* 〔ジョン・ロック(加藤節訳)『完訳 統治二論』後篇、岩波文庫、二〇一〇年〕, §§ 134, 141, 149.

(10) 分配的正義の原理としての格差原理に対しては、許される分配の全体的性質に対する制限をそれが含んでいないという点をとらえて、異論が提出されることがある。この異論によれば、格差原理は最も不利な状況にある人々にしか関心を払わないとされる。しかし、この異論は不正確である。というのは、正義の二原理を構成する諸部分は、連動して働き、一体となって適用されるという事実を、それが看過しているからである。格差原理に優先する諸原理からの諸要求は、分配上重要な効果をもっている。例えば、機会の公正な平等が教育に適用される場合の効果や、政治的諸自由の公正な平等がもつ分配上の効果について考えてみられたい。格差原理をそれに優先する諸原理から切り離して単独で考えている限り、格差原理を真剣に取り上げていることには決してならない。

(11)［*Political Liberalism*, p. 358 参照。］

(12) 平等な基本的諸自由の優先性(または優位)は、多くの見解に反し、高水準の富及び所得を前提するものではない。Amartya Sen and Jean Dreze, *Hunger and Public Action* (Oxford: Oxford University Press, 1989), chap. 13; and Partha Dasgupta, *An Inquiry into Well-Being and Destitution* (Oxford: Oxford University Press, 1993), chaps. 1–2, 5 and passim 参照。

(13)［*Theory*, §31: 172–176, 及び *Political Liberalism*, pp. 397–398 参照。］

(14)［公正としての正義において理解されているように、互恵性とは、次のような正義原理によって表現される市民間の関係である。つまり、そうした正義原理は社会的世界を規制するにあたって、その世界のなかで協働に従事し、そのルールと手続の要求に従って役割を果たすすべての人が、適切な比較の標準によって測られる適切な利益を受けるべきことを要求する。格差原理は比較標準としての平等分配というものに暗黙裡に言及するものだが、格差原理を含む正義の二原理は、市民間の互恵性という観念を定式化するものである。互恵性の観念に関する立ち入った議論については、*Political Liberalism*, pp. 16–17 及びペーパーバック版のはしがき

pp. xliv, xlvi, li を参照。互恵性の観念はまた、"The Idea of Public Reason Revisited," *University of Chicago Law Review*, 64(Summer 1997) 765-807 —— *The Law of Peoples*(Cambridge, Mass.: Harvard University Press, 1999) 及び *Collected Papers* に再録 —— においても重要な役割を果たしている。]

(15) *Theory*, §14: 74-77 参照。また、そこで触れた三種類の手続的正義の間の区別に注意せよ。

(16) 「背景的」という用語は、ここで導入され、『正義論』では使われていない。

(17) 財産私有型民主制については『正義論』第五章で論じたが、それと福祉国家型資本主義との違いは不幸にしてあまり明白ではなかった。この欠陥は、本書第四部で是正する。

(18) 本段落の論述は、Nozick が、*Anarchy, State, and Utopia* で提起した類の格差原理への批判に応答するものである。同書第七章一六〇―一六四頁における Wilt Chamberlin の例に関する論述は、格差原理を統治に適用すると個々の取引への絶えざる干渉を伴なわざるをえない、ということを示唆するものである。

(19) Nozick が *Anarchy, State, and Utopia* で採用している見解は、この種の説の一例である。

(20) 例えばロックの場合、そうした限定や但書の類は、*Second Treatise*, §158 からわかるように、平等な政治的諸自由を保障することに失敗している。Joshua Cohen, "Structure, Choice, and Legitimacy: Locke's Theory of the State," *Philosophy and Public Affairs* 15(Fall 1986): 301-324 参照。

(21) *Theory*, §12: 69 参照。ただしそこでは、この点は十分明快に述べられていない。

(22) これと対照的に、政治的構想の狭い役割とは、政治社会が永続し安定したものであるために遵守されなければならない諸々の基本的原理及び必須のルールの内容を明確にする役割のようなものを指すと言ってよかろう。ヒュームに由来する、H. L. A. Hart の自然法の最小限の内容という観念は、その一例である。*The Concept of Law* (Oxford: Oxford University Press, 1961)〔H・L・A・ハート(長谷部恭男訳)『法の概念〔第3版〕』ちくま学芸文庫、二〇一四年〕, pp. 189–195 参照。

(23) 合理的計画の特徴の素描が『正義論』第七章で与えられている。

(24) 不幸にして、『正義論』ではこの点について不明確であったし、せいぜい両義的と言える程度であった。この点の修正について私は何人かの方々に負っているが、とくに Joshua Cohen 及び Joshua Rabinowitz の名前を挙げておきたい。さらに、その論点をめぐる有益な討論については、Allen Buchanan、T. M. Scanlon と Samuel Scheffler の名前を、また、先の難点を最初に指摘した方として、Michael Teitelman の名前を挙げておきたい。

(25) こうした交換価値の観念については、Rawls, "Fairness to Goodness," *Philosophical Review* 84 (October 1975): § III ── *Collected Papers* にも所収 ── 参照。

(26) ここで、格差原理の最も単純な形態においては、最も不利な状況にある集団に属する個人が誰であるかを、その所得と富を無視して、あるいは所得と富から独立に同定することはできない、ということに注意されたい。最も不利な状況にある人々とは、例えば、男性や女性として、あるいは、白人や黒人、インド人やイギリス人として同定されるような人々ではない。最も不利な状況にある人々は、(人種、性別、国籍などの)自然的特質その他の特質によって同定される諸個人ではない。そのような属性によっては、検討することが可能なあらゆる種類の社会的協働枠組のもとで諸個人の境遇がどう異なるかについて比較を行うことができない。それらさまざまな協働枠組を(いわば)社会的な可能的世界とみなし、また、それらすべての可能的世界を通じて個人の名前が、各々の(社会的な)可能的世界における同一の個人をさす(固定的に指示する)と考えるとすれば、「最も不利な状況にある人々」という用語は、固定指示子(Saul Kripke の用語を拝借する――それについては *Naming and Necessity* (Cambridge, Mass.: Harvard University Press, 1972)〔ソール・A・クリプキ(八木沢敬・野家啓一訳)『名指しと必然性』産業図書、一九八五年〕参照)ではない。むしろ、各々の協働枠組のもとで暮らし向きが最も悪い人々とは、その特定の枠組のもとで暮らし向きが最悪の諸個人にほかならない。彼らは、別の枠組のもとでは暮らし向きが最悪の人々ではないかもしれない。例えば、所得と富によって同定される最も不利な状況にある人々のなかには、常識的な政治社会学から容易に想像されるように、最も不遇な出身社会階層に生まれ落ちた多くの個人、(生まれつきの)才能に最も恵まれない人の多く、そして、比較的多くの不運や不幸に見舞われた多くの人々が含まれるということが結局のところ実態だと考えられるにしても(第一六節)、そのような諸属性は、最も不利な状況にある人々を定義するものではない。そのような属性が最も不利な状況にある集団に属する多くの者を特徴づける傾向があるということは、むしろ偶然にすぎない。

(27)『正義論』では、この点が不明確であった。そこでは、態度としての自尊――自尊心の保持は根本的利益の一つである――と、そのような態度を支える社会的諸基盤とが区別されていない。

(28)この点については、本書第四部第五一節における医療の供給をめぐる議論を参照。

(29)　制度に関する(パレート)効率原理の説明は、*Theory*, §12: 58-62 にみられる。
(30)　この図は、*Theory*, §13: 66 の図6と類似のものである。
(31)　例えば *Theory*, §12: 59f. の一連の図では、二人の人 x_1 と x_2 の間で分かちもたれるべき諸財の束が予め与えられていると仮定されている。このことは、効率性フロンティアが左上から右下に走っていることに示されている。その際、これら二人がそれらの財を生産するための協働に参与しているという言及は一切ない。
(32)　OP曲線相互が交差する場合、最も高い位置にあるJJ直線に接するOP曲線が最善である。二つのOP曲線が同一のJJ直線と接する場合は、接点が他方よりも左にあるOP曲線が最善である。
(33)　ミルの *Principles of Political Economy*〔ミル(末永茂喜訳)『経済学原理　(一)～(五)』岩波文庫、一九五九～一九六三年〕, bk. IV, ch. VI 参照。
(34)　*Theory*, §13: 68 の完全に正義に適った枠組と、全面的に正義に適った枠組との区別を参照。
(35)　例えば、背景的諸制度は、医者が団体を作って、医師資格の登録を制限したり、高い治療費をとる取り決めを交わすなどして、医療費を押し上げ、医者の所得を上昇させようとする試みを防止する。だが、収入が多いということだけでは、結託の十分な証拠にはならない。オペラ歌手の所得は、自由な需給関係によって大幅に決定されているように思われる。その需要は多く、供給は少ない。しかも、短期的にはほとんど固定されている。しかし、過去の巨匠による絵画の供給と異なり、永久に固定されているわけではない。いずれにせよ、オペラ歌手の人数は少ないから、彼らの所得は重大な心配の種にはならない。その上、彼らは、一生懸命仕事をしており、われわれに喜びを与えてくれる。これに対して、医者は大きな集団であり、万一、公正な機会を保障する競争的な背景的諸制度が医者や類似の職業について適切に働かないようなことがあれば、われわれは、競争の諸制度の失敗の原因を突き止め、先行する原理と整合する範囲で、それを作り直さなければならないだろう。もちろん、場合によっては、格差原理自体の妥当性を再考する必要があるかもしれない。

(36) もちろん、公正としての正義の内部においては、これ以外に、われわれは、われわれの正義原理のすべてが充足されているにもかかわらず、分配率が正義に反するかどうかの判断をするための基準をもっていない。「われわれに不正義との印象を与える」と述べたが、それは、実際の分配率がわれわれの心をかき乱し、われわれにどうもおかしいという気持ちを起こさせるということにほかならない。それは、反省的均衡状態が少々攪乱されているような状態である。われわれは、実際に生じる不均衡が、われわれがそのような困惑に陥らない範囲内に収まることを希望する。この点をはっきりさせる必要を指摘してくれた点で、私は Ronald Dworkin に負っている。

(37) この例は、Derek Parfit, *Reasons and Persons* (Oxford: Oxford University Press, 1984)〔デレク・パーフィット(森村進訳)『理由と人格』勁草書房、一九九八年〕, pp. 490-493 からとった。私は、本例に対するコメントを私に送ってくれたことに対し、Brian Barry に感謝する。それは、アメリカ政治学会一九八五年度大会で発表されたものである。私は、Barry のコメントに大いに依拠しており、私の説明に評価すべき点があるとすれば、それは Barry のおかげである。また、本例がParfitの著書のなかでは、全然重要なものではないことも付言しなければならない。その例は、その著書の補論の一つのなかで取り上げられているが、その例が登場する補論は、John Broomeとの共著である。私が本文で述べていることは、そのすばらしい著作に対する批評ではまったくない。

(38)　第一七節註二六参照。

(39)　この点は、註三七で触れたBarryによって、そのコメントにおいて強調されている。

(40)　Martin Weitzman, *The Share Economy*(Cambridge, Mass.: Harvard University Press, 1984)〔マーチン・L・ワイツマン(林敏彦訳)『シェア・エコノミー』岩波書店、一九八五年〕参照。〔シェア・エコノミーとは、企業が不況時にレイオフで対処する固定賃金制度と異なり、労働者への報酬を売上増加等の企業業績と連動させる——売上の増加を企業と労働者がシェアする——報酬制度である。独占的競争下にある現代の大企業の大半が採用すれば完全雇用とインフレ防止が実現される、という。いわゆるシェアリング・エコノミーとは無関係である。〕

(41)　このことは、正義原理が一般にそうした諸関係がとりうる形態を制約することができるということを否定するものではない(第四節2及び第五〇節参照)。

(42)　この言明は、公正としての正義の内部でなされたものではない。なぜなら、その正義構想は、本文中で意図された意味での道徳的功績の観念を何ら含まないからである。他方で、先の言明は、特定の包括的な哲学的または道徳的な教説の観点からなされたものでもない。むしろ私は、次のように想定している。すなわち、道理に適ったその種の教説ならすべて、私の言明を肯定するだろうし、また、道徳的功績が良心的な意志の努力または意図的もしくは意志的になされた何かにつねに関わるということを認めるだろうと。そのような意志的なもののどれ一つとして、生まれつきの才能の分配に関するわれわれの地位にも、われわれの出身社会階層にも関わりがない。

(43) *Political Liberalism*, pp. 16–17 参照。
(44) この特質はすでに、第一七節で基本善との関連で強調された。

第三部　原初状態からの議論

(1) *Theory*, §§ 20–25 参照。
(2) ここで私は、*Theory*, § 3: 15 and § 9: 47 (1st ed.) の言明を修正する。そこでは、正義論は合理的選択理論に属すると述べた。私が本文中で今述べたところからすると、それは端的に誤りであるし、それはまた、公正としての正義が基本的にカント的というよりもホッブズ的(しばしば行われるホッブズの解釈によればということだが)であることを含意するだろう。本当は、当事者とその推論に関する説明については合理的選択(決定)理論を利用しているけれども、公正としての正義の理論そのものは、正義の政治的構想に属し、後者は、道理に適った正義原理の説明を与えようとするものである、と言うべきであった。そこには、唯一の規範的概念としての合理性の概念からそうした正義原理を導くという発想は一切ない。
(3) *Theory*, § 20: 104f. 参照。
(4) これについては、*Anarchy, State, and Utopia*, p. 151 におけるNozick によるその定式化を

参照。

(5)『正義論』では「表象(代表)装置」という語は用いていないが、さまざまな個所で、本文中と同趣旨の主張をしている。*Theory*, §4: 16f., 18f.; §20: 104f.; §24: 119f.; §78: 453; §87: 514 参照。

(6) *Theory*, §25: 123ff. 参照。

(7) [*Theory*, §80: 465 参照。]

(8) *Theory*, §25: 124; §76: 441; §80: 465.

(9) *Theory*, §81 参照。

(10) ここで次の点に注意されたい。すなわち、(十分な)安定性は、政治的正義に関する道理に適った構想に課せられる一つの条件である。つまり、そのような構想は、それ自身を十分強く支える正義感覚をおのずから生み出すことができなければならない。この安定性の観念は第五部で取り上げる。それまで、この意味での安定性を、暫定協定の安定性や、政治勢力の均衡としての安定性と取り違えないでいただきたい。

(11) だからこそわれわれは、第一一節3において、当事者が政治社会学の四つの一般的事実を受け容れていると想定したのである。

(12) われわれはこれを、公共的理性の「広い見方」と呼んでいいだろう。というのは、*Political Liberalism*, lect. VI, §8では「包含的な見方」と呼ばれている、公共的理性のより狭い見方と区別するためである。違いは次の点にある。すなわち、包含的な見方が包括的教説の導入を許すのは、南北戦争前の南部における奴隷制や一九六〇年代以降の公民権運動とかがその例である、非理想的な環境においてのみである、という点である。公共的理性の観念は、"The Idea of Public Reason Revisited" のなかでさらに展開されている。

(13) もし、われわれが、公共的な正当化というものを、正義の政治的な構想に含まれる政治的諸価値だけに基づく正当化と定義するなら、憲法の必須事項に関わる問題と分配的正義の基本的問題については、われわれは公共的な正当化を追求するが、憲法の枠内で立法部によって解決されるべきすべての問題について一般的にそのような正当化を追求するわけではない。そうだとすると、公共的な正当化について、次の二つの場合を区別すべきである。達成可能で(あるとわれわれが思い)かつ望ましい場合と、達成可能でも望ましいものでもない場合とである。この区別の重要性の指摘については、私は、T. M. Scanlon と Peter de Marneffe に負っている。

(14) 私は、そうした留保については論じない。私の念頭にあるのは、例えば、一定の重大犯罪で有罪判決を受けた者は、その裁判が適正に行われたものである限り、服役を中断して移住することは許されない、といった事柄である。

(15) 私が言いたいのはただ、政治的正義に属する原理に反対する人々に対し、「いやだったら、いつでも国を去ることができたではないか」と言うことは、その原理を擁護する理由にはならない、ということだけである。それと類似の発言は、結社については妥当するかもしれないが、政治社会については妥当しない。これは、政治社会とその内部の結社との違いが明白になる、今一つの事例である。

(16) 正義の二原理への推論をこのような仕方で組み立てることについての最初の素描は、"Re-

ply to Alexander and Musgrave," *Quarterly Journal of Economics* 88(November 1974), §§III–VI, pp. 639–653(*Collected Papers* に再録)にみられる。

(17)　この点を説明しなかったことは、『正義論』の重大な欠陥の一つであった。

(18)　*Theory*, §87: 509 参照。

(19)　*Theory*, §26: 132–135. 本節及び続く数節の説明からわかるように、マキシミン・ルールは、リスクと不確実性を伴うすべてのケースにおける合理的決定の一般原理として提案されたわけでは決してない。しかし、そのような誤解をした者もいるようだが。例えば、J. C. Harsanyi の書評論文 "Can the Maximin Principle Serve as a Basis for Morality?" *American Political Science Review* 69(1975): 594–606(*Essays on Ethics, Social Behavior, and Scientific Explanation*(Dordrecht: D. Reidel Pub. Co., 1976)に再録)を参照。この本の三九―四〇頁でハーサニーが主張しているように、そのような提案は、まったく非合理であろう。この点については、意見の不一致はなかったし、今でもない。唯一の問題は、原初状態のきわめて特殊な、実際他に例をみない諸条件を所与とした場合、マキシミン・ルールは、当事者たちがその思考を組み立てるのに役に立つ、発見的な便法であるかどうか、ということである。

(20)　ここで私は、William Fellner, *Probability and Profit*(Homewood, Ill.: R. D. Irwin, 1965), pp. 140–142 に従う。

(21)　保証水準に関するこの重要点は、多分明白だったとは思うが、『正義論』では一度も明示的には述べられていない。はっきりと述べなかったため、保証水準を、自然的で、社会と無関係な水準――つまり、それを下回ると個人効用がいわばマイナス無限に向かって急速に低下するような、そのような水準――と誤解する者たちも出た。従って、彼らは、自分自身は、そのような自然的で、社会と無関係な観念を拒否するとしても、『正義論』がなぜマキシミン・ルールを援用しているのか、その理由を説明したいと思ったのである。しかし、本文からわかるように、そのような理解は、私の意図するところではなかった。Joshua Cohen による "Democratic Equality," pp. 733f. における議論を参照。

(22) この種の議論を阻止するために、若干の功利主義者は、個人の効用関数にとって意味のある利益の種類について制約を課した。例えば、Harsanyi は、論文 "Morality and the Theory of Rational Behavior," in *Utilitarianism and Beyond*, ed. Sen and Williams, p. 56 において、彼の言う反社会的選好、例えば、悪意、妬み、憤り、残忍の快楽といったものを排除している。というところで、これは、古典的(及び伝統的)功利主義の見解からの根本的な逸脱である。というのは、そこでは、すべての快楽、あるいは現実の選好の満足は、その起源のいかんにかかわりなく、内在的に善だとされていたからである。ハーサニーがそうした見解(彼が一九五五年に論文 "Cardinal Welfare, Individualistic Ethics, and Interpersonal Comparisons," *Journal of Political Economy* 63(1955): 309-321 ―― *Essays on Ethics, Social Behavior, and Scientific Explanation*, pp. 18ff. に再録 ―― において抱いていた見解)を放棄するのなら、一定の快楽または満足を無視する根拠をわれわれに説明する義務がある。それらを反社会的と呼ぶだけでは十分ではない。彼が効用関数への算入に課した制約がどこからきたのか、それがどのように正当化されるのか、われわれはこれを知る必要がある。これらの問いに対して、功利主義と認められるのにふさわしい内容をもつ枠組の内部で回答が与えられない限り、ハーサニーにそのような制約を課す資格があるのかどうか、われわれは決定することはできない。基本的な諸権利と諸自由の理論もしくは非功利主義的理想が、表には現れない暗黙の背景にあるのではないか、という疑問すら出てくる。

(23) 一八七〇年から一九四五年までのドイツは、適度に好都合な条件が存在した――経済に関しても科学技術に関しても、条件は十分であり、資源不足もなかったし、教育を受けた市民が存在した、また、その他多くの好都合な条件がそろっていた――にもかかわらず、民主的政体への政治的意志がまったく欠けていた国の一例である。今日の合衆国についても、われわれの立憲政体が概して民主的なのは形だけだと言う者は、同じことを言うかもしれない。

(24) 万一、選択肢のいずれもこの条件をみたさないなら、原初状態は、うまく配置されていないということになる。いかなる約束の引き受けも、誠実には与えられていないのであるから。

(25) *Theory*, §29: 153ff. "Reply to Alexander and Musgrave," §VI も参照。

(26) そのような期待ができるかどうかということが、正義の政治的構想の安定性の問題を提起する。それはすなわち、正義の構想が基本的諸制度のなかに実現されたとき、それらの諸制度のもとで成長し生きている人々は、十分に強い正義感覚を獲得するのかどうか、という問題である。この問題は、第二五節5で定義した、議論の第二の部分に属し、後に第五部で取り上げられる。

(27) 正義の二原理に関するこの事実は、第二比較においてよりも第一比較において一層明らかである。しかし、第二比較においても、言えることである。第三一節で、この話題に戻る。決定的に重要な点は、前節で述べたように、マキシミン・ルールを伴う原初状態は、当事者に、自由で平等な市民たちの根本的利益に焦点を合わせ、また、それを特定するよう強いる。市民たちがそうした利益を充足できるための条件を保証する正義構想は、安定性の基礎的要求に、効用原理ではできないような仕方で応えるものである。

(28) *Theory*, §§ 83–84 参照。

(29) S. L. Hurley, *Natural Reasons* (Oxford: Oxford University Press, 1989) は、リスク回避及び不確実性、並びに、それらとマキシミン・ルールの関係について教えられるところの多い議論をしている。同書 pp. 376–382 参照。

(30) この疑問を提起し、私と討論してくれたことに対し Allan Gibbard に感謝する。これに関する本文中の手短な説明は、政治的構想としての公正としての正義と、包括的見解としての功利主義との関係を明確にするのに役立つことになると思う。

(31) R. Howe and J. Roemer, "Rawlsian Justice as the Core of a Game," *American Economic Review* 71 (1981): 880–895 参照。Howe と Roemer のこの論文が安定性問題に関連することを指摘してくれたことにつき、私は Anthony Laden に負っている。理由の安定性の考え方——これも彼の説明に暗に含まれてはいたが——を除いて、私はただ、彼の優等文学士論文(ハーヴァード大学、一九八九年)中の上記論文に関する議論を若干言い換えたにすぎない。

(32) 私は、この観念についてここで論じるつもりはないが、次のことだけは付言しておく。コアとは、ゲームにおける配分の集合であって、いかなる提携も——その規模が全員参加の全体提携から単独個人に至るどのような提携であれ——全体提携を解消し、その提携を形成することによって、その提携の状況を改善することができない、そのような配分の集合である。コアについてはほどほどのゲーム理論の教科書ならどのようなものにでも説明がある。

(33) もちろん、こうしたモデル化は、われわれによる原初状態の説明に正確に対応しているわけではない。というのは、解消利得と新たなくじ引きという発想は、われわれの説明と縁遠いものだからである。Howe と Roemer はまた、基本構造を無視し、分配についてもそれを所得に限定し、基本善の観点から考えてはいない。にもかかわらず、彼らの論文は、われわれが、解消を欲する提携があるかどうかを問うのではなく、秩序だった社会にその社会の規制的正義原理に満足しない人がいるかどうかを問うことができる、という重要な点を明らかにしている。

(34) Hart の書評論文 "Rawls on Liberty and Its Priority," in his *Essays in Jurisprudence and Philosophy*, とくに§III, pp. 232–238 参照。

(35) 以下の論述は、"The Basic Liberties and Their Priority," §§II, III, IX 及び *Political Liberalism*, lect. VIII, §§2, 3, 9 に含まれる主張を要約したもの(本書第一三節もそうだが)である。

(36) 何がこの個人的権利に入るかについては、ここでは考察しないが、住居や私有地といった、少なくとも一定種類の不動産はそのなかに入るように思われるとだけ言っておこう。

(37) *Theory*, §42: 239–242 参照。憲法制定会議、立法部及び司法部の段階については、*Theory*, §31 で論じられている。

(38) 本節の多くは、"The Idea of an Overlapping Consensus," *Oxford Journal of Legal Studies* 7(1987), pp. 19–21(*Collected Papers*, 442ff. に再録)に依っている。

(39) 以下のようなアナロジーを考察されたい。私はそれを Peter Murrell に負っている。フランチャイズ・チェーンを展開するある会社(例えばダンキンドーナツ)が、多くの加盟店との契約にどのような条項を入れるか決定しようとしている。その際、採ることのできる二つの戦略があるとしよう。第一の戦略は、加盟店ごとに別々の契約を結ぶ方式を採るが、その狙いは、個々の加盟店の収益性の増加に応じて本社への利益配分率を高くすることに加え、立地のよい加盟店には最初から本社への利益配分率を高くするような契約を結ぶことにある。第二の戦略は、本社への利益配分率を、すべての加盟契約を通じて公正と思われる率に一度限りというやり方で固定し、加盟店には、チェーン店全体の評判と公衆からの信用——本社の利益はこうした評判と信用に依存する——を保持するために必要な最低水準の質とサービスだけを要求するという方式である。ここで私は、質及びサービスの最低水準がかなり明確であって、恣意的にみえないような仕方で実行されうると仮定する。

すべての加盟契約について固定した利益配分率を定め、最低水準の実行を要求する第二の戦略は、本社と加盟店との契約の諸条項を一度限りというやり方で固定するという利点をもっている。それによって、本社のもつ評判の利益は確保され、それと同時に、加盟店は、本社が要求する最低水準を充たし、また、自分の利益を増やそうとするインセンティブをもっている——そのおかげで、本社を含むチェーン店全体が強化される。加盟店は、自分の店がもっと繁盛しても、本社が本社への利益配分率を上げろと言ってこないことを知っている。

従って、第一に、フランチャイズ・チェーンの本社が直面する最初の不確実性が非常に大きいということ、第二に、本社と加盟店の協力関係に関するこの大きな不確実性を第一の戦略は永続させるだろうということ、第三に、その不確実性がまた、疑念と不信を継続させるだろうということ、これらの点が認められるとすれば、第二の戦略が勝っている。本社自身の利益の観点からみても、すべての当事者に道理に適っているとの印象を与える明確で固定した条項に基づいた公正な協働の風土を作ろうとするほうが、本社の利益が場合によっては増加する、微調整可能な細かい契約を試みるよりも合理的である。成功したフランチャイズ・チェーン会社が事実、第二の戦略に従っているという若干の証拠もある。

(40) Mill, "Remarks on Bentham's Philosophy," in *Collected Works*, ed. J. M. Robson, vol. 10 (Toronto: University of Toronto Press, 1969), pp. 7ff., 16ff. 参照。

(41) 混合構想については、*Theory*, §21: 107 参照。

(42) ここで私は、この再説のような著作が公共的文化において既知のものであるという空想を抱いている。

(43) マルクスの考えでは、幻想の場合、われわれは資本主義的な市場の仕組みの表面上の見かけに欺かれて、その下部で起こっている搾取を認めることができない。他方、妄想とは、われわれが受容している誤った信念ないし道理に反する信念であるか、さもなければ、われわれが信奉している非合理な価値ないし非人間的な価値であるが、いずれの場合も、その理由は、われわれが社会における自分の役割を引き受けたり社会の基本的諸制度がうまく作動するためには、そうすることが心理的に必要だからである。

(44) E. S. Phelps, "Taxation of Wage Income for Economic Justice," *Quarterly Journal of Economics* 87(1973), §1 参照。焦点の観念は、Thomas Schelling, *Strategy of Conflict*(Cambridge, Mass.: Harvard University Press, 1960)〔トーマス・シェリング(河野勝監訳)『紛争の戦略』勁草書房、二〇〇八年〕, e.g., pp. 57f. に負っている。

(45) この点について私は、E. F. McClennen, "Justice and the Problem of Stability," *Philosophy and Public Affairs* 18 (Winter 1989): 23f. に負っている。その議論の全体が示唆に富む。

(46) 第一八節の図1参照。

(47) 社会的ミニマムの問題についての説明において、私は、"John Rawls and the Social Minimum," *Journal of Applied Philosophy* 3 (1986), esp. pp. 27–32 での Jeremy Waldron の議論に大いに負っている。*Theory*, §49: 278–281 では、私は次のように述べた。すなわち、制限つき効用原理においてミニマムを調整する際には――平均効用の最大化と適正なミニマムの確保との間で最も適切なバランスをとる際には――この原理に賛同する人々が、実際には、彼らの反省のなかで暗に働いている格差原理に導かれている可能性がある、と。このような場合には、効用原理は格差原理に対する純然たる代替案を提供してはいないというのが私の考えであった。これに対して、Waldron は、ほどほどの生活にとって不可欠な基本的人間的ニーズを充たすものという別個のミニマムの観念を定式化することによって応じる。彼はこの観念をコミットメントの緊張と結びつけている。私は、『正義論』での私の主張が誤っていることを示すものとして彼の説明を受け容れる。私はまた、彼の導きに従って、本文では、制限つき効用原理に付随するものとしてこのミニマム概念を用いている。これは、効用原理に対する反対論拠の手直しを強いるものである。

(48) これらのさまざまな理由については、私は、T. M. Scanlon の幾つかの覚書や彼との討論に負っている。

(49) トクヴィルの *Democracy in America* のミルによる批評 (*Collected Works*, 18: 163) 参照。

(50)　この主題を取り上げた最初の偉大な人物は、*Discourse on Inequality*(1755)〔ルソー(本田喜代治・平岡昇訳)『人間不平等起源論』岩波文庫、一九七二年〕におけるルソーだったように思われる。

(51)　Rousseau, *Social Contract*(1762)〔ルソー(桑原武夫・前川貞次郎訳)『社会契約論』岩波文庫、一九五四年〕参照。

(52)　*Theory*, §7: 33での例を参照。

第四部　正義に適った基本構造の諸制度

(1)　この用語は、J. E. Meade, *Efficiency, Equality, and the Ownership of Property*(London: G. Allen and Unwin, 1964), chap. 5の章題から借りたものである。

(2)　『正義論』ではこの区別を十分に述べていない。私が負う示唆に富む議論は、Richard Krouse and Michael McPherson, "Capitalism, 'Property-Owning Democracy,' and the Welfare State," in *Democracy and the Welfare State*, ed. Amy Gutmann(Princeton: Princeton University Press, 1988)の議論である。

(3)　その他の選択肢をめぐる議論については、*Alternatives to Capitalism*, ed. Jon Elster and Karl Ove Moene(Cambridge: Cambridge University Press, 1989)参照。

(4)　経済学者はこの問題を誘因両立性の問題と呼んでいる。

(5)　すでに述べたように、『正義論』の一つの重大な欠点は、この対比を強調できていなかったことである。

(6) 本節は、*Collected Papers* にも再録されている、"The Priority of Right and Ideas of the Good," *Philosophy and Public Affairs* 17 (Fall 1988): 251–276 に依っている。

(7) *Theory*, §79 参照。

(8) 「公民的ヒューマニズム」と「古典的共和主義」には確定した意味があるようにはみえない。私は、一人の評価の高い書き手が与えている意味を採用して、これを堅持する。本文で用いた公民的ヒューマニズムの定義は、Charles Taylor, *Philosophy and the Human Sciences* (Cambridge: Cambridge University Press, 1985), pp. 334f. からのものである。Taylor は、カントを論じるなかで、この見解をルソーに帰し、カントがこれを受け容れていないと述べている。

(9) だが、このことは、人口の九割(女性、外国人、奴隷)が排除されていたという事実にどれほど依存していただろうか。アテネの民会は生え抜きの男性だけのクラブだったのだから、もちろん彼らは自分たちの支配の行使として政治を楽しんだのだ、と言ってさしつかえないだろうか。

(10) 人間の社会性のこうしたまったくもって陳腐な解釈の批判については、*Theory*, §79: 458 参照。

(11) *Social Contract*, bk. III, chap. 15, par. 1–4 におけるルソーの所説の傾向を想起せよ。

(12) Hegel, *The Elements of the Philosophy of Right*, §§182–256 参照。

(13) マキャヴェッリの *Discourses* は、ときに、本文で定義したような古典的共和主義を例示するものだとされる。Quentin Skinner, *Machiavelli* (Oxford: Oxford University Press, 1981)〔クェンティン・スキナー(塚田富治訳)『マキアヴェッリ』未來社、一九九一年〕参照。「公民的共和主義」という第三の用語はさらに別のことを意味する。以下の第四四節の註一六参照。

(14)　*Theory*, §79: 463f. 参照。

(15)　われわれはここで一つの困難な問題に触れている。その要点は、それに照らせば、こうした人々(例えば議会の構成員たち)の集まりの行為が法であって何か別のものではないことになる、そのような何らかの基本的規範が存在していなければならないということである。これらの人々を議会の構成員と同定するものは何なのだろうか、これらの人々の述べたことを、決議でも提案でもなく、もちろんたんなる演劇のリハーサルでもなく、法だと同定するものは何なのだろうか、等々の疑問がわいてくる。いかなる法システムでも、何らかの基本的規範、Hart なら「承認のルール」と呼ぶであろうものが想定されているのは明らかである。彼の *The Concept of Law*, esp. chaps. 5-6 参照。

(16)　熟議による政治的討論の重要性が、ときに「公民的共和主義」と呼ばれているものの主題の一つである。この種の共和主義についての有益な議論として、Cass Sunstein, "Beyond the Republican Revival," *Yale Law Journal 97* (July 1988): 1539–1590〔大森秀臣訳「共和主義の復活を越えて」、キャス・サンスティーン(那須耕介編・監訳)『熟議が壊れるとき』勁草書房、二〇一二年〕参照。

(17)　この言い回しは、"The Forum of Principle," in *A Matter of Principle* (Cambridge, Mass.: Harvard University Press, 1985) で Ronald Dworkin〔ロナルド・ドゥオーキン(森村進・鳥澤

円訳）『原理の問題』岩波書店、二〇一二年〕が用いたものである。

(18) *Abraham Lincoln: A Documentary Portrait through His Speeches and Writings*, ed. Don E. Fehrenbacher (New York: New American Library, 1964), pp. 88-93, 113-117, 138ff. 参照。

(19) この説明の主要部分の一つは、裁判所が保護すべき基本的な憲法上の諸自由を描き出すことであろう。こうした自由がどのようなものでありうるかは、第一三、三〇、三二―三三節で示唆されている。ほんのわずかの重要なものを挙げれば、これらの自由には、例えば良心の自由や機会の公正な平等といった民主制の手続的取り決めを越え出る自由や、人身保護令状の権利のような法の支配のさまざまな要素が含まれることに注意されたい。

(20) 本節と次節は、"Equal Liberty and Unequal Worth of Liberty," in *Reading Rawls*, ed. Norman Daniels (New York: Basic Books, 1975) で Norman Daniels によって提起された種類の異論に対処しようとする試みである。

(21) "The Basic Liberties and Their Priority" 参照。その pp. 72-79 で Buckley v. Valeo 事件について論じている。

(22) 「公民的共和主義」の意味については、第四四節2註一六参照。

(23) *Theory*, §31: 173ff.

(24) この点を例を挙げて示すために、*Theory* は §77: 446f. で、比例的満足原理を簡単に論じている。もっと完全な議論は、"Fairness to Goodness," pp. 551f. で行っており、これは *Collected Papers*, 281f. に再録されている。

(25) ある形態の卓越主義は、これらの価値は非常に偉大なので、社会が、これらの維持に必要なあらゆるものをこれらに割り当て、ただし、一定のひどい悪影響は防止することを正当化すると考える。

(26) 例えば、一定の場所(国立公園や自然保護区域)における自然の美の保全に公的基金を割り当てる法案が立法府に提出されるかもしれない。幾つかの賛成論拠は、例えば大衆のレクリエーションの場としてのこれらの区域の便益のような政治的価値に依拠するかもしれないが、その公共的理性の観念を有する政治的リベラリズムは、自然そのものの美や、その生息地を保護することで達成される野生生物という善を、理由として排除するものではない。憲法の必須事項がすべてしっかり整えられているなら、これらの事柄を投票にかけるのが適当かもしれない。

(27) [公正としての正義に適う基本的諸制度や公共政策の諸目的は、包括的教説とこれに結びついた善の構想について中立であると言うことができる。目的の中立性が意味するのは、それらの制度や政策が、公共的な政治的構想の射程内にあるものとして市民一般によって支持されうるという意味で中立的であるということである。目的の中立性は手続的中立性と対比されるが、こちらは、道徳的価値に訴えることなく、せいぜい、公平性、一貫性などといったような中立的な価値に訴えることによって正統化ないしは正当化することのできる手続でもって理解される。公正としての正義は手続的に中立的なものではない。その正義原理が実体的なものであり、原初状態で表象される社会や人格についてのその政治的構想と同様に、手続的諸価値よりはるかに多くのものを表現していることは明らかである。*Political Liberalism*, lect. V, §5, esp. pp. 191-192 参照。]

(28) 次の数段落は、"Rawls on Justice," *Philosophical Review* 83 (April 1973): 226-229 と題す

る『正義論』の書評で Thomas Nagel が提起した異論に対する“Fairness to Goodness,” § VI での私の返答を書き改めたものである。ここでは大まかに要約することしかできない示唆に富んだ議論のなかで、Nagel は、『正義論』における原初状態の組み立ては、異なる善の構想の間でうわべは中立的ではあるものの、本当は中立ではないと論じている。彼がこう考えるのは、全員一致をもたらすために求められる(無知のヴェールによる)知識の隠蔽はすべての当事者に対して等しく公正ではないからである。その理由は、当事者たちが正義原理の彼らの選択の基礎にする基本善はどんな善の構想の追求においても等しく価値があるわけではないというものである。さらに、彼は、公正としての正義に基づく秩序だった社会には強い個人主義的偏向があり、諸々の善の構想の間での客観性が確立されていないため、これは恣意的な偏向だと述べる。先の本文での返答は、“Fairness to Goodness”での返答を二つの点で補っている。それは、第一に、基本善の実行可能なリストに到達する際に用いられる人格の構想が政治的構想であるということを明らかにしており、また第二に、公正としての正義そのものが正義の政治的構想だということを明らかにしている。いったん公正としての正義とこれに属する諸々の構想をこのように理解してしまえば、もちろん影響の中立性は実行不可能だということが受け容れられているとしてだが、Nagel の異論に、より強力に応えることができる。

(29) Berlin の論稿“The Pursuit of the Ideal,” in *The Crooked Timber of Humanity*, esp. pp. 11–19 参照。また、*Four Essays on Liberty* (New York: Oxford University Press, 1969)〔アイザィア・バーリン(小川晃一ほか訳)『自由論』(新装版)みすず書房、一九七九年〕, pp. 167ff. に再録されている彼の“Two Concepts of Liberty”(1958)も参照。類似の見解がしばしばマックス・

ウェーバーに帰されている。例えば次の諸論稿を参照。“Politics as a Vocation”(1918)〔マックス・ヴェーバー(脇圭平訳)『職業としての政治』岩波文庫、一九八〇年〕in *From Max Weber: Essays in Sociology*, ed. H. H. Gerth and C. Wright Mills (New York: Oxford University Press, 1946); and “The Meaning of ‘Ethical Neutrality’ in Sociology and Economics,” in *Max Weber on the Methodology of the Social Sciences*, trans. and ed. Edward A. Shils and Henry A. Finch (New York: Free Press, 1949). しかしながら、Berlinの見解とウェーバーの見解の相違は著しい。ここでこの点に立ち入ることはできないが、私の信じるところでは、ウェーバーの見解は価値懐疑主義と主意主義の一形態に依拠しており、政治的悲劇は主観的コミットメントや断固たる意志の衝突から生じると彼は考えているとだけ述べておく。一方、Berlinにとっては価値の領域は客観的である。つまり、その主旨はむしろ、諸価値の全体はあまりに幅が広すぎて、どのような一つの社会的世界にもはめ込むことができないということである。諸価値は客観的であるにもかかわらず、相互に両立不可能なために、相対立する要求を諸制度に課すというだけでなく、すべての価値に十分な空間を与えることができるような、いかなる実行可能な諸制度群も存在しない。損失のない社会的世界は存在しないということは、諸価値と世界の本性に根ざしている。多くの人間の悲劇はこれを反映しているのである。正義に適ったリベラルな社会は他の社会的世界よりはるかに大きな空間をもつかもしれないが、損失がないということは決してありえない。

(30) 例えば、われわれはしばしば、一定の生き方の消滅は嘆かれて然るべきものだと言いたくなるかもしれない。正義に適った立憲政体においては価値のない生き方だけが敗れ去ると言うのは楽観的すぎる。繁栄できない構想を肯定する人々によって、政治的リベラリズムはそれらに十分な空間を与えていないと反論されるだろう。けれども、道理に適い擁護できる正義の政治的構想そのものの規準のほかには、何が十分な空間とみなされるかを決める規準は存在しない。十分な空間という観念は比喩的なものであって、そのような構想の諸原理によって許容され、市民が自分の十分な忠誠に値するものとして肯定することのできる包括的教説の範囲という形で示されるものを越えたいかなる意味ももってはいないのである。それでもなお、その政治的構想が正しい空間を同定できていないという反論が掲げられるかもしれないが、これは、最も道理に適った政治的構想はどれなのかという問題にすぎないのである。

(31) そして、現代の例を一つ挙げるなら、*The Morality of Freedom* (Oxford: Oxford University Press, 1986), esp. chaps. 14 and 15 における Joseph Raz を参照。

(32) 私の "Reply to Alexander and Musgrave," § VII に依拠している。

(33) Karl Marx, *Critique of the Gotha Program* (1873)〔マルクス(望月清司訳)『ゴータ綱領批判』岩波文庫、一九七五年〕, § 1.

(34) ここでわれわれは、いかに格差原理の意味が、それが正義の第一原理に従属するものと序列づけられていることによって部分的に確定されるかがわかる。格差原理の意味は、この原理をそれだけで考えていては与えられない。

(35) *Theory*, § 44: 251.

(36) Mill, *Principles of Political Economy*, bk. IV, chap. VI 参照。

(37) *Theory*, § 13: 68 での、完全に正義に適った枠組と、全面的に正義に適った枠組の区別を参照。

(38)　スケジュールとは、所与のどの富の水準でも貯蓄されるべき社会的生産物の割合を規定するルールである。

(39)　正義に適った貯蓄原理がどのようにして導出されるかについてのこの説明は、*Theory*, §44とは異なっている。そこでは、当事者たちが同時代人として採択する貯蓄ルールに諸々の先行世代が従ってきていることを彼らが望まなければならないということは求められていない。だから、当事者たちが相互に無関心だと考えると、そもそも貯蓄するよう彼らに強いるものは何もない。この困難に対処するために、『正義論』は、当事者たちが自分の子孫のことを気にかけるものと仮定する。これは道理に反する条件ではないけれども、一定の諸困難がある。『正義論』はまた、貯蓄原理を手に入れるために(相互の無関心という)動機づけに関する前提を変更してもいる。本文での説明は、一九七二年に私に対してなされたThomas NagelとDerek Parfitによる示唆に従ったものだが、こうした困難を回避しており、またずっと単純なものに思える。これは後に、Jane Englishによっても、"Justice between Generations," *Philosophical Studies* 31(1977): 98で独自に示された。

(40)　これは、"The Supreme Court, 1968 Term—Foreword: On Protecting the Poor through the Fourteenth Amendment," *Harvard Law Review* 83(1969): 7–59でのFrank Michelmanの議論における彼の見解を支持する。また、彼の"Welfare Rights in a Constitutional Democracy," *Washington University Law Quarterly* (1979): 659–693も参照。

(41)　*Theory*, §§70–76.

(42) こうした所見が、ゲイやレズビアンの権利と義務の問題や、彼らの権利と義務が家族にどんな影響を与えるのかという問題を、公正としての正義が取り扱うその仕方を設定するということに注意されたい。これらの権利や義務がきちんとした家族生活や子供の教育と矛盾しないならば、それらは、他の事情が等しいなら、完全に容認することができるのである。

(43) *Theory*, §77: 448.

(44) 格差原理に対する機会の公正な平等の辞書的な優先性は強すぎるものであり、より弱い優先性か、より弱い形態の機会原理のいずれかのほうが好ましいだろう、それどころか公正としての正義そのものの基本的な諸観念により合致しているだろうと考える人もいる。目下のところ私には、ここで何が最善なのかはわからないので、私の不確かさを書き留めておくだけにとどめる。機会原理をいかにして特定し、どれほどの重みを与えるかは大いに難しい問題であり、そうした何らかの対案のほうが好ましいかもしれない。

(45) Susan Moller Okin, *Justice, Gender, and the Family* (New York: Basic Books, 1989)〔スーザン・M・オーキン(山根純佳・内藤準・久保田裕之訳)『正義・ジェンダー・家族』岩波書店、二〇一三年〕, chap. 5, e.g., pp. 90–93 参照。

(46) 私はこの考えを Joshua Cohen から借用している。*Canadian Journal of Philosophy* 22 (June 1992): 263–286 での彼の書評 "Okin on Justice, Gender, and Family" 参照。

(47) ここでの主旨は、子供の処遇は立憲政体を支える家族の役割を支援するようなものでなければならないということである。例えば、長子相続制度、すなわち、つねに特別に優遇されるものとして長男ないしは長女を抜擢することが、その点での家族の役割を掘り崩すことになるとしよう。その場合、長子相続制度は考え直されるべきである。

(48)　Michael Sandel は、彼の *Liberalism and the Limits of Justice* (Cambridge: Cambridge University Press, 1982)〔M・J・サンデル(菊池理夫訳)『リベラリズムと正義の限界　原著第二版』勁草書房、二〇〇九年〕の p. 33 で、調和した家族が不和で揺らぐようになる状況を考察している。かつての情愛や率直さが公正や権利の要求に道を譲る。彼は、これまでの善意が例外なき廉潔と思慮分別に取って代わられ、いかなる不正義もはびこらなくなると想像する。「親と子は、反省的均衡を保ち、嫌々ながらではあっても従順に正義の二原理を守り、安定性と調和の条件を何とか達成しさえして、その結果、正義の善が彼らの家庭のなかで実現される」。ここでの一つの誤りは、正義の二原理は基本構造にしかあてはまらないのに、これらの原理がすべての結社に広く適用されると彼が想定してしまっていることである。もう一つの誤りは、完全な正義が確立されれば家族の道徳的性格が回復されるだろうと公正としての正義が語っていると彼が受け取っているように思われることである。この最後のことを公正としての正義は口にしてはいない。なるほど、何らかの正義構想が、他の結社とかローカルな正義の諸ケースにとってふさわしいように、家族にとってふさわしいものと考えられる。けれども、そうした構想は——通常は結社の種類ごとに異なるものだが——家族の道徳的性格を回復するために必要ではあっても決して十分ではない。基本的正義の根本的な役割を、それ以上のものと受け取ってはならない。

(49)　*Justice, Gender, and the Family*, chap. 7 での Okin の議論を参照。

(50)　これらの徳性については第五部第五七、五九節参照。

(51) J. S. Mill, *The Subjection of Women* (1868)〔J・S・ミル（大内兵衛・大内節子訳）『女性の解放』岩波文庫、一九五七年〕, in *Collected Works*, vol. XXI, chap. 2.

(52) この提案や女性の平等をめぐる他の関連する諸問題についての示唆に富む議論として、Okin, *Justice, Gender, and the Family*, chaps. 7-8 参照。

(53) ここで私の念頭にあるのは、政治社会はある世代から次世代へとわたる協働のシステムだという事実である。本文では、家族における伝統的な分業が一般的であると前提して、正義原理が何を求めるように思われるかを示唆するために、この状況だけを取り上げたということに注意されたい。

(54) Okin, *Justice, Gender, and the Family*, pp. 101, 105.

(55) Sen の異論が最初に申し立てられたのは、"Equality of What?" *Tanner Lectures on Human Values*, vol. 1 (Salt Lake City: University of Utah Press, 1979) においてであり、これは *Choice, Welfare, and Measurement* (Cambridge, Mass.: MIT Press, 1982)〔アマルティア・セン（大庭健・川本隆史訳）『合理的な愚か者』勁草書房、一九八九年〕, pp. 365-366 に再録されている。この異論は、彼の *Inequality Reexamined* (Cambridge, Mass.: Harvard University Press, 1992)〔アマルティア・セン（池本幸生・野上裕生・佐藤仁訳）『不平等の再検討』岩波現代文庫、二〇一八年〕でさらに詳述されている。とくにその chap. 5 参照。

(56) Sen, "Equality of What?" in *Choice, Welfare, and Measurement*, p. 368 参照。

(57) これらについては、私の "Fairness to Goodness," §III で述べている。

(58) 示唆に富む議論として、Norman Daniels, "Health-Care, Needs, and Distributive Justice,"

Philosophy and Public Affairs 10(Spring 1981): 146–179 参照。これは、彼の *Just Health Care* (Cambridge: Cambridge University Press, 1985)で一層練り上げられている。その chaps. 1–3 参照。

(59) 私はもっと極端な事例を検討していないけれども、このことは、そうした事例の重要性を否定するものではない。私は、いかに深刻な障害をもっていようと、すべての人間に対してわれわれが義務をもっているということは自明であり、常識によって受け容れられてもいると考えている。問題は、こうした義務が他の基本的要求と衝突する場合のこうした義務の重みに関わる。その場合、どこかでわれわれは、こうした事例のための指針を提供するように公正としての正義を拡張することができるのかどうかを見極めなければならず、また、もし拡張できないのなら、公正としての正義は、別の何らかの構想によって補完されるのでなく、むしろ拒絶されなければならないのかどうかを見極めなければならない。ここでこうした事柄を考察するのは時機尚早である。公正としての正義は、主として、民主的政治思想の伝統において政治哲学の根本問題であり続けているものについての一つの明快で整然とした見解を手に入れようとする試みとして提示されている。この根本問題とは、すなわち、自由で平等な人格とみなされ、また生涯にわたって十分に協働する普通の社会構成員だとみなされた市民間の協働のシステムだと社会が考えられた場合に、どのような正義原理が、協働の公正な条項を特定するのに最も適しているのかという問題である(第二節3)。われわれがこの問題を処理可能な仕方で論じるのを可能にしてくれる方法を探究する価値があるのは確かだ。私には、もっと極端な種類の事例に対応するように公正としての正義をどこまでうまく拡張できるのかわからない。もし Sen

がこうした事例に適したもっともな見解を仕上げることができるならば、一定の調整をすれば、適切に拡張された場合の公正としての正義にそれを含み込むことができるだろうか、あるいは、そうでなければ、不可欠の補足部分として公正としての正義に適合させることができるだろうかが、重要な問題となってくるだろう。

(60) マルクスは、*On the Jewish Question* (1843)〔カール・マルクス(城塚登訳)『ユダヤ人問題によせて　ヘーゲル法哲学批判序説』岩波文庫、一九七四年〕において、人間の権利と政治的諸自由とを区別している。彼は後者を高く評価しており、何らかの形の政治的諸自由が共産主義下で尊重されるだろうと考えている。しかし、前者の役割は消え失せるだろうと考えられている。

(61) 消極的自由と積極的自由との区別については、Isaiah Berlin, "Two Concepts of Liberty" 参照。

(62) Mill, *Principles of Political Economy*, bk. IV, chap. 7 参照。

(63) "The Priority of the Right and Ideas of the Good," p. 257, n. 7 参照。

第五部　安定性の問題

(1) ここで定義された安定性とは正義構想の特徴であって、諸制度からなる枠組の特徴ではないことに注意されたい。後者は無関係ではないにしても異なる話題である。

(2) ［*Political Liberalism*, p. 141 参照。］

(3) この仮定の適切さは、第二六節5で行った主張に部分的に依存している。すなわち、国外移住の権利は、思想の自由や良心の自由が教会の権威の受容を自発的なものにするのと同じ仕方で、政治的権威の受容を自発的なものにはしないという主張である。これが、政治的なものの領域を結社的なものから区別する、政治的なものの領域のもう一つの特徴を際立たせる。

(4) 国民国家間の正義に適った関係への公正としての正義の拡張については、*The Law of Peoples* で論じている。

(5) 教皇ボニファティウス八世が一三〇二年の有名な教書 *Unam Sanctam* のなかでそのように述べた。

(6) この点をはっきりさせてくれたことについて、Wilfried Hinsch と Peter de Marneffe に感謝する。

(7) この段落と次の数段落については、私は T. M. Scanlon との有益な討論に負っている。

(8) 本文で用いられた「それ自体の枠組の内部で」という言い回しの趣旨は、原初状態からの議論の二つの部分によって表現されている。いずれの部分も、同じ枠組のなかで遂行されており、表象(代表)装置としての原初状態に含まれるのと同じ諸条件に制約されている。

(9) この用語は *Theory*, §59: 340 で一度使われてはいるが、目下の私の目的とは異なる目的でのことである。

(10) この観念を最初に導入したのは、“Justice as Fairness: Political Not Metaphysical,” §VI においてである。

(11) 基本善の観念は *Political Liberalism*, lect. II, §5. 3 で導入され、lect. V, §§3-4 で幾分詳し

く論じられている。

(12) この言い回しは、J. S. Mill, *Utilitarianism*〔J・S・ミル（伊原吉之助訳）「功利主義論」『世界の名著49 ベンサム J・S・ミル』中央公論社、一九七九年〕, chap. 5, par. 25 からのものである。

(13) ここで私は、Samuel Scheffler が会話のなかで述べた考えを練り上げている。

(14) Hart が自然法の最小限の内容と呼ぶものについては、彼の *The Concept of Law*, pp. 189–195 参照。私は、リベラルな構想は(他の多くのよく知られた構想と同様に)この最小限の内容を含むと想定する。だから、本文では、そうした構想がその諸原理の固有の内容の故に生み出す忠誠の基礎に焦点をあてる。

(15) ここでは「それ自体」という言い回しは次のことを意味する。すなわち、目下われわれに関心があるのは、その構想が真であるか、あるいは(場合によっては)道理に適っているかどうかではなく、その構想の原理や規準を正しく理解し、公共的討論で信頼して適用することがいかにたやすくできるかである。

(16) ここで用いた明白な意図という観念はルソーの *Emile* による。*Theory*, §70, n. 9 参照。

(17) *Theory*, §70: 405f.; §71: 411f.; §72: 414f.; §75: 433 参照。本文で記述した諸仮定の背後にある道徳心理学は、*Theory*, chap. VIII, §§70–72, 75–76 でずっと詳しく示されている。私がこれらの節を指示するのに留めるのは、それらを実質的に改めるつもりがないからである。肝心なことは、これらのもつ役割を、正義原理の擁護論全体(の第二の部分)のなかで理解することである。

(18)　ヒュームが"Liberty of the Press"(1741)〔「言論・出版の自由について」、田中敏弘訳『ヒューム 道徳・政治・文学論集［完訳版］』名古屋大学出版会、二〇一一年〕の par. 6 でこれについて述べている。また A. G. Dickens, *The English Reformation* (Glasgow: Fontana Press, 1967), pp. 440f. も参照。

(19)　この善は、これまで論じてきた善のうちの第五の善の構想である。それに先立つ四つの善については第四三節2を参照。第六の善の構想については註二二を参照。

(20)　もし「アイデンティティ」という用語を現在一般的な意味あいで用いるなら、お互いに正義をなすという共有された最終目的が市民たちのアイデンティティの一部でありうると、われわれは言うことができる。Amy Gutmann, "Communitarian Critics of Liberalism," *Philosophy and Public Affairs* 14 (Summer 1985): 308-322 参照。Gutmann は、他の市民を対等者として扱うことへのわれわれのコミットメント、それ故、例えば他の市民の宗教の自由を尊重することへのコミットメントは、われわれが特定の宗教を肯定しその礼拝を遂行することとまさしく同じほど基本的な、われわれのアイデンティティの一部でありうると述べているが(p. 311n)、これはたしかに正しい。

(21)　『正義論』ではこの心理学はいわゆるアリストテレス的原理を用いているが(第六五節参照)、他の諸見解も、異なる原理を用いてほぼ同じ結論に到達するかもしれない。

(22)　ここで私は、諸々の社会連合の社会連合としての政治社会の善という観念をほのめかしている。第四三節2と *Theory*, §79 を参照。

訳者あとがき

本書は、John Rawls(Erin Kelly ed.), *Justice as Fairness: A Restatement* (Harvard University Press, 2001) の全訳である。

著者のジョン・ロールズは、一九二一年にアメリカ合衆国メリーランド州ボルティモアに生まれ、一九四三年にプリンストン大学を卒業後、ニューギニア、フィリピン、日本で陸軍歩兵として軍務に服した。一九四六年にプリンストン大学大学院に戻って研究を再開し、一九五〇年に同大学から哲学博士号を授与された。その後、コーネル大学、マサチューセッツ工科大学を経て、一九六二年にハーヴァード大学哲学科教授に就任し、政治哲学・道徳哲学などを担当したが、一九七九年には知の最前線で学際的に活躍する卓越した教授が就く最高ポストとされる University Professor に任命された。一九九一年に名誉教授になった後も、病と闘いつつ著作活動を続けていたが、二〇〇二年十一月に心臓病のため八一歳で亡くなった。

ロールズの主な著書は、次のようなものである。

A Theory of Justice(1st ed., 1971, rev. ed., 1999, Harvard U.P.) ── 川本隆史・福間聡・神島裕子訳『正義論 改訂版』(紀伊國屋書店、二〇一〇年)

Political Liberalism(1st ed., 1993, paperback ed., 1996, Columbia U.P.)

The Law of the Peoples(1999, Harvard U.P.) ── 中山竜一訳『万民の法』(岩波書店、二〇〇六年)

Collected Papers(Samuel Freeman ed.) (1999, Harvard U.P.) ── 田中成明編訳『公正としての正義』(木鐸社、一九七九年)〔初期一〇論文の邦訳〕

Lectures on the History of Moral Philosophy(Barbara Herman ed.) (2000, Harvard U.P.) ── 坂部恵監訳『ロールズ哲学史講義(上)(下)』(みすず書房、二〇〇五年)

Justice as Fairness: A Restatement(Erin Kelly ed.) (2001, Harvard U.P.) ── 田中成明・亀本洋・平井亮輔訳『公正としての正義 再説』(岩波書店、二〇〇四年)

Lectures on the History of Political Philosohy(Samuel Freeman ed.) (2007, Harvard U.P.) ── 齋藤純一・佐藤正志・山岡龍一・谷澤正嗣・髙山裕二・小田川大典訳『ロールズ 政治哲学史講義Ⅰ・Ⅱ』(岩波書店、二〇一一年)

A Brief Inquiry into the Meaning of Sin and Faith with "On My Religion"(Thomas Nagel ed.) (2009, Harvard U.P.)

ロールズは、二〇世紀後半における最も重要な政治哲学者であるとともに現代リベラリズムの強力な唱道者であると目されており、世界的に大きな影響力を及ぼし続けている。彼は、すでに古典的地位を占めている『正義論』において、社会契約説を現代的に再構成して、功利主義にとって代わるべき正義論を「公正としての正義」として提唱し、価値相対主義的懐疑とイデオロギー批判が支配的ななかで久しく沈滞していた規範的正義論を、広範な社会的関心に支えられた学問的営為として復権させるとともに、その後のリベラリズム論議の展開を方向づけ、社会哲学・社会科学の多くの分野にわたって深甚なインパクトを及ぼした。彼の正義論は、英米圏にとどまらず、わが国をも含めて、世界的に大きな反響をよび、彼の見解をめぐって重要な論争が展開されてきた。彼自身も、これらの論争に真摯に対応しつつ自己の見解を点検・修正してきており、それらを集大成した『政治的リベラリズム』が公刊されると、再びそれをめぐって新たな論争が拡がり、二〇世紀の最後の三〇年間に繰り広げられた社会哲学・社会科学の重要な論争には、ロールズの正義論を基軸としているものが少なくない。

ロールズの「公正としての正義」論の内容的な特徴は、すべての人々に基本的諸自由を平等に保障する「平等な自由原理」が、全体としての社会的・経済的利益の増進に優先することを強調し、個人の独自性と多様性に真剣に配慮するとともに、社会の最も不利な状況にある人々の利益を最大化するための社会的・経済的不平等は正当化されるとする「格差原理」によって、社会的・経済的弱者の福祉の向上をめざす分配的正義に関する独自のアプローチを提唱するところにみられる。彼は、このような実質的正義の二原理と手続的正義に関する示唆に富む類型区分との巧みな組み合わせによって、自由と平等の対立の調整という現代政治の基本的課題に取り組む魅力的な指針を提示し、現実政治の具体的な経済政策・法政策をめぐる哲学的考察を喚起するのに大きな役割を果たした。『正義論』刊行当時は、とくに格差原理が、黒人・女性などに対する差別是正のための積極的措置(affirmative action)との関連で注目を集め、平等主義的社会改革に学問的基礎づけを提供するものとみられ、政治学・法学・経済学などの諸分野で広く議論を呼んだ。

ロールズの反功利主義的な「公正としての正義」論は、現代リベラリズムの典型として、その後の多様なリベラル正義論の展開の共通基盤を提供することになった。だが、自由と平等の相互関係、個人の効用・社会的効率と個人の基本的権利の相互調整、社会的・経済的弱者の福祉への配慮などに関する彼の見解は、バランスのとれたものであったけれども、それだけに、妥協的性質はまぬがれがたく、その後、R・ドゥオーキンらによって、より平等主義的な権利基底的正義論へと展開される一方、他方では、R・ノージックらのリバタリアニズムからの批判を受けるようになる。ロールズ自身の見解も、これらの批判に対応するなかで、微妙に変化してきており、正義原理自体についても、平等な自由原理とその優位の基礎づけ、格差原理の正当化に関して、かなり重要な変更を加えるに至っている。

ロールズの正義論については、以上のようなリベラルな提言内容自体のインパクトとそれをめぐる論議と並んで、方法論的にも、仮説的な原初状態から正義原理を導出するという社会契約説的正当化手続、及び、道徳的な原理と判断、さらに人格と社会に関する一定の背景理論との間に「反省的均衡(reflective equilibrium)」を探究するという整合説的正当化手続を提唱し、しかも、この二つの正当化手続に関するロールズ自身の見解が徐々に変化してきていることが、基礎づけ主義から非基礎づけ主義への転回という、倫理学方法論における一般的な動向を象徴的に示すものとして、論議を招いている。ロールズは、八〇年代中頃から、当初の普遍主義的な基礎づけ主義を修正しはじめ、『政治的リベラリズム』においては、正義論は、さまざまの相対立する宗教的・哲学的・道徳的教説にコミットした人々の「重なり合うコンセンサス」に支えられたものとして、立憲民主制の公共的政治文化の核心を同定すれば十分であるとする「政治的リベラリズム」を提示するに至った。ロールズのこのような「転向」については、R・ローティらのように、支持する者もあれば、J・ハーバマスらのように、批判する者もあり、評価は分かれているが、多元的な価値対立状況のなかで多様な生き方をする人々が共生するための強制可能な正義原理の公共的正当化という、規範的正義論の学問的可能性の問題に真剣に取り組んでいる姿勢は、それが成功しているか否かはともかく、高く評価されて然るべきであろう。

『正義論』から『政治的リベラリズム』へと、ロールズの論調が全般的に守勢に回った観があることはまぬがれがたい。けれども、彼は、その後も、共同体主義、フェミニズム、多文化主義などのポストモダン的諸傾向からの批判を巧みにかわしたり反撃したりしながら、自己の正義論の射程距離を見定めようとしており、一時病気で再起を危ぶまれていたが、九〇年代後半には、オックスフォード・アムネスティ講義を敷衍した『万民の法』を公刊し、著作活動を再開した。そこでは、人権の観念を中核とする「万民の法」がリベラルでない諸国とその国の人々にも適用される国際関係の正義原理であることを「現実主義的ユートピア」の立場から提唱し、その正当化についても、重なり合うコンセンサスや公共的理性などの新たな観念の追加に伴って、背後に退いていた観のある原初状態の観念を前面に復活させて、彼の正義論が西欧のリベラルな国家内部でしか適用できないという、以前からの批判に反論を試みており、国際政治の分野でも注目を集めている。

ここに全訳した『公正としての正義 再説』は、ロールズ自身が、八〇年代におけるハーヴァードでの政治哲学の講義をもとに、『正義論』の見解を修正し、「公正としての正義」について九〇年代はじめの時点でどのように理解しているかを一冊の書物で説明しようとして準備していた草稿を、編者のエリン・ケリーが、ロールズの了解のもとに一部修正して整理し直し、編集したものであり、ロールズの生前に刊行された最後の著書である。このような本書の成立の経緯と目的は、編者のまえがきと著者のはしがきで説明されているから、繰り返さない。

ロールズの「公正としての正義」の全体的な特徴づけが、『正義論』から『政治的リベラリズム』への転回によって、包括的な道徳的教説の一部から、正義の一つの政治的構想へと、大きく変更され、それに伴って、「公正としての正義」の構想の展開と正当化のために、新たに重要な諸観念が追加して導入されている。また、彼が提唱する正義の二原理の内容自体は、若干修正されたものの、基本的にはそれほど変更はないけれども、その正当化については、H・L・A・ハート、A・セン、K・J・アロー、J・C・ハーサニーらの批判に応えて、平等な自由原理とその優位の基礎づけ、格差原理の正当化に関しては、かなり重要な変更が加えられている。

本書は、このような変更箇所に焦点を合わせてロールズの「公正としての正義」を再定式化したものであり、『正義論』の欠陥を直し、『政治的リベラリズム』をはじめ、その後に刊行された著作で示した見解をも取り込んで、彼の晩年における「公正としての正義」論の理解を整合的かつ系統的に説明しようと試みられている。全体の構成やテーマの取り上げ方は、『正義論』や『政治的リベラリズム』の均整で周到な理論展開に比べると、繁簡よろしきを得ていない観があり、また、説明も、後半部分になるほど、必ずしも十分でないきらいもあり、訳出に苦労する箇所が少なくなかった。だが、『正義論』と『政治的リベラリズム』は、いずれも、体系的で浩瀚な書物であり、手軽に読めるものではないことをも考慮すると、ロールズの「公正としての正義」論をこのように簡潔に説明した書物を翻訳することの意義は少なくないであろう。

正義論全体について、『正義論』が公刊された当時の熱気は、政治社会状況の変化もあって、冷めてきていることは否定できないが、ロールズの正義論の持続的な影響力には根強いものがある。そのインパクトの拡がりと深甚さからみて、二〇世紀後半に正義論の活況をもたらした貢献は群を抜いており、二一世紀においても、彼の見解を支持するか否かを問わず、彼の正義論への態度決定を避けて通ることはできないであろう。本訳書が、ロールズの正義論に取り組む一つの手がかりとして役立つならば幸いである。

なお、ロールズの正義論全体における『公正としての正義 再説』の位置づけについては、渡辺幹雄『ロールズ正義論再説』(春秋社、二〇〇一年)でいち早く検討されており、共訳者たちはその評価に必ずしも全面的に賛同するものではないが、本訳書の理解にも有益であろう。また、ロールズの正義論に関する邦語の研究文献は多数にのぼるが、その特徴や変遷を総括的に論じたものとして、『公正としての正義 再説』刊行以前のものではあるが、本訳書の理解に参考になるものとして、チャンドラン・クカサス、フィリップ・ペティット著、山田八千子、嶋津格訳『ロールズ――『正義論』とその批判者たち』(勁草書房、一九九六年)、川本隆史『ロールズ――正義の原理』(新装版、講談社、二〇〇五年)、渡辺幹雄『ロールズ正義論の行方――その全体系の批判的考察〔増補版〕』(春秋社、二〇一二年)を挙げておきたい。

翻訳にあたっては、まず、共訳者三名がそれぞれ分担部分を訳して、その訳文を相互に点検しあって検討を加え、文体と訳語の調整と統一をはかった。訳語の詳細について逐一説明することはしないが、primary goods の訳語についてだけ触れておくと、それがロールズの使用する善の諸概念の一つとされている点を重視して、原則として「基本善」という訳語をあてる一方で、経済学では goods が一般に「財」と訳されることも考慮して、場合によっては「基本善(財)」という訳語、あるいは、センの議論のように経済学の文脈で用いられていることが明らかなときは「基本財(善)」という訳語を採用した。大森秀臣岡山大学助教授には、訳文全体に眼を通し、また、訳文の検討の場にも参加して、種々の有益な指摘をしていただき、翻訳作業を円滑に進めるのに協力していただいた。厚く御礼を申し上げたい。

岩波書店編集部の押田連氏には、翻訳作業が予定よりも大幅に遅れご迷惑をおかけしたにもかかわらず、本訳書の企画の段階から刊行に漕ぎ着けるまで、何かとご配慮くださり、深く感謝の意を表したい。

最後に、著者ロールズがまだご存命中に本書の翻訳を引き受けたが、本訳書の刊行を待たずに、著者が一昨年(二〇〇二年)秋、逝去されたことは痛恨の極みであり、謹んで哀悼の意を表したい。

二〇〇四年六月

追記

本訳書は、二〇〇四年に旧版が岩波書店から刊行されて以来、幸いにも刷を重ねることができ、その間に小さな補正をしたところもあるが、この度、岩波現代文庫に収録されることになった。この機会に、現代文庫版の編集を担当された中西沢子氏に指摘していただいた点も含め、共訳者三名がそれぞれの担当部分を中心に全体を点検し直し、文体の調整と訳語の統一をはじめ、訳文をできるだけ読みやすくするために、あちこちかなり手を加えて工夫を試みた。

旧版の「訳者あとがき」でも触れたように、ジョン・ロールズの正義論に対する関心や評価は、多様に分かれているだけでなく、時代とともにかなり変わってきており、旧版刊行後についても同様の状況が続いているとみてよいであろう。また、ロールズの正義論への共訳者たちの関心や評価も必ずしも同じではなく、理解を異にするところも少なくない。

ロールズの正義論の位置づけと評価に関する私の見解は、「訳者あとがき」で素描した通りであり、その後、田中成明「現代正義論の展開」(同『現代法理学』有斐閣、二〇一一年、第一二章)、同「ロールズと法理学――ハート、ドゥオーキンとの関係を中心に」(井上彰編『ロールズを読む』ナカニシヤ出版、二〇一八年、所収)などで敷衍する機会があったが、現在でも基本的に変わりはない。今般の岩波現代文庫への収録にあたっては、旧版刊行後に公刊されたロールズの英文著書を加え、日本語訳書のあるものについては付記した箇所以外は、従来の「訳者あとがき」をほぼそのまま再録することにして、私より十数年若い亀本洋教授に、最近の正義論の動向にも触れつつ新たに解説を付け加えていただき、読者の参考に資することにした。

二〇二〇年一月

田中成明

訳者解説

亀本　洋

私自身は当初、本書(以下『再説』という)は『正義論』(初版または改訂版)と『政治的リベラリズム』を合体させた要約版のようなものであるから、両方を読んだことのある専門家にとっては、それほどの重要性はないと思っていた。しかし、本書を何度も読み返すうちに、上記二冊を読んだだけでは十分に伝わらないロールズにとって重要な洞察が執拗にくり返されており、それらに優るとも劣らない重要性をもつ本だと評価するようになった。以下、本書を普通に読んだだけでは了解しにくい点に重点を置いて、その内容の一端を紹介したい。

本書は、包括的教説の一種としての『正義論』における「公正としての正義」が、「包括的リベラリズム」から「政治的リベラリズム」への転回を経て、どう変わり、またどう変わっていないのかを解説しようとするものである。その点については、転回への過渡的な論文をもとに書かれた部分も多い『政治的リベラリズム』より、はるかにわかりやすい。

しかし、『再説』では、読者が『正義論』におけるロールズの主張を知っていることがなかば当然視されており、それを知らない読者には難解なところがある。それはとくに、自由で平等な人格からなる公正な協働システムとしての社会という構想や、原初状態について抽象的に説明する第一部に当てはまる。だが、同様の論点は、後の部分でもくり返し出てくるので、ロールズを初めて読む読者には、完全に理解できなくても、とりあえず先を読み進めることをお勧めする。慣れてくると、ロールズの言いたいことがしだいにわかってくる。

これに比べると、正義の二原理が功利主義の正義原理と対比されながら解説される第二部以下は、多少なりともわかりやすい。正義の二原理の内容は、第一原理を、自由は大きければ大きいほどよいという誤解を与えないように文言を修正した点を除き、『正義論』の内容から基本的に変更されていない。他方、格差原理が互恵性の観念を含む点で、正義原理(に従う社会)の安定性に貢献することが力説されている点が『再説』の特徴の一つである。

『再説』では、正義の二原理が最善だとするものの、適正な社会的ミニマム保障、平等な自由の原理、および機会の公正な平等の原理によって制約されているかぎりで平均効用原理も政治的リベラリズムに属する原理として承認されている点が注目に値する。これと対照的に、ノージックのリバタリアニズムは、政治的リベラリズムからは許容できないとされている点もまた注目される。

なお、『正義論』では明確ではなかったが、適正な社会的ミニマムの保障は、『再説』では憲法の必須事項と明言され、そのかぎりでは(不明確だが)第一原理に含まれるか、それと同じ地位にあることになる。したがって、格差原理は、いわゆるミニマム保障原理ではなく、それをこえて最も不利な状況にある人々の境遇を最大限よくする原理であり、立法段階で登場することになる。

機会の公正な平等の原理は、『正義論』当時と内容に変更はないが、見逃されがちであるだけに、ここで確認しておきたい。それは、生まれつきの能力とやる気が同程度の人々について、社会的境遇、とくに、たまたま生まれ落ちた家族の社会階層によって、権力・特権および所得・富を獲得するチャンスが左右されることがないように社会の基本構造を編成することを要求する。ロールズは、それ以上詳しくは語っていないが、低所得もしくは教育不熱心な両親をもつ子ども(または親さえいない子ども)、または低所得の失業者などを学校教育ないし職業訓練において援助するような制度を考えているのであろう。それは、日本語でいう「公正な競争」以上のことを要求する。しかし、それは、生まれつきの能力の低い人々に多大の投資をして、能力の高い人々との格差を縮めることを要求するものではない。

さまざまな包括的教説を信奉する人々がリベラル・デモクラシーの社会の一員として、

正義の二原理、または格差原理に代えてその代替的原理を置く以外は正義の二原理と同じ正義原理を、市民としての礼儀作法を守った対話を経て心から支持することがロールズの希望である。「希望」(hope)とは、希望的観測の「希望」ではなく、必ずや実現可能だと信じているときに使う言葉である。

包括的教説の典型は、キリスト教やイスラム教の諸宗派の教えである。政治哲学の最重要課題を宥和とするロールズは、今日ではだれの目にも明らかになったアメリカの分断状況に早くから気づき、それを阻止したいと願っていた。さまざまな宗教やイデオロギーを信じる人々が、みずからが奉じる包括的教説の内部から、正義の二原理を一例とするリベラル・デモクラシーの正義原理を支持すること、これがロールズの希望であった。

ロールズにとって、日本国憲法にも定められているような基本的人権を保障するリベラル・デモクラシーの体制は当然のものであって、それ自体を正当化する必要があるとは考えていない。正当化する必要があるのは、その体制の内部での特定の正義原理だけである。だから、リベラル・デモクラシーを破壊しようとする人々は、道理に反する人々であり、対話の余地はない。アナーキズムや全体主義は、最初から論外である。

政治的リベラリズムを説くロールズが支持する対話の作法の基本は、社会の制度をめぐる政治的対話において、自分と違う包括的教説を信じる人々も受け容れることができると自分が信じる理由を提出して相手を説得するというものである。「自分が信じる」とあえて付言したのは、それしか方法がないからである。

ロールズは、どの政治的構想も同等だとするような相対主義者ではない。彼は、母国アメリカ合衆国の建国以来の政治的な歴史と伝統に含まれる最良の部分を発展させようとしているのである。その点では、ロールズと異なり、あえて自文化中心主義を標榜するローティと似ている(Richard Rorty, "Solidarity or Objectivity," *Objectivity, Relativism, and Truth*, 1991 参照)。

ローティは、普遍的妥当と歴史的コンセンサスの区別を曖昧にすることをいやがり、正義が理性から出てくると未だに信じるカント主義者ハーバマスと対照して、ロールズを歴史主義的で共同体主義的なヘーゲルの方向で解釈しようとしている("Justice as a Larger Loyalty," *Philosophy as Cultural Politics*, 2007 参照)。そうすると、包括的教説と政治的リベラリズムの境界も曖昧になるはずであるから、両者を峻別するロールズ自身の考えと多少ずれることにはなるが、方向としては間違っていないと思う。逆にいえば、ロールズは、カントのいう「理性」を形而上学的にではなく、「道理にかなった」という「まともな」に近い意味で解釈しようとしているということである。この点では「公共的理性」という語は、どこかにそのような実体があるかのような誤解を誘うおそれがあり、あまりよい言葉ではないかもしれない。

ロールズは『正義論』において、異なる生き方をもちながらも、自由で平等な人格たちが、リベラル・デモクラシーの体制下の市民として互いを尊重しつつ協力して社会を運営して行くための最善の正義原理として正義の二原理を提案したのだが、その際、正義の理論を合理的選択理論の一部と明言したことは厚生経済学者の一部を活気づけると同時に、ほとんど取り返しのつかない誤解を与えた。

『再説』において、ロールズはその点をはっきり訂正したにもかかわらず、経済学者のほぼ全員はいまだに、自分がだれを代表するかを知らない原初状態の当事者が格差原理を選択するのは当事者がリスク回避的だからだという考えを改めない。その原因は明白で、経済学者はロールズの政治哲学を理解する気がないからである。もっと正確にいえば、これまで触れたようなロールズの正義の政治的構想を経済学の用語と数式で完璧に表現できるほど経済学が進歩していないからである。ロールズの正義論を、その後流行した「分配の平等」の構想のなかに無理やり押し込めようとする経済学と倫理学に共通する傾向についても同様のことが言える。

ロールズの経済学風の説明には、瑣末ではあるが間違いも少なくない。経済学の知識があれば、ほぼ自動的に訂正できるから問題はないが、一般読者には少し酷なところがある。一例を挙げれば、格差原理の説明に際し登場するOP曲線は、XとYの基本善指数ないし所得の組合せではなく、各人の効用関数(課税・移転後所得と余暇を変数とする)を所与として、稼ぐ能力を異にする各人が余暇を労働に転化することから生じる可能な効用の最大値の組合せを表す点を結んだ曲線と解釈しなければ理解不能である(第三部註(44)にあるPhelpsの論文参照)。そのうち、原点から点Dに至る右上がりの区間がロールズは互恵性を表すと言うが、それは経済学的にいえば、各人が別々に効用最大化を、つまり、私利私欲を追求した結果、神の見えざる手によってそうなるというだけである。互恵性を強調するロールズが言いたいのは、まさかそういうことではあるまい。

『政治的リベラリズム』と『再説』の公刊前後から、政治的リベラリズムをめぐる論議が一時盛り上がり、その後、厚生または資源の分配の平等の問題をロールズの政治的構想のようなものから切り離して論じる前述の流行が終わると、自国のリベラリズムの伝統を踏まえた壮大な構想のなかで正義を論じるロールズのような大学者は現われていない。草葉の陰でロールズは遺憾に思っているのではなかろうか。

本書は二〇〇四年八月、岩波書店より刊行された。岩波現代文庫版刊行にあたり、訳文を改訂し、「訳者解説」を新たに付した。

岩波現代文庫［学術］

G462
排除の現象学
赤坂憲雄

いじめ、ホームレス殺害、宗教集団への批判——八十年代の事件の数々から、異人が見出され生贄とされる、共同体の暴力を読み解く。時を超えて現代社会に切実に響く、傑作評論。

G463
越境する民
近代大阪の朝鮮人史
杉原達

暮しの中で朝鮮人と出会った日本人の外国人認識はどのように形成されたのか。その後の研究に大きな影響を与えた「地域からの世界史」。

2023. 3

G457
現代《いま》を生きる日本史
須田努
清水克行
縄文時代から現代までを、ユニークな題材と最新研究を踏まえた平明な叙述で鮮やかに描く。大学の教養科目の講義から生まれた斬新な日本通史。

G458
小国
―歴史にみる理念と現実―
百瀬宏
大国中心の権力政治を、小国はどのように生き抜いてきたのか。近代以降の小国の実態と変容を辿った出色の国際関係史。

G459
〈共生〉から考える
―倫理学集中講義―
川本隆史
「共生」という言葉に込められたモチーフを現代社会の様々な問題群から考える。やわらかな語り口の講義形式で、倫理学の教科書としても最適。「精選ブックガイド」を付す。

G460
〈個〉の誕生
―キリスト教教理をつくった人びと―
坂口ふみ
「かけがえのなさ」を指し示す新たな存在論が古代末から中世初期の東地中海世界の激動のうちで形成された次第を、哲学・宗教・歴史を横断して描き出す。〈解説＝山本芳久〉

G461
満蒙開拓団
―国策の虜囚―
加藤聖文
満洲事変を契機とする農業移民は、陸軍主導の強力な国策となり、今なお続く悲劇をもたらした。計画から終局までを辿る初の通史。

2023. 3

岩波現代文庫［学術］

G452
草の根のファシズム
―日本民衆の戦争体験―
吉見義明

戦争を引き起こしたファシズムは民衆が支えていた――従来の戦争観を大きく転換させた名著、待望の文庫化。〈解説〉加藤陽子

G453
日本仏教の社会倫理
―正法を生きる―
島薗進

日本仏教に本来豊かに備わっていた、サッダルマ（正法）を世に現す生き方の系譜を再発見し、新しい日本仏教史像を提示する。

G454
万民の法
ジョン・ロールズ
中山竜一訳

「公正としての正義」の構想を世界に広げ、平和と正義に満ちた国際社会はいかにして実現可能かを追究したロールズ最晩年の主著。

G455
原子・原子核・原子力
―わたしが講義で伝えたかったこと―
山本義隆

原子・原子核について基礎から学び、原子力への理解を深めるための物理入門。予備校での講演に基づきやさしく解説。

G456
ヴァイマル憲法とヒトラー
―戦後民主主義からファシズムへ―
池田浩士

史上最も「民主的」なヴァイマル憲法下で、ヒトラーが合法的に政権を獲得し得たのはなぜなのか。書き下ろしの「後章」を付す。

2023. 3

G445-446
ねじ曲げられた桜（上・下）
―美意識と軍国主義―
大貫恵美子

桜の意味の変遷と学徒特攻隊員の日記分析を通して、日本国家と国民の間に起きた「相互誤認」を証明する。〈解説〉佐藤卓己

G447
正義への責任
アイリス・マリオン・ヤング
岡野八代
池田直子 訳

自助努力が強要される政治の下で、人びとが正義を求めてつながり合う可能性を問う。ヌスバウムによる序文も収録。〈解説〉土屋和代

G448-449
ヨーロッパ覇権以前（上・下）
―もうひとつの世界システム―
J・L・アブー＝ルゴド
佐藤次高ほか訳

近代成立のはるか前、ユーラシア世界は既に一つのシステムをつくりあげていた。豊かな筆致で描き出されるグローバル・ヒストリー。

G450
政治思想史と理論のあいだ
―「他者」をめぐる対話―
小野紀明

政治思想史と政治的規範理論、融合し相克する二者を「他者」を軸に架橋させ、理論の全体像に迫る、政治哲学の画期的な解説書。

G451
平等と効率の福祉革命
―新しい女性の役割―
G・エスピン＝アンデルセン
大沢真理監訳

キャリアを追求する女性と、性別分業に留まる女性との間で広がる格差。福祉国家論の第一人者による、二極化の転換に向けた提言。

2023.3

G440
私が進化生物学者になった理由
長谷川眞理子
ドリトル先生の大好きな少女がいかにして進化生物学者になったのか。通説の誤りに気づき、独自の道を切り拓いた人生の歩みを語る。巻末に参考文献一覧付き。

G441
愛について
―アイデンティティと欲望の政治学―
竹村和子
物語を攪乱し、語りえぬものに声を与える。精緻な理論でフェミニズム批評をリードしつづけた著者の代表作、待望の文庫化。〈解説〉新田啓子

G442
宝塚
―変容を続ける「日本モダニズム」―
川崎賢子
百年の歴史を誇る宝塚歌劇団。その魅力を掘り下げ、宝塚の新世紀を展望する。底本を大幅に増補・改訂した宝塚論の決定版。

G443
新版 ナショナリズムの狭間から
―「慰安婦」問題とフェミニズムの課題―
山下英愛
性差別的な社会構造における女性人権問題として、現代の性暴力被害につづく側面を持つ「慰安婦」問題理解の手がかりとなる一冊。

G444
夢・神話・物語と日本人
―エラノス会議講演録―
河合隼雄
河合俊雄訳
河合隼雄が、日本の夢・神話・物語などをもとに日本人の心性を解き明かした講演の記録。著者の代表作に結実する思想のエッセンスが凝縮した一冊。〈解説〉河合俊雄

2023.3

G435
宗教と科学の接点
河合隼雄
「たましい」「死」「意識」など、近代科学から取り残されてきた、人間が生きていくために大切な問題を心理療法の視点から考察する。〈解説〉河合俊雄

G436
増補 軍隊と地域
—郷土部隊と民衆意識のゆくえ—
荒川章二
一八八〇年代から敗戦までの静岡を舞台に、矛盾を孕みつつ地域に根づいていった軍が、民衆生活を破壊するに至る過程を描き出す。

G437
歴史が後ずさりするとき
—熱い戦争とメディア—
ウンベルト・エーコ
リッカルド・アマデイ訳
歴史があたかも進歩をやめて後ずさりしはじめたかに見える二十一世紀初めの政治・社会の現実を鋭く批判した稀代の知識人の発言集。

G438
増補 女が学者になるとき
—インドネシア研究奮闘記—
倉沢愛子
インドネシア研究の第一人者として知られる著者の原点とも言える日々を綴った半生記。「補章　女は学者をやめられない」を収録。

G439
完本 中国再考
—領域・民族・文化—
葛兆光
辻康吾監訳
永田小絵訳
「中国」とは一体何か？　複雑な歴史がもたらした国家アイデンティティの特殊性と基本構造を考察し、現代の国際問題を考えるための視座を提供する。

G430
被差別部落認識の歴史
―異化と同化の間―
黒川みどり

差別する側、差別を受ける側の双方は部落差別をどのように認識してきたのか――明治から現代に至る軌跡をたどった初めての通史。

G431
文化としての科学/技術
村上陽一郎

近現代に大きく変貌した科学/技術。その質的な変遷を科学史の泰斗がわかりやすく解説、望ましい科学研究や教育のあり方を提言する。

G432
方法としての史学史
―歴史論集1―
成田龍一

歴史学は「なにを」「いかに」論じてきたのか。史学史的な視点から、歴史学のアイデンティティを確認し、可能性を問い直す。現代文庫オリジナル版。〈解説〉戸邉秀明

G433
〈戦後知〉を歴史化する
―歴史論集2―
成田龍一

〈戦後知〉を体現する文学・思想の読解を通じて、歴史学を専門知の閉域から解き放つ試み。現代文庫オリジナル版。〈解説〉戸邉秀明

G434
危機の時代の歴史学のために
―歴史論集3―
成田龍一

時代の危機に立ち向かいながら、自己変革を続ける歴史学。その社会との関係を改めて問い直す「歴史批評」を集成する。〈解説〉戸邉秀明

2023.3

G425
岡本太郎の見た日本
赤坂憲雄

東北、沖縄、そして韓国へ。旅する太郎が見出した日本とは。その道行きを鮮やかに読み解き、思想家としての本質に迫る。

G426
政治と複数性
—民主的な公共性にむけて—
齋藤純一

「余計者」を見棄てようとする脱‐実在化の暴力に抗し、一人ひとりの現われを保障する。開かれた社会統合の可能性を探究する書。

G427
増補 エル・チチョンの怒り
—メキシコ近代とインディオの村—
清水透

メキシコ南端のインディオの村に生きる人びとにとって、国家とは、近代とは何だったのか。近現代メキシコの激動をマヤの末裔たちの視点に寄り添いながら描き出す。

G428
哲おじさんと学くん
—世の中では隠されているいちばん大切なことについて—
永井均

自分は今、なぜこの世に存在しているのか？友だちや先生にわかってもらえない学くんの疑問に哲おじさんが答え、哲学的議論へと発展していく、対話形式の哲学入門。

G429
マインド・タイム
—脳と意識の時間—
ベンジャミン・リベット
下條信輔
安納令奈 訳

実験に裏づけられた驚愕の発見を提示し、脳と心や意識をめぐる深い洞察を展開する。脳神経科学の歴史に残る研究をまとめた一冊。
〈解説〉下條信輔

2023. 3

G419
新編 つぶやきの政治思想
李 静和
秘められた悲しみにまなざしを向け、声にならないつぶやきに耳を澄ます。記憶と忘却、証言と沈黙、ともに生きることをめぐるエッセイ集。鵜飼哲・金石範・崎山多美の応答も。

G420-421
ロールズ 政治哲学史講義(I・II)
ジョン・ロールズ
サミュエル・フリーマン編
齋藤純一ほか訳
ロールズがハーバードで行ってきた「近代政治哲学」講座の講義録。リベラリズムの伝統をつくった八人の理論家について論じる。

G422
企業中心社会を超えて
―現代日本を〈ジェンダー〉で読む―
大沢真理
長時間労働、過労死、福祉の貧困……。大企業中心の社会が作り出す歪みと痛みをジェンダーの視点から捉え直した先駆的著作。

G423
増補「戦争経験」の戦後史
―語られた体験/証言/記憶―
成田龍一
社会状況に応じて変容してゆく戦争についての語り。その変遷を通して、戦後日本社会の特質を浮き彫りにする。〈解説〉平野啓一郎

G424
定本 酒呑童子の誕生
―もうひとつの日本文化―
髙橋昌明
酒呑童子は都に疫病をはやらすケガレた疫鬼だった――緻密な考証と大胆な推論によって物語の成り立ちを解き明かす。〈解説〉永井路子

2023. 3

G414
『キング』の時代
―国民大衆雑誌の公共性―
佐藤卓己

伝説的雑誌『キング』――この国民大衆誌を分析し、「雑誌王」と「講談社文化」が果たした役割を解き明かした雄編がついに文庫化。〈解説〉與那覇潤

G415
近代家族の成立と終焉 新版
上野千鶴子

ファミリィ・アイデンティティの視点から家族の現実を浮き彫りにし、家族が家族であるための条件を追究した名著、待望の文庫化。「戦後批評の正嫡 江藤淳」他を新たに収録。

G416
兵士たちの戦後史
―戦後日本社会を支えた人びと―
吉田裕

戦友会に集う者、黙して往時を語らない者……戦後日本の政治文化を支えた人びとの意識のありようを「兵士たちの戦後」の中にさぐる。〈解説〉大串潤児

G417
貨幣システムの世界史
黒田明伸

貨幣の価値は一定であるという我々の常識に反する、貨幣の価値が多元的であるという事例は、歴史上、事欠かない。謎に満ちた貨幣現象を根本から問い直す。

G418
公正としての正義 再説
ジョン・ロールズ
エリン・ケリー編
田中成明
亀本洋
平井亮輔 訳

『正義論』で有名な著者が自らの理論的到達点を、批判にも応えつつ簡潔に示した好著。文庫版には「訳者解説」を付す。

2023. 3

岩波現代文庫創刊二〇年に際して

二一世紀が始まってからすでに二〇年が経とうとしています。この間のグローバル化の急激な進行は世界のあり方を大きく変えました。世界規模で経済や情報の結びつきが強まるとともに、国境を越えた人の移動は日常の光景となり、今やどこに住んでいても、私たちの暮らしは世界中の様々な出来事と無関係ではいられません。しかし、グローバル化の中で否応なくもたらされる「他者」との出会いや交流は、新たな文化や価値観だけではなく、摩擦や衝突、そしてしばしば憎悪までをも生み出しています。グローバル化にともなう副作用は、その恩恵を遥かにこえていると言わざるを得ません。

今私たちに求められているのは、国内、国外にかかわらず、異なる歴史や経験、文化を持つ「他者」と向き合い、よりよい関係を結び直してゆくための想像力、構想力ではないでしょうか。

新世紀の到来を目前にした二〇〇〇年一月に創刊された岩波現代文庫は、この二〇年を通して、哲学や歴史、経済、自然科学から、小説やエッセイ、ルポルタージュにいたるまで幅広いジャンルの書目を刊行してきました。一〇〇〇点を超える書目には、人類が直面してきた様々な課題と、試行錯誤の営みが刻まれています。読書を通した過去の「他者」との出会いから得られる知識や経験は、私たちがよりよい社会を作り上げてゆくために大きな示唆を与えてくれるはずです。

一冊の本が世界を変える大きな力を持つことを信じ、岩波現代文庫はこれからもさらなるラインナップの充実をめざしてゆきます。

（二〇二〇年一月）

公正としての正義 再説　ジョン・ロールズ

2020年3月13日　第1刷発行
2023年4月5日　第3刷発行

訳　者　田中成明《たなかしげあき》　亀《かめ》本《もと》　洋《ひろし》　平井亮輔《ひらいりょうすけ》

発行者　坂本政謙

発行所　株式会社 岩波書店
〒101-8002 東京都千代田区一ツ橋 2-5-5

案内 03-5210-4000　営業部 03-5210-4111
https://www.iwanami.co.jp/

印刷・精興社　製本・中永製本

ISBN 978-4-00-600418-7　Printed in Japan

索　　引

ア 行

カ　行

サ 行

タ 行

ナ 行

ハ 行

マ 行

ヤ・ラ・ワ 行